Cher am[illegible]

Pour que ce [illegible]
te fasse voyager
et rêver !

Joyeux Noël
et
Bonne Année 2000

Jo
xxx

Guide des fromages de France et d'Europe

Guide des fromages de France et d'Europe

PARIS • BRUXELLES • MONTRÉAL • ZURICH

LE GUIDE DES FROMAGES DE FRANCE ET D'EUROPE
est une création de
Sélection du Reader's Digest

Direction de l'ouvrage
Martine et Daniel Sassier

Réalisation éditoriale
AMDS - 5, rue Sivel - 75014 - Paris

Participation à la rédaction des textes
Évelyne Brochard, Pierre Chavot, Mireille Fournier, Muriel Pernisco, Remi Simon
Nous remercions Jacques Vernier, fromager-affineur à Paris,
grand commandeur de la confrérie des chevaliers du tastefromage de France,
pour sa relecture attentive et pour ses conseils avisés

Conception graphique et direction artistique
Atelier Gérard Finel

Mise en page PAO et cartographie
Atelier Christian Millet

Dessins
Jean-Louis Henriot

Recherche iconographique
Évelyne Brochard
Les fromages spécialement photographiés pour cet ouvrage
ont été fournis par la fromagerie Boursault-Jacques Vernier

Le Guide des fromages de France et d'Europe

a été réalisé sous le contrôle de l'équipe éditoriale
de Sélection du Reader's Digest

Direction éditoriale : Gérard Chenuet
Responsables de l'ouvrage : Elizabeth Glachant, Paule Meunier
Direction artistique : Claude Ramadier
Lecture-correction : Emmanuelle Dunoyer, Catherine Decayeux
Couverture : Dominique Charliat
Fabrication : Jacques Le Maitre, Jacques Michiels

PREMIÈRE ÉDITION

ISBN 2-7098-0607-X

Préface

Lorsque j'ai accepté de collaborer à la création de ce livre, je l'ai fait surtout par politesse, en me disant : « un de plus ! » Je me trompais. Car si je suis rentré dans ce travail avec réserve, j'en suis sorti émerveillé.

On ne peut pas parler des fromages sans passion ; et j'ai, pendant des mois, partagé celle-ci avec les créateurs de ce guide, qui ont accompli un magnifique travail de recherche.

Cet ouvrage est un véritable buffet, une invitation permanente au voyage et au rêve. On y rebondit sur les saveurs, les arômes, les goûts. On y découvre l'histoire de chaque fromage et l'étonnante diversité des cheptels, des provinces, des savoir-faire.

Mais surtout, on y perçoit cette extraordinaire alchimie qu'est le terroir, lieu magique de la rencontre entre des traditions qui se perdent dans la nuit des temps et la nécessaire modernité de notre époque. C'est ainsi que chaque région façonne hommes et fromages. Et si l'Europe est exemplaire en ce domaine, la France nous en offre une mosaïque unique au monde.

Tout apparaît dans cet ouvrage.
Le profane s'émerveillera.
L'amateur dégustera.
Le professionnel jaugera ses connaissances.
Bon voyage.

Jacques Vernier

Sommaire

Perrette, sur sa tête ayant un pot au lait
Bien posé sur un coussinet,
Prétendait arriver sans encombre à la ville.
Légère et court vêtue, elle allait à grands pas,
Ayant mis ce jour-là, pour être plus agile,
Cotillon simple et souliers plats.
Notre laitière, ainsi troussée,
Comptait déjà dans sa pensée
Tout le prix de son lait, en employait l'argent [...]

La Laitière et le Pot au lait (extrait)

JEAN DE LA FONTAINE

Du lait au fromage

Tout commence avec le lait

Périodiquement, les fromages, surtout lorsqu'ils sont fabriqués au lait cru, déclenchent d'âpres polémiques. Et tous les amateurs de camembert, de roquefort, de valençay ou de beaufort, le cœur à l'unisson, s'élèvent contre les « technocrates » européens accusés de vouloir jeter dans les poubelles de l'histoire des siècles de patrimoine gastronomique !

Le fromage – faut-il le rappeler ? – est un aliment naturel, très nutritif, élaboré exclusivement à partir de lait, sans aucune intervention chimique. En Europe, où plusieurs pays se distinguent par la qualité de leur production, ce lait provient essentiellement des vaches, des chèvres et des brebis et, pour une part très restreinte, des bufflonnes. Ces quatre femelles sont des ruminants, mammifères qui présentent la particularité de pouvoir transformer dans leur panse – le rumen – des végétaux que l'homme ne digérerait pas et de donner du lait si elles ont régulièrement des petits.

D'une laitière à l'autre

La vache, dont le lait se trouve à la base de très nombreux fromages, est à la fois grosse mangeuse... et paresseuse. Elle broute quelque 8 heures par jour, se repose en ruminant de 9 à 12 heures... et le reste du temps ne fait rien. Une laitière de 400 kg peut boire quotidiennement de 80 à 100 litres d'eau, absorber 60 à 80 kg de nourriture, le tout mélangé à 200 litres de salive. Ce solide appétit lui permet d'allaiter les six à huit veaux qu'elle met au monde pendant son existence. Elle fait depuis longtemps partie de nos paysages. Dans les années 1900, on en élevait encore en France une centaine de races différentes. Aujourd'hui, il n'en subsiste qu'une vingtaine, rigoureusement sélectionnées ; certaines races donnent ainsi jusqu'à 8 000 kg de lait par an.

La chèvre, elle, a été introduite dans nos régions par les troupes arabes, au VIIIe siècle. Cette gourmande parvient à fournir en 10 jours son poids de lait, soit proportionnellement deux fois plus que la vache... mais seulement de mars à octobre – soit 240 jours par an –, période pendant laquelle

Les chèvres sont des gourmandes insatiables.

Des brebis dans le Cantal

elle produit pour son chevreau un lait délicieux.

La brebis se distingue par son lait deux fois plus riche que ceux de la vache et de la chèvre. Mais sa production est elle aussi saisonnière, puisqu'elle se repose entre deux gestations.

Quant à la bufflonne, originaire d'Afrique et d'Asie du Sud, c'est une mère attentionnée qui ne se laisse traire – abondamment – qu'en présence de son petit. Un troupeau en a été installé depuis peu à la Bergerie nationale de Rambouillet.

Le lait : un produit vivant

Un litre de lait – qu'il soit de vache, de chèvre, de brebis ou de bufflonne – contient en moyenne 870 g d'eau et 130 g d'autres éléments qui, une fois déshydratés, constituent la « matière sèche », ou extrait sec (voir p. 29). Celle-ci se compose de 39 g de matières grasses, de 35 g de matières azotées (pour la quasi-totalité, des protéines, dont essentiellement de la caséine, qui coagulera lors de la fabrication du fromage), de 45 g de lactose – du sucre –, de 7 à 10 g de minéraux – notamment du calcium – et beaucoup de vitamines.

Outre ces différents acteurs, le théâtre vivant du lait met en scène de nombreuses bactéries, qui interviennent dans la coagulation naturelle. Cependant, si elles prolifèrent trop, elles deviennent dangereuses pour la santé, ce qui explique la rigueur de la réglementation concernant la fabrication des fromages.

Le lait cru, le meilleur, car il garde toute sa saveur, doit ainsi être utilisé très rapidement ; sinon, il faudra le pasteuriser par un très court traitement thermique (de 20 à 30 secondes) entre 72 et 85 °C.

La traite des brebis dans les Pyrénées

Il y a lait et lait

Toutes les laitières sont sensibles aux saisons, au climat, au terrain, à la flore. Les éleveurs le savent bien, qui choisissent soigneusement les pâturages de leurs bêtes. Ainsi, au printemps, en Île-de-France ou en Normandie pousse une herbe verte, riche en carotène, pigment de la chlorophylle des plantes, qui se transforme en vitamine A et colore le lait et le fromage en jaune ; on en retrouvera la trace dans le camembert ou le brie. Sur les monts de l'Aubrac abondent les gentianes, les trèfles et les myrtilles, dont se régalent les vaches et qui parfumeront le cantal, le salers ou le laguiole.

Même la traite influe sur la qualité du lait ; celle du matin, par exemple, est moins grasse mais plus abondante – de 5 à 7 % – que celle du soir. Et si le lait d'une vache n'est tiré qu'une fois par jour, sa production risque de chuter de 30 %.

Des vaches brunes des Alpes

Il ne faut donc pas s'y tromper : le lait, matière première du fromage, est un produit d'une grande complexité. Au sein d'une même espèce, il présente une diversité insoupçonnée. Un éleveur-fromager en a donné une belle image : parlant du lait de ses chèvres, il le comparait aux touches d'un piano, tout son art consistant à révéler dans ses fromages telle ou telle sonorité de sa gamme.

Quand le lait devient fromage

La fabrication d'un bon fromage exige une parfaite connaissance du lait, de ses composants, des animaux producteurs et du terroir. Pourtant, à l'origine, tout fut le fruit du hasard.

Il y a des milliers d'années, les éleveurs de la révolution agricole constatèrent que le lait, au bout d'un certain temps, coagulait spontanément ; ils venaient de découvrir le fondement même du cycle fromager. En constatant que ce mélange caillé, à la fois solide et liquide, pouvait être égoutté, ils fabriquèrent les premiers fromages. Ils inventèrent très tôt les faisselles, récipients en terre percés de trous, dont on retrouve des traces dans de nombreux sites néolithiques.

Le râpeur de fromages (VIe siècle avant J.-C.)

Depuis cette origine lointaine, la famille des fromages n'a cessé de s'enrichir. Chacun d'eux possède sa carte d'identité – couleur, saveur, texture, forme... –, qu'il acquiert au terme des étapes de sa fabrication : le lait coagule, le caillé s'égoutte et se contracte, il est moulé et salé, puis le fromage affine de quelques jours à plusieurs mois.

Communs à la plupart des fromages, ces rendez-vous sont incontournables. Au cours des temps et selon les régions, les hommes les ont adaptés, nuancés en fonction du produit qu'ils voulaient obtenir. Le lait de vache du camembert et celui de brebis du roquefort suivent ainsi le même parcours, mais leurs métamorphoses sont différentes.

Un fragment de faisselle du Néolithique

Le caillage

Lors de cette première étape, la caséine, protéine du lait, coagule pour former le caillé. Pour obtenir ce résultat, et suivant le type de fromage fabriqué, trois techniques sont possibles.

La fermentation lactique est un phénomène naturel – celui qu'ont découvert les hommes du néolithique : les nombreuses bactéries du lait dégradent le sucre – le lactose – qu'il contient pour produire de l'acide lactique qui va faire prendre la

L'emprésurage du lait du camembert

La caillette de veau

La coagulation mixte

Pour les fromages à pâte molle et à croûte fleurie, le lait commence par mûrir pendant 15 à 20 heures à 10-15 °C : les bactéries y prolifèrent et y produisent de l'acide lactique. Il est alors chauffé à 30-35 °C et emprésuré. La coagulation intervient une ou deux heures plus tard. Selon l'acidité du lait et la proportion de présure, le caillé obtenu sera plutôt lactique, au goût acidulé (neufchâtel, saint-marcellin...), ou plutôt présure et plus doux au palais (camembert, brie...). Pour le munster ou le livarot, également à pâte molle, mais à croûte lavée, l'acidification préalable du lait est plus faible et l'emprésurage plus important.

caséine. Ce processus spontané est souvent facilité par l'adjonction de ferments supplémentaires. Le caillé, riche en eau, un peu granuleux et légèrement aigrelet, s'égouttera rapidement.

L'emprésurage consiste à ajouter au lait chauffé à 25-36 °C de la présure, une enzyme qu'il ne contient pas naturellement et qui joue le rôle d'agent coagulant. Traditionnellement, on utilise des lamelles de caillette de veau ou de chevreau – une petite poche de l'estomac de ces ruminants. Aujourd'hui, cette caillette se présente fréquemment sous forme de liquide, de poudre ou de comprimés.

Dans certaines régions du bassin méditerranéen, on emprésure encore le lait avec des fleurs de chardon ou de la sève de figuier. Le caillé ainsi obtenu est plus gélatineux et moins acide.

Enfin, ces deux techniques, fermentation lactique et emprésurage, peuvent être associées dans des proportions variables pour obtenir une coagulation mixte.

Le caillé, en prenant, s'est séparé de son lactosérum, ou petit-lait. Ce liquide contient, entre autres, des protéines, qui n'ont pas coagulé, et de l'acide lactique, qui risquerait d'entraîner une fermentation supplémentaire indésirable. Il va donc falloir l'éliminer.

L'égouttage du caillé de munster

Le travail du caillé au fouet

L'égouttage

Les caillés lactiques, peu chauffés et rapidement salés, s'égouttent en général spontanément, dans des faisselles ou des pots percés de trous par où s'écoule le surplus de liquide ; ils gardent ainsi un assez fort taux d'humidité. Les caillés présure se contractent plus lentement ; il faut encourager leur égouttage pour qu'ils s'affermissent. Le caillé est d'abord brassé dans de grandes cuves et brisé à l'aide d'un tranche-caillé, grand peigne en bois, en métal ou en fils de nylon.

Découpé en cubes, d'autant plus petits que l'on souhaite une pâte ferme, il perd son lactosérum comme une éponge perd son eau. Au cours de cette opération, s'il s'agit d'un fromage à pâte cuite, il est chauffé à moins de 55 °C. Là aussi, les deux techniques d'égouttage – naturelle et mécanique – peuvent être couplées.

Après l'égouttage, la qualité du gâteau de caillé est appréciée du revers de la main ou soumise au test de la boutonnière : on y enfonce un doigt et on le retire aussitôt en le courbant ; la boursouflure qu'il y laisse doit s'ouvrir comme une boutonnière aux bords bien nets.

Le test de la boutonnière : un geste important pour apprécier la consistance du caillé

Le brassage du cantal

L'ultrafiltration

Une autre technique d'égouttage, l'ultrafiltration, a été mise au point en 1970 par l'INRA (Institut national de la recherche agronomique). Elle permet de gagner du temps, de conserver au maximum les éléments utiles (caséine, lactose, bactéries...), et donc de diminuer les coûts. Le lait est poussé à travers une membrane semi-perméable qui sélectionne et retient protéines et matières grasses, tandis qu'elle laisse passer l'eau, le lactose et certains sels minéraux.

Un tranche-caillé traditionnel

Le moulage et le salage

Le mot fromage vient du latin *formaticum*, « ce qui est fait dans une forme », donc moulé.

Le moulage du caillé est particulièrement important, car il va déterminer la forme et la taille du fromage, mais aussi sa fermentation. En voici quelques exemples. Pour les fromages à pâte pressée cuite, quand ils sont de grande forme (le beaufort ou le comté par exemple), le caillé est sorti de la cuve à l'aide d'une toile que l'on y plonge pour qu'il commence son égouttage, avant de la mettre avec son chargement dans un cercle en bois, entre deux plaques rondes. Plusieurs heures plus tard, le caillé a pris la forme d'une meule, un disque très épais dont la taille et le poids varient selon les variétés. Le tout petit crottin de Chavignol, lui, est moulé dans une faisselle en grès dont la forme s'inspire de celle d'une antique lampe en terre cuite, le crot. Le camembert « à la louche » est moulé en faisselle remplie... à la louche. Traditionnellement maniée à la main, celle-ci est aujourd'hui remplacée par des robots « loucheurs ».

Les fromages resteront dans leur moule, où ils seront éventuellement pressés, plus ou moins longtemps selon leur type, avant d'être démoulés pour subir l'action d'agents qu'ils renferment déjà – bactéries et moisissures – ou qui leur sont ajoutés, comme le sel, bien qu'ils ne soient pas tous salés.

Le début de l'égouttage du beaufort dans sa toile

La toile est plongée dans le caillé du comté

La mise en moules du caillé de chèvre dans le Berry

Les robots « loucheurs » pour le moulage du camembert

Une presse à abondance

Le montage des tommes de cantal

Le salage au sel du crottin de Chavignol

Le sel renforce la croûte, barrière naturelle qui commence à apparaître et régule les échanges entre l'extérieur et l'intérieur de la pâte. Cet agent de texture et de saveur va jouer un rôle important dans l'aspect et le goût du produit fini. Il exerce une influence sur l'action et le développement des micro-organismes. Antiseptique, il détruit ceux qui nuiraient à la bonne conservation du fromage et encourage le développement des autres. Enfin, dans certains cas, notamment pour les pâtes molles, le sel favorise l'égouttage : on met alors les fromages à « ressuyer » de un à quelques jours dans une salle tiède et ventilée, où ils vont s'assécher avant leur affinage.

Le salage peut se faire juste avant la prise du caillé, mais il se pratique plus généralement soit au sel fin ou au gros sel, dont on enduit rapidement le fromage sur toutes ses faces, souvent plusieurs jours de suite, soit avec de la saumure, plus ou moins concentrée, dans laquelle on le plonge.

À ce stade, le fromage est encore soumis à d'autres traitements : ensemencement en surface de ferments pour les croûtes fleuries, piqûres pour les bleus – qu'ils soient ensemencés spontanément ou qu'on en ait ensemencé le lait ou le caillé –, qui permettront aux moisissures de se développer à l'intérieur.

Le salage en saumure des tommes de Savoie

Le piquage du roquefort

Le cendrage des pyramides de chèvre

L'affinage

Après le moulage et le salage, le fromage est un produit bien « vivant », très actif, mais encore jeune. À partir de l'affinage, il n'est plus considéré comme frais (les fromages blancs ne sont donc pas affinés, ou à peine) et il va maturer en liberté très surveillée, sous le contrôle de l'affineur.

Il part alors vers le hâloir, cave naturelle ou artificielle où règnent des conditions de température et d'humidité propres à chaque variété ; il y restera de quelques jours à quelques mois, sans guère se reposer, car il sera soumis à des traitements spécifiques, quasi constants.

Il sera régulièrement retourné, selon un rythme particulier, sera éventuellement brossé ou lavé à l'eau salée, pour que sa croûte se renforce, ou au vin, à l'alcool, à l'huile, pour la parfumer, ou enrobé de cendre, de feuilles, de foin, de paraffine.

L'affineur joue dans cette maturation un rôle capital. Actuellement, les fromagers-affineurs reçoivent souvent leurs fromages « en blanc », et s'en occupent eux-mêmes jusqu'à la commercialisation. Ils font à leur tour œuvre de création.

L'affinage en coffre dans l'île de Beauté

Le lavage du saint-nectaire en cave

Le sondage du cantal

Le lent mûrissement du comté

Des fromages très surveillés

Le premier document juridique connu concernant un fromage date de 1666. Il s'agit d'un arrêt du parlement de Toulouse « faisant inhibition et défense à tous, marchands, voituriers [...] qui prendront et achèteront des fromages dans les cabanes et lieux du voisinage de Roquefort, de les revendre pour véritables fromages de Roquefort, à peine de 1 000 livres et confiscation desdits fromages ».

Depuis ces temps anciens, la réglementation a peu à peu tissé dans ce domaine une toile particulièrement dense et complexe.

La réglementation

Ne devient pas fromage n'importe quel nouvel arrivant ! Une fois le lait récolté et sa qualité reconnue, il doit obéir à des règles très précises de fabrication concernant aussi bien la préparation du caillé que la proportion de sel, l'intervention de moisissures que la teneur en matières grasses.

Les meilleurs fromages, qui ont droit à l'IGP (indication géographique de provenance) et à l'AOP (appellation d'origine protégée), ne doivent pas avoir une « appellation générique », c'est-à-dire un nom tombé dans le domaine public et trop général, et doivent répondre à un cahier des charges très fourni. S'ils le remplissent, l'IGP reconnaîtra leur origine géographique, mais pas le procédé de fabrication. L'AOP, qui englobe les AOC (appellations d'origine contrôlée), certifiera leur origine, c'est-à-dire le respect, dans une aire géographique délimitée, de règles issues de la tradition tant pour la production et la transformation laitières que pour l'élaboration et l'affinage.

Les AOC

Parmi les quelque quatre cents fromages français, seuls trente-trois bénéficient de l'appellation d'origine contrôlée, récompense régie par une loi du 28 novembre 1955. Pourtant, nombreux sont ceux qui, n'en bénéficiant pas encore, pourraient y prétendre en raison du soin apporté à leur fabrication, de leur personnalité et de leurs qualités gustatives. Il est vrai que la famille des AOC s'élargit régulièrement ; les derniers à l'avoir agrandie sont l'époisses et le langres (décrets du 14 mai 1991). En outre, six autres – le bleu de Sassenage, le morbier, le pélardon des Cévennes, le valençay, le rocamadour et la tomme de Savoie – font actuellement l'objet d'une commission d'enquête afin d'obtenir eux aussi cette distinction.

Que représente donc l'AOC ? Elle est la garantie d'un produit de terroir de qualité constante. L'article 1 du décret officiel qui la définit stipule en effet qu'elle « est réservée aux fromages répondant aux dispositions de la législation en vigueur et aux usages locaux, loyaux et constants, tant en ce qui concerne la production et la livraison du lait que la fabrication et l'affinage des fromages ».

C'est le respect de ces « usages locaux, loyaux et constants » qui assure à un fromage son caractère unique. La France connaît une grande diversité de reliefs et de climats qui donne à chaque région une végétation différente convenant à des races particulières de bêtes laitières ; et les coutumes locales ont engendré des techniques spécifiques de traitement du lait et un savoir-faire acquis souvent empiriquement. Chaque fromage est ainsi le fruit de son lieu de naissance, le symbole de son terroir.

Les AOC doivent répondre à des règles précises ; consignées dans le texte officiel du décret, elles donnent au consommateur l'assurance qu'il se trouve devant un produit de qualité dont l'origine, la technique de fabrication et les conditions d'affinage sont constants. Ainsi, le même article 1 de ce décret détermine, d'une part l'aire géographique dans laquelle doit s'effectuer la récolte du lait, d'autre part les techniques de fabrication et d'affinage.

Les fromages à pâte pressée cuite tels que le comté, le beaufort ou l'abondance sont tous issus d'une région au relief montagneux, où la rudesse des hivers a incité, dès le XIIIe siècle, les paysans à se regrouper en « fructeries », ou fruitières, et à fabriquer des fromages de grande forme afin de constituer des réserves pour la saison froide, d'où leur nom de fromages de garde. Cependant, s'ils ont chacun une saveur particulière, ils la doivent à la spécificité de la flore naturelle – l'ensilage et les aliments fermentés sont interdits – dont se nourrissent les vaches laitières. Un beaufort qui serait

Les AOC en 1995

Les fromages sont classés ici sous leur nom le plus commun et dans l'ordre chronologique de leur apparition parmi les appellations d'origine contrôlée, décernées exclusivement par l'INAO (Institut national des appellations d'origine). Les appellations antérieures à 1986 sont toutes régies par un décret modifié du 29 décembre 1986.

Nombre de fromages d'excellente qualité ne bénéficient pas encore d'une AOC, mais plusieurs d'entre eux font actuellement l'objet d'une demande d'inscription à l'INAO.

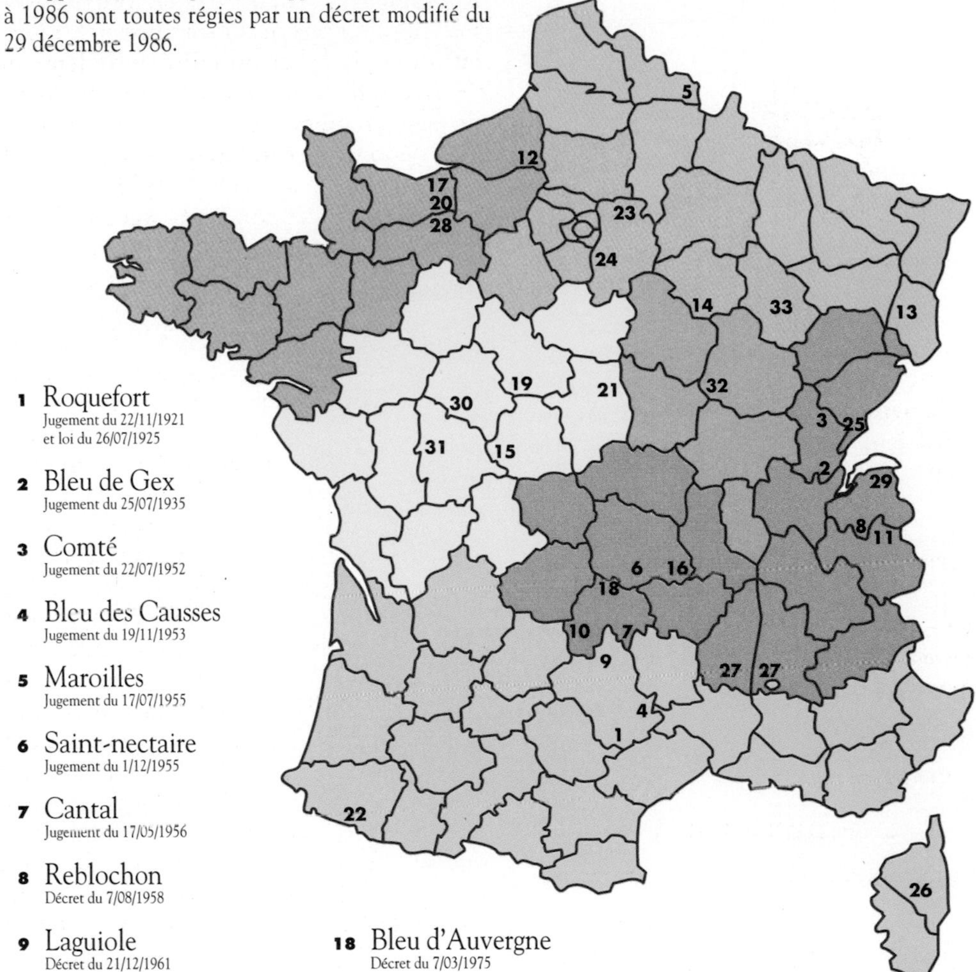

1 Roquefort
Jugement du 22/11/1921
et loi du 26/07/1925

2 Bleu de Gex
Jugement du 25/07/1935

3 Comté
Jugement du 22/07/1952

4 Bleu des Causses
Jugement du 19/11/1953

5 Maroilles
Jugement du 17/07/1955

6 Saint-nectaire
Jugement du 1/12/1955

7 Cantal
Jugement du 17/05/1956

8 Reblochon
Décret du 7/08/1958

9 Laguiole
Décret du 21/12/1961

10 Salers
Décret du 21/12/1961

11 Beaufort
Décret du 4/04/1968

12 Neufchâtel
Décret du 3/05/1969

13 Munster
Décret du 21/05/1969

14 Chaource
Décret du 19/08/1970

15 Pouligny-saint-pierre
Décret du 14/02/1972

16 Fourme d'Ambert
Décret du 9/05/1972

17 Pont-l'évêque
Décret du 30/08/1972

18 Bleu d'Auvergne
Décret du 7/03/1975

19 Selles-sur-cher
Décret du 21/04/1975

20 Livarot
Décret du 17/12/1975

21 Crottin de Chavignol
Décret du 13/02/1976

22 Ossau-iraty-brebis-pyrénées
Décret du 6/03/1980

23 Brie de Meaux
Décret du 18/08/1980

24 Brie de Melun
Décret du 18/08/1980

25 Mont-d'or
Décret du 24/03/1981

26 Broccio
Décret du 10/06/1983

27 Picodon de l'Ardèche, picodon de la Drôme
Décret du 25/07/1983

28 Camembert de Normandie
Décret du 31/08/1983

29 Abondance
Décret du 23/03/1990

30 Sainte-maure-de-touraine
Décret du 29/06/1990

31 Chabichou du Poitou
Décret du 29/06/1990

32 Époisses
Décret du 14/05/1991

33 Langres
Décret du 14/05/1991

fabriqué et affiné en Savoie, mais avec du lait provenant de Normandie ou de Picardie, aurait un goût différent de celui que donne le lait des bêtes des races abondance et tarine – le seul qui soit autorisé pour la préparation de ce fromage –, adaptées aux alpages et nourries de la flore savoyarde. À l'inverse, si l'on produisait du camembert, du livarot ou du pont-l'évêque avec du lait de Savoie, ils auraient des arômes différents.

Cette saveur de terroir est d'autant mieux respectée que le lait, cru, doit être utilisé dès la fin de la traite. Un cas extrême est illustré par le mont-d'or, ou vacherin du haut Doubs, pour lequel la végétation locale influe sur la qualité du lait, mais a aussi conduit à utiliser de l'épicéa, un arbre de la famille des pins qui pousse dans certains massifs montagneux de France, notamment celui du Jura. Chaque fromage est en effet maintenu par un cercle en écorce d'épicéa qui en assure la tenue, enrichit son goût et lui donne son originalité.

L'Auvergne présente elle aussi des reliefs élevés, mais sa flore, différente de celle de la Savoie, quoique tout aussi riche en plantes aromatiques telles que la gentiane ou la réglisse, confère au cantal ou au salers, également fromages de garde, leur saveur particulière.

Si le caractère d'un fromage dépend beaucoup du lait, il tient aussi à d'autres facteurs qui interviennent durant le processus de fabrication. L'époisses, par exemple, est lavé régulièrement avec un mélange d'eau ou de vin et de marc de Bourgogne, autre produit du terroir, opération qui favorise le développement des ferments spécifiques du rouge, germes naturels de la terre de l'Auxois.

Enfin, en dépit des possibilités d'installations modernes, certains fromages continuent d'être affinés dans des sites naturels qui leur donnent leurs caractéristiques. Ainsi, le bleu de Gex s'ensemence naturellement dans des caves fraîches du haut Jura, tout comme jadis la fourme d'Ambert dans les grottes et les anfractuosités de rocher des monts du Forez. Le saint-nectaire, lui, prend sa légère odeur de champignon caractéristique dans les caves creusées dans le tuf volcanique des monts d'Auvergne. Quant au maroilles, il mûrit dans des caves de Thiérache, exposées à l'humidité des vents marins qui favorisent le développement d'une flore particulière qui lui donne sa saveur originale. Mais l'exemple le plus connu est bien sûr celui du roquefort, car le lait qui permet de le produire peut aussi bien provenir du « rayon » – zone traditionnelle de collecte –, soit une grande partie de l'Aveyron et quelques communes limitrophes, que de départements « hors rayon », les Pyrénées-Atlantiques et la Corse. En revanche, seuls les fromages « blancs » qui seront affinés dans les célèbres caves du rocher du Combalou, à Roquefort-sur-Soulzon, pourront porter le prestigieux nom de roquefort.

Les labels

Certaines associations de fromagers bénéficient du « label agricole », qui peut être régional ou national – dans ce cas, on parle du « label rouge » ; cette marque est accordée exclusivement à des groupements de producteurs afin de garantir la qualité du produit.

Enfin, si le fromage est aussi fermier, il pourra bénéficier de l'« attestation de spécificité ». Celle-ci préserve notamment les fromages « fermiers », ceux qui sont issus du même troupeau et fabriqués à la ferme, de « montagne » ou « biologiques », ainsi que des techniques de production particulières, telle celle du camembert « à la louche ».

En France, le non-respect d'une recette traditionnelle considérée comme un usage équivaut à tromper le consommateur et peut entraîner jusqu'à 250 000 francs d'amende et/ou 3 mois à 2 ans de prison. Ces sanctions – et certains le regrettent ! – n'ont pas cours dans les autres pays européens.

Les contrôles de qualité

Qu'il soit AOC ou non, aucun fromage n'échappe aux contrôles stricts qu'imposent les services de santé, à commencer par ceux du cheptel. L'éleveur doit veiller à la parfaite hygiène des animaux, des structures de production et du matériel ; la traite mécanique, par exemple, évite toute contamination extérieure, le lait passant directement du pis à la citerne, sans jamais circuler à l'air libre.

Le lait est d'abord contrôlé à la ferme selon des critères sanitaires rigoureux ; on y mesure aussi sa teneur en matières grasses (voir p. 29) et en protéines. Pour les fromages au lait cru, celui-ci est immédiatement transformé, ce qui évite le développement de micro-organismes pathogènes par effet bactériostatique du lait pendant les deux premières heures.

Dans tous les cas, une « qualification listeria », accordée par les pouvoirs publics, assure que les produits sont exempts de listeria monocytogène, une bactérie pouvant être dangereuse pour l'homme.

Divers tests permettent de suivre l'élaboration des fromages selon les règles et les normes de composition et d'hygiène auxquelles ils sont soumis. Les uns, imposés par le législateur, concernent l'hygiène, la pureté biologique des produits ; ils sont réglementaires et destinés à protéger le consommateur. Les autres, volontaires, se font à l'initiative du fabricant, qui multiplie les analyses, notamment bactériologiques, pour améliorer son produit.

Avant la commercialisation, des échantillons sont prélevés sur chaque lot, les uns pour un examen immédiat, les autres pour une analyse différée, qui se poursuit tout au long de la durée effective de consommation.

Les autorités françaises et européennes attachent une grande importance à cette chaîne de qualité. La plupart des producteurs aussi, qui ne cessent de poursuivre leurs recherches sur les qualités fromagères des laits, sur les micro-organismes capables de détruire la listeria, etc.

Dans un pays de très vieille tradition fromagère, où la gastronomie est partie intégrante du patrimoine de chaque région, cette rigueur représente un pari dont on imagine aisément les embûches : conserver, voire améliorer un univers de saveurs et d'odeurs irremplaçables tout en répondant aux normes d'une hygiène parfaite. Nos grands fromages sont aujourd'hui le fruit d'un beau paradoxe : ils viennent du fond des temps et comptent pourtant au nombre des aliments qui sont le plus strictement contrôlés.

Des fromageries ultramodernes

Quand les fromages sont fabriqués industriellement, le lait, aussitôt après la traite, est refroidi entre 0 et 4 °C en attendant le ramassage.

Dans les laiteries où il est collecté, l'hygiène des locaux et du personnel est placée sous une surveillance permanente. Dès l'arrivée des camions, des prélèvements sont effectués puis analysés (bactériologie, degré d'acidité). Dans les fromageries, les salles de traitement du lait sont parfaitement aseptisées ; le personnel porte coiffes, bottes, masques et gants désinfectés quotidiennement.

Une mécanisation poussée au service du fromage

Le jeu des 7 familles

SEPT FAMILLES composent le grand jeu des fromages. Six d'entre elles sont définies par leur procédé de fabrication ; la septième, totalement à part, rassemble toutes les variétés de fromages à base de lait de chèvre.

Le broccio en canestre

Les fromages frais

Les fromages frais – du lait simplement caillé et faiblement égoutté – constituent l'état premier du fromage. Bien qu'ils soient encore parfois fabriqués à la ferme au lait cru, ils le sont plus généralement au lait pasteurisé, plus ou moins écrémé, ou au contraire enrichi de crème. Leur teneur en matières grasses varie ainsi de 0 à 75 %.

La coagulation du lait tiédi à 18 °C environ se fait à l'aide de ferments lactiques, en 12 à 24 heures. L'égouttage, spontané et lent (environ 15 heures), en faisselles placées dans des pots sans trous, préserve un fort taux d'humidité.

Les fromages frais seront d'ailleurs commercialisés dans leur petit-lait, nature, ou légèrement salés (demi-sel), ou sucrés, ou aromatisés (poivre, ail, épices, herbes...). Cependant, ils sont de plus en plus souvent vendus lissés : ils ne sont pas débarrassés de leur petit-lait par égouttage, mais par essorage, ce qui leur donne une texture beaucoup plus onctueuse.

En Bourgogne, des fromages de chèvre frais

Les fromages à pâte molle et à croûte fleurie

La jolie appellation de croûte fleurie vient de la « fleur », un duvet de moisissures, généralement blanches, qui recouvre les fromages de cette famille. Ils sont pour la plupart fabriqués au lait de vache, cru ou pasteurisé, entier, enrichi ou écrémé, et titrent de 20 % et 75 % de matières grasses.

Ce lait doit être suffisamment riche en ferments lactiques pour mûrir pendant 15 à 20 heures à 10-15 °C avant d'être emprésuré. Il s'agit donc d'une coagulation mixte, qui se fait plus ou moins vite en fonction de l'acidité préalable. À dominante présure, elle a lieu rapidement et donne un caillé compact et une pâte douce (camembert, coulommiers...). À dominante lactique, elle est plus lente – les flocons de caséine s'agglomèrent progressivement – et elle confère un goût plus acidulé à la pâte (brie, carré de l'Est...).

L'égouttage est en général spontané, bien que certains caillés soient légèrement malaxés et pressés. Il se fait souvent sur des planches faiblement inclinées et creusées de rainures, où le fromage est retourné deux ou trois fois. Une fois démoulé, il est ensemencé de *Penicillium candidum*, salé à sec et mis à ressuyer en salle humide, tiède (15 °C) et ventilée. C'est dans ces conditions très particulières qu'il va « prendre la fleur ».

Quand elle commence à se former, au bout d'une huitaine de jours, le fromage part en cave humide pour un affinage qui va durer de 2 à 6 semaines, en fonction de l'épaisseur de la pâte. La croûte devient dorée et se pigmente de rouge orangé ou de brun, et le fromage est retourné tous les 2 jours.

Les pâtes molles à croûte fleurie sont souvent meilleures au printemps et à l'automne, le lait étant alors chargé des arômes riches des pâturages.

La mise en cuves du lait destiné à la fabrication du camembert

Les fromages à pâte molle et à croûte lavée

Jusqu'à leur affinage, les fromages à pâte molle et à croûte lavée, sans moisissures apparentes, suivent le même parcours que les croûtes fleuries. Ce sont l'affinage et le brossage qui leur donneront leurs caractéristiques.

Le lait cru ou pasteurisé est additionné de ferments lactiques et de présure.

Le caillé est légèrement tranché pour faciliter l'égouttage, qui se fait ensuite spontanément dans les moules.

Au hâloir, salé au sel sec, le fromage va « prendre le bleu », un duvet de moisissures qui sera aussitôt éliminé par un lavage avec un linge humide ou un brossage dans la saumure (certaines variétés seront alors colorées à la teinture de rocou ou aromatisés à la bière, au cidre, à l'alcool...). Il sera aussi retourné délicatement plusieurs fois.

Quand il est assez sec, il est mis en cave tempérée et humide sous une toile humide. Là encore, il sera retourné et lavé ou brossé régulièrement durant les 2 à 4 mois de sa maturation. Sa croûte lisse et brillante deviendra de plus en plus foncée et sa pâte de plus en plus coulante.

Le pressage du caillé du reblochon

Le lavage de l'époisses

Les fromages à pâte persillée

Fabriquées comme des pâtes molles à croûte lavée, les pâtes persillées se distinguent par les moisissures qui veinent une pâte lisse, de couleur jaune ivoire clair.

Cette famille, dont tous les membres titrent au moins 45 % de matières grasses, se répartit entre les « bleus », généralement élaborés à partir de lait de vache, et le roquefort et les bleus de Corse, toujours au lait de brebis.

Le caillé, obtenu par une coagulation mixte à 32 °C, est tranché et égoutté. Avant sa mise en moules, il est souvent ensemencé de spores de *Penicillium*, bien que certains bleus s'ensemencent spontanément dans les caves aux murs couverts de ces moisissures. Salés pendant 5 à 6 jours en cave humide, à 10 °C, et démoulés, les pains de fromage sont placés dans des hâloirs et transpercés avec de longues aiguilles afin de favoriser la pénétration de l'air et la répartition des veines bleues ou vertes dans la pâte.

L'affinage, long et méticuleux, dure de 4 à 6 mois dans des caves naturelles et particulièrement

Des fourmes d'Ambert en cave

humides, dans des lieux très précis pour certaines variétés, notamment le roquefort. Leur maturation va se faire curieusement de l'intérieur vers l'extérieur. Selon les fromages, la croûte sera naturelle, grise et épaisse, ou grattée, mince et légèrement visqueuse.

Les fleurines des caves de Roquefort

Les fromages à pâte pressée non cuite

L'égouttage est une étape déterminante dans l'élaboration des fromages de cette famille dont les caillés, pressés pendant 7 à 24 heures, donnent une pâte plus sèche que celle des pâtes molles.

Le lait de vache ou de brebis – utilisé notamment dans des Pyrénées –, frais et donc peu acide, est soumis à une coagulation mixte à 32-36 °C, dans une pièce maintenue elle-même à 25-30 °C. Dès qu'il est formé, le caillé est tranché dans sa cuve en grains aussi petits que possible, et on élimine le maximum de petit-lait pour que les grains s'agglutinent de nouveau ; dans certains cas, le caillé est lavé, ce qui accélère le processus.

Il est alors enfermé dans une grande toile que l'on dispose dans un moule. On en rabat les coins et on la coiffe d'une grosse rondelle en bois maintenue par une presse, que l'on resserre progressivement. Les très grands fromages sont formés de plusieurs tommes successives soudées.

Le fromage est démoulé et plongé dans un bain de saumure ou frotté au sel sec. Il est ensuite mis à sécher dans un hâloir bien aéré, puis affiné en cave plus ou moins humide de 15 jours à 3 ou 4 mois, durant lesquels il sera lavé, brossé et retourné. La croûte durcit, la pâte devient homogène, mi-dure ou dure.

Le pressage en moule du saint-nectaire

La fabrication traditionnelle du cantal

Les fromages à pâte pressée cuite

En montagne, comment exploiter l'abondante production laitière de la belle saison pour en profiter au cœur d'un hiver rigoureux qui isole les fermes ? Les fromages à pâte pressée cuite ont répondu à cette nécessité, méritant par là même leur nom de fromages de garde ; ils sont toujours de grande forme, comme pour mieux accumuler les richesses du lait.

> **La teneur en matières grasses**
> Ce taux est toujours calculé par rapport à l'extrait sec (c'est-à-dire sans humidité). Si un fromage de 100 g contient 85 % d'humidité, son extrait sec est de 15 %, soit environ 15 g. Si son étiquette affiche un taux de matières grasses de 40 %, cela signifie qu'il contient 6 g de matières grasses.

Il en faut souvent plus de 10 litres pour obtenir 1 kg de fromage. Parfois, celui de la traite de la veille au soir est versé dans celui, encore chaud, de la traite du matin.

Le mélange est chauffé à 30 ou 35 °C, ce qui accélère la fermentation lactique, pour coaguler en 20 minutes environ, puis le caillé est longuement tranché pour donner des petits grains, qui sont ensuite chauffés à 52-55 °C, jusqu'à ce qu'ils s'agglutinent de nouveau.

Après la cuisson, le caillé est encore brassé avant d'être enfermé dans une toile plongée dans le chaudron, à travers laquelle il va s'égoutter de son petit-lait. Il est alors mis avec sa toile dans un cercle en bois posé sur un foncet, grand disque lui aussi en bois, où le fromager va le travailler jusqu'à ce qu'il ait complètement refroidi. Il pose alors un second

Le pressage du beaufort d'alpage

disque à la surface et met le tout sous une presse pour 24 heures.

Toutes les 2 heures, le fromage est retourné afin qu'il s'égoutte régulièrement des deux côtés. Après quelques semaines, il est plongé et frotté dans un bain de saumure saturée. Il commence à se couvrir de morge, une couche visqueuse qui favorise l'action des ferments dans la pâte et le durcissement de la croûte.

Les salages et les retournements se poursuivront durant tout le séjour en cave. Si celle-ci est chaude, la fermentation va entraîner la formation de gaz qui laisseront dans la pâte de gros trous ; plus elle sera fraîche, moins ils seront visibles, et parfois même absents (voir p. 101).

L'égouttage du caillé de parmesan, l'un des meilleurs fromages italiens

Les fromages fondus

Leur origine se situe en montagne, dans les chalets où les bergers faisaient recuire le babeurre restant après la fabrication du beurre, ou le petit-lait extrait du caillé à fromage.
Aujourd'hui, il s'agit plus souvent de restes de fromages à pâte pressée, cuite ou non, qui sont fondus. Ils sont conditionnés sous forme individuelle, se râpent, comme le schabzieger suisse (voir p. 152), ou entrent dans la composition de préparations fromagères, comme le metton de la cancoillote (voir p. 99).

Les fromages de chèvre

Contrairement aux autres familles, celle des fromages de chèvre ne se définit pas par son mode de fabrication, mais par l'origine de son lait : celui-ci doit être uniquement de chèvre. Sa production est saisonnière et les meilleurs fromages sont fabriqués entre mars et novembre, période de l'allaitement des chevreaux.

La coagulation est mixte et se fait avec assez peu de présure, pour que le caillé ne devienne pas acide. Celui-ci est alors mis en moules – aux formes très différentes selon les variétés – et égoutté spontanément pendant 12 à 24 h. Le fromage est alors salé au sel sec et mis en cave d'affinage fraîche pour quelques semaines ou plusieurs mois. La surface se couvre alors de moisissures spontanées blanches (*Penicillium candidum*), qui bleuissent (*P. album*), puis jaunissent (*P. glaucum*). Leur évolution doit se faire régulièrement afin que le fromage ne prenne pas un goût de savon ou, au contraire, une saveur très piquante. Avant leur commercialisation, certains chèvres seront enrobés de cendre, d'herbes, de feuilles, qui leur donneront un peu de leur parfum.

Le filtrage du lait pour les cabécous

Maître Corbeau, sur un arbre perché,
Tenait en son bec un fromage.
Maître Renard, par l'odeur alléché,
Lui tint à peu près ce langage :
« Hé ! bonjour, monsieur du Corbeau.
Que vous êtes joli ! que vous me semblez beau !
Sans mentir, si votre ramage
Se rapporte à votre plumage,
Vous êtes le phénix des hôtes de ces bois. »
À ces mots, le Corbeau ne se sent pas de joie ;
Et pour montrer sa belle voix,
Il ouvre un large bec, laisse tomber sa proie.
Le Renard s'en saisit, et dit : « Mon bon monsieur,
Apprenez que tout flatteur
Vit aux dépens de celui qui l'écoute :
Cette leçon vaut bien un fromage, sans doute. »
Le Corbeau, honteux et confus,
Jura, mais un peu tard, qu'on ne l'y prendrait plus.

Le Corbeau et le Renard

JEAN DE LA FONTAINE

Les
fromages
de France
et
d'Europe

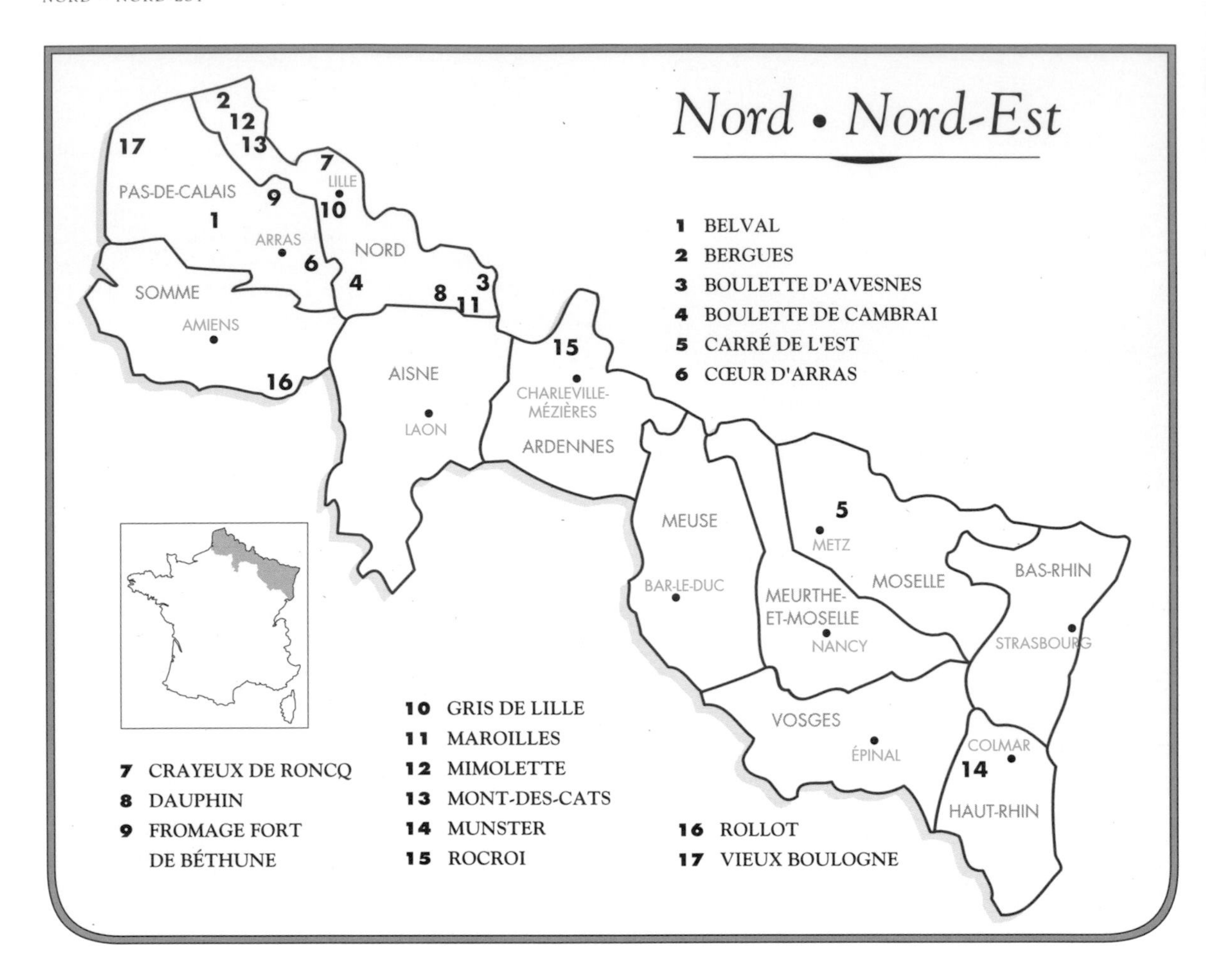

BELVAL

RÉGION : Artois, Picardie
LAIT : de vache, cru, entier
PÂTE : pressée, non cuite
TENEUR EN MATIÈRES GRASSES : de 40 à 45%
CROÛTE : naturelle, lavée
FORME : disque épais
TAILLE : de 20 à 25 cm de diamètre ; de 3 à 4 cm d'épaisseur
POIDS : 2 kg environ
SAVEUR : de douce à prononcée
MEILLEURE PÉRIODE DE CONSOMMATION : d'avril à décembre
BOISSONS D'ACCOMPAGNEMENT : les bières artisanales du Nord, les beaujolais

L'ABBAYE NOTRE-DAME, sise dans la commune de Belval, non loin de Béthune, a été fondée en 1893 par l'abbé Hippolyte Tramoy et occupée rapidement par des religieuses venant de l'Immaculée Conception de Laval. Aujourd'hui, quarante moniales contemplatives y vivent selon la règle de saint Benoît. Partageant leurs journées entre la prière et le travail, elles ne transforment en fromages pas moins de 12 000 litres de lait ... par semaine.

Le belval, ou trappiste de Belval, ou abbaye de Belval, est un fromage de type saint-paulin (voir p. 47). Le lait, assez fortement emprésuré, coagule à douce température en 5 minutes. 10 minutes plus tard, le caillé est tranché et vivement brassé jusqu'à ce que ses grains s'agglutinent les uns aux autres : cette opération élimine une grande partie du petit-lait. Ce caillé n'est pas lavé comme dans les préparations industrielles. Il garde donc son lactose, qui sera digéré par les micro-organismes naturels n'ayant pas été éliminés. Il est ensuite pressé et perd le reste de son petit-lait. Le fromage est ensuite mis à sécher pendant 2 ou 3 jours, puis il affine en cave humide et fraîche de 7 à 8 semaines au moins, durant lesquelles il sera régulièrement retourné et frotté à l'eau salée pour prendre une belle croûte orangée et lisse.

BERGUES

RÉGION : Flandre (région de Dunkerque)
LAIT : de vache, cru, écrémé ou partiellement écrémé
PÂTE : molle
TENEUR EN MATIÈRES GRASSES : de 10 à 15 %
CROÛTE : lavée
FORME : disque épais
TAILLE : de 16 à 20 cm de diamètre ; de 4 à 7 cm d'épaisseur
POIDS : de 1,7 à 2 kg
SAVEUR : douce
MEILLEURE PÉRIODE DE CONSOMMATION : toute l'année, sauf la fin de l'hiver
BOISSONS D'ACCOMPAGNEMENT : les bières blondes, les vins de Loire (saumur-champigny, saint-nicolas-de-bourgueil)

D'APRÈS LÉON MOREEL, écrivain régional de Flandre, le bergues fut d'abord un fromage un peu mou, préparé à partir d'un mélange de beurre fin et de restes de lait écrémé. Aujourd'hui, devenu plus dur, il est encore produit par une quarantaine de fermiers de la région de Bergues, près de Dunkerque. On le trouve, souvent le lundi, sur les étals des marchés locaux.

Ce fromage à croûte lavée, de fabrication classique, affine pendant 3 semaines environ dans des caves surélevées, appelées « hoofsteads » ; au cours de cette maturation, il est lavé chaque jour à la bière, ce qui donne à sa pâte crayeuse sa saveur assez douce, malgré son odeur puissante.

Ce fromage a fait un émule : le saint-winoc, un petit bergues créé par les moines de l'abbaye d'Esquelbecq, à quelques kilomètres de Bergues, mais dont la fabrication est cependant presque abandonnée aujourd'hui.

BOULETTE D'AVESNES

RÉGION : Flandre
LAIT : de vache, cru, entier
PÂTE : molle, aromatisée
TENEUR EN MATIÈRES GRASSES : 45 % au minimum
CROÛTE : naturelle, rougie au rocou
FORME : poire
TAILLE : de 7 à 8 cm de diamètre ; de 9 à 10 cm d'épaisseur
POIDS : de 200 à 300 g
SAVEUR : de forte à poivrée et piquante
MEILLEURE PÉRIODE DE CONSOMMATION : automne, hiver, printemps
BOISSONS D'ACCOMPAGNEMENT : les vins rouges corsés des Côtes-du-Rhône (gigondas, saint-joseph), le genièvre

CE FROMAGE, qui porte le nom d'un village proche de Maroilles (voir p. 38), avait autrefois la forme d'une boule, et n'adopta celle du cône actuel qu'entre les deux guerres. Mais son origine est plus ancienne, puis-

Une exploitation agricole en Artois

qu'il est cité vers 1800 dans les écrits de l'abbaye de Maroilles.

À l'origine, la boulette d'Avesnes était produite par les fermiers qui ne voulaient pas perdre le babeurre – le petit-lait restant après la fabrication du beurre – ; ils le faisaient recuire pour obtenir une pâte comestible assez maigre.

Aujourd'hui, plus grasse, elle est élaborée à partir de restes ou de débris de maroilles blancs endommagés durant leur fabrication. Ils sont finement broyés, malaxés à la main et additionnés d'herbes (persil, estragon...) et d'épices (poivre essentiellement), bien que les proportions de ces divers ingrédients aromatiques varient sensiblement d'un producteur à l'autre.

Durant l'affinage en cave humide, qui dure de 2 à 3 mois au minimum, la croûte de la boulette est régulièrement lavée à la bière et rougie par un colorant naturel (rocou ou paprika), jusqu'à prendre une belle couleur brique, et surtout une odeur forte et prenante.

Dans les fermes, on la fait encore parfois sécher à l'air libre et au soleil sur des planches fixées au-dessus des fenêtres.

BOULETTE DE CAMBRAI

Région : Cambrésis	**Forme** : poire
Lait : de vache, cru, entier ou écrémé	**Taille** : de 6 à 8 cm de diamètre ; de 8 à 10 cm d'épaisseur
Pâte : fraîche, aromatisée	
Teneur en matières grasses : 45 %	**Poids** : de 200 à 300 g
Croûte : inexistante	**Saveur** : douce, lactique

Meilleure période de consommation : printemps, automne ; été quand elle est très fraîche

Boissons d'accompagnement : les bières légères, les vins rouges légers de Touraine

La boulette de Cambrai, autrefois elle aussi préparée avec du babeurre recuit, est de nouveau fabriquée à la ferme. Comme sa cousine la boulette d'Avesnes, elle est faite de débris de maroilles façonnés à la main. Elle est cependant nettement plus douce, car elle n'est pas affinée, ou très peu – ce qui lui vaut d'ailleurs de ne pas avoir de croûte –, mais simplement enrobée de fines herbes et de poivre. Cette fraîcheur et sa saveur légèrement lactique la destinèrent longtemps aux casse-croûte. Elle se déguste après avoir été passée au four sur une tranche de pain de campagne, mais se consomme surtout en fin de repas, fraîche ou sèche.

CARRÉ DE L'EST

Région : Lorraine, Alsace	**Croûte** : fleurie
Lait : de vache, pasteurisé	**Forme** : carré
Pâte : molle	**Taille** : de 8,5 à 11 cm de côté ; de 2 à 3 cm d'épaisseur
Teneur en matières grasses : de 40 à 50 %	**Poids** : de 250 à 300 g
	Saveur : douce

Meilleure période de consommation : toute l'année

Vins d'accompagnement : les vins rouges légers (gaillac, pinot rouge d'Alsace, bouzy), les vins blancs secs (muscadet)

Le carré de l'Est est sans doute une création des récollets, un ordre réformé de franciscains. Aujourd'hui, il est de fabrication essentiellement industrielle. Il peut avoir une croûte fleurie de moisissures superficielles ou une croûte lavée, qui lui donne une subtile odeur de forêt au terme de 4 semaines d'affinage en cave sèche.

Quand il est au meilleur de sa qualité, il a droit au label rouge et à l'appellation de carré de Lorraine. Dans ce cas, le nom du département de production doit figurer sur son emballage en papier et sur sa boîte.

CŒUR D'ARRAS

Région : Artois	**Croûte** : lavée
Lait : de vache, cru ou pasteurisé, entier	**Forme** : cœur
	Taille : de 2 à 3 cm d'épaisseur
Pâte : molle	**Poids** : 200 g
Teneur en matières grasses : 45 %	**Saveur** : douce, crémeuse

Meilleure période de consommation : automne, hiver, printemps

Boissons d'accompagnement : les vins rouges ensoleillés (saint-chinian, bandol), les bières blondes

En 1640, après un siècle et demi d'occupation, Arras était libérée de l'occupant espagnol. Durant le siège des Français, dit-on, les Arrageois pro-espagnols avaient souvent crié du haut des remparts aux troupes de Louis XIII : « Quand les rats mingeront les cats (les chats), le roy sera seigneur d'Arras. »

En 1654, grâce à Turenne, la ville était enfin délivrée des dernières menaces de reconquête étrangère, avant d'être définitivement rattachée à la France en 1659. Pour célébrer l'événement, on frappa des médailles et on organisa tous les ans des processions.

De nos jours, et depuis une vingtaine d'années, la fête des Rats commémore à chaque Pentecôte

La fête des Rats à Arras

ce souvenir. Mais pourquoi avoir choisi ces rongeurs ? Cette présence s'explique de deux manières. Certains disent que les Espagnols auraient lâché des rats dans la ville pour forcer les habitants à quitter la place. D'autres allèguent plus vraisemblablement un jeu de mots : Arras serait devenu « à rats ». Au Moyen Âge, d'ailleurs, des notables portaient des représentations de ces rongeurs sur leur bonnet et, sur le sceau de la cité, figure une ronde de rats.

La fête des Rats est l'occasion de déguster les spécialités de la ville, notamment le pain d'épices et le chocolat, tous deux en forme de cœur, comme l'est le cœur d'Arras, un proche parent du maroilles (voir p. 38), dont la croûte rouge brique et humide cache une pâte blanc crème, moelleuse, dégageant un agréable parfum.

CRAYEUX DE RONCQ

Région : vallée de la Lys
Lait : de vache, cru, entier
Pâte : molle
Teneur en matières grasses : de 53 à 55 %
Croûte : lavée
Forme : pavé
Taille : 6 cm de côté ; 5 cm d'épaisseur
Poids : 300 g
Saveur : fine, prononcée
Meilleure période de consommation : toute l'année, sauf la fin de l'hiver et le début du printemps
Boissons d'accompagnement : les bières du Nord (trois-monts ou abbaye de l'Abbijran), les beaujolais

Autrefois, dans le Nord et la région lilloise notamment, les fabricants de beurre vendaient leurs fromages au porte-à-porte. Grâce au crayeux de Roncq, cette tradition renaît : il est en effet présent chez les meilleurs crémiers de la région. S'il ressemble beaucoup au mignon – le petit maroilles (voir p. 38) –, il a un goût plus fin dû à son procédé de maturation.

Son affinage a lieu dans une cave saturée d'humidité (au point que le sol est mouillé), fraîche (13 °C) et bien ventilée. Pendant les 8 premiers jours, le caillé est retourné quotidiennement. Comme il a peu égoutté, il renferme encore du petit-lait et graisse (devient crémeux) pendant le premier mois. Puis il sèche doucement grâce à la circulation constante de l'air. Au bout de 3 à 4 mois, sa croûte est orangée et sa pâte coulante entoure un cœur blanc et fissuré comme la craie.

DAUPHIN

RÉGION : Hainaut
LAIT : de vache, cru ou pasteurisé, entier
PÂTE : molle
TENEUR EN MATIÈRES GRASSES : 50 % au minimum
CROÛTE : lavée
FORME : croissant, souvent en forme de poisson
TAILLE : de 11 à 12 cm de long ; de 4 à 5 cm d'épaisseur
POIDS : de 350 à 400 g
SAVEUR : relevée, aromatisée
MEILLEURE PÉRIODE DE CONSOMMATION : automne, hiver, printemps
BOISSONS D'ACCOMPAGNEMENT : les bières fortes, les côtes-du-rhône charpentés

LA TRADITION VOUDRAIT QU'EN 1678 Louis XIV, accompagné du prince héritier, se soit rendu en Hainaut après la signature du traité de Nimègue – qui lui accordait plusieurs villes de cette province. Il aurait alors découvert un fromage et l'apprécia tant qu'il autorisa qu'on l'appelât dauphin, comme son fils. Mais c'est en fait avant cette date que, par un acte royal définissant les droits du Dauphin, les charretiers de Maroilles furent exemptés de la dîme et que, reconnaissants, ils donnèrent ce nom au fromage…

Le dauphin était autrefois fabriqué avec le lait de fin de traite, très riche en matières grasses, et il était moulé en forme d'écu. Aujourd'hui, souvent en forme de croissant, il n'est plus guère préparé que dans les fermes, à partir de maroilles blanc (voir p. 38) laissé au hâloir quelques jours et dont la pâte est ensuite brisée et malaxée avec des herbes et des épices. Un affinage de 3 à 4 mois, au cours duquel il est régulièrement lavé à l'eau salée, lui donne une croûte d'un orange profond, tandis que la pâte est légèrement granuleuse et ferme.

FROMAGE FORT DE BÉTHUNE

RÉGION : Artois
LAIT : de vache
PÂTE : molle
TENEUR EN MATIÈRES GRASSES : 45%
CROÛTE : inexistante
FORME : celle du récipient utilisé
TAILLE : variable
POIDS : variable
SAVEUR : très forte
MEILLEURE PÉRIODE DE CONSOMMATION : fin de l'automne, hiver, début du printemps
BOISSONS D'ACCOMPAGNEMENT : les vins rouges très forts, très vineux, ou le vieux genièvre

SELON LES HISTORIENS, le fromage fort de Béthune est un héritage des mineurs lorrains qui consommaient, en casse-croûte – ou « briquet » – des préparations comparables (voir encadré). De fabrication identique à

Le poisson, la forme traditionnelle du dauphin

Les spécialités lorraines

La Lorraine est connue pour ses préparations domestiques à base de fromages frais ou blancs macérés, et pour la plupart très relevés de sel et de poivre. Le brocq est le seul à être doux et lactique, et se déguste avec des pommes de terre. Le fromage en pot est d'abord caillé et égoutté dans un linge jusqu'à devenir presque sec, puis mis en pot de grès, salé et poivré, parfois aromatisé avec du cumin, et entreposé pendant plusieurs semaines dans un endroit sombre et sec ; il faut alors racler les moisissures du dessus pour déguster la pâte jaunâtre et onctueuse avec du pain de campagne. Le trang'nat en est une variante, affinée plus longtemps et dans un lieu tiède. En poursuivant cette maturation, on obtient le gueyin. Quant au fremgeye, à l'odeur presque putride, il s'accompagne traditionnellement d'un hachis d'oignon et d'échalote.

celle du maroilles (voir p. 38), il est salé au moins deux fois, comme le gris de Lille, et surtout il fermente à l'abri de l'oxygène, souvent dans de la bière ou de l'alcool. Ses surnoms de vieux puant et de puant macéré laissent présager sa saveur ammoniacale et son goût dévastateur.

GRIS DE LILLE

Région : Flandre, Hainaut
Lait : de vache, cru
Pâte : molle
Teneur en matières grasses : 45 % au minimum
Croûte : lavée
Forme : pavé
Taille : de 12 à 13 cm de côté ; de 5 à 6 cm d'épaisseur
Poids : de 700 à 800 g
Saveur : très relevée, salée
Meilleure période de consommation : fin de l'automne, hiver
Boissons d'accompagnement : les bières fortes, le vieux genièvre, le café fort, les côtes-du-rhône très charpentés

En 1960, Nikita Khrouchtchev, lors de sa visite à Lille, fut séduit par le gris de Lille, connu autrefois sous le nom de maroilles gris, que les « gueules noires » du Nord auraient fait connaître au début du XXe siècle et qu'ils mangeaient accompagné de café noir. Il fait donc

Vieux gris et gris de Lille

D'après les puristes, l'appellation de vieux gris ne peut être appliquée au gris de Lille ; elle serait réservée à la mimolette, qui se dégustait autrefois dans les estaminets du vieux Lille.

partie de ces fromages de mineurs, au goût fort, qui supportaient mieux le fond de la mine que la plus coriace des viandes.

Le gris de Lille a une pâte de maroilles, salée deux fois et qui, pendant l'affinage – de 80 à 100 jours au moins, voire de 6 mois –, est régulièrement plongée en saumure et développe, en l'absence d'oxygène, des ferments de *Bacterium linens*. Leur action entraîne bientôt une production d'ammoniaque qui favorise une putréfaction rapide aux effets odorants violents. « Plus il pue, meilleur il est », dit-on.

Sous son épaisse croûte gris rosé et visqueuse, sa pâte est tendre et très relevée.

MAROILLES

AOC
Région : Thiérache
Lait : de vache, cru, généralement entier
Pâte : molle
Teneur en matières grasses : 45 % au minimum
Croûte : lavée
Forme : carré
Taille : 13 cm de côté ; 6 cm d'épaisseur
Poids : 800 g environ
Saveur : franche de terroir, forte et piquante
Meilleure période de consommation : fin d'été, automne, hiver
Boissons d'accompagnement : les vins rouges charpentés, les bières fortes, le café noir

En Thiérache, les Gaulois s'étaient installés dans un village qu'ils appelaient Maro lalo – la grande clairière –, et qui donnerait au fil du temps Maroilles.

Dès le VIIe siècle, une puissante abbaye, dont il ne reste que des vestiges, s'installa tout près de là, à Landrécies. Les moines y fabriquaient, comme tant d'autres ailleurs, un fromage doux, le craquegnon. Au Xe siècle, sans doute à l'instigation d'Enguerrand, évêque de Cambrai, ils décidèrent d'en prolonger l'affinage : le maroilles était né.

Deux siècles après, en échange de la jouissance des prairies, les paysans acquittaient auprès de l'Église une dîme en fruits et en fromages. Et les prélats les offraient à leur tour aux grands du royaume.

C'est ainsi que ces fromages firent au cours des siècles les délices de souverains comme Philippe Auguste, Louis IX, Charles VI, François Ier ou Charles Quint, qui les fit apprécier jusqu'en Espagne, et de personnalités comme Turenne ou Fénelon, archevêque de Cambrai en 1695.

Le maroilles, seul fromage du Nord à bénéficier d'une AOC, doit d'abord ses qualités à une région verdoyante, au sous-sol argileux et au sol marneux raviné, coupé de pentes courtes et raides, couvert de prairies naturelles, de bois et de bocages. Les précipitations abondantes donnent des herbages de grande qualité, et la Thiérache se consacre entièrement à l'élevage et à la production laitière, au point que l'on compte souvent plus de cent vaches à lait par km^2.

La fabrication du maroilles respecte scrupuleusement la tradition. Le lait légèrement acide est emprésuré et coagule en 90 minutes. Le caillé est tranché et mis sur des tables – les mignauts –, conçues pour faciliter son égouttage spontané, puis disposé dans des moules carrés – les quinons –, et retourné plusieurs fois. Démoulé le lendemain, le fromage est salé et plongé dans une saumure.

Il est alors devenu du « maroilles blanc », qui est ensuite séché pendant 48 heures en hâloir ventilé et assez sec, à 14 °C, où il se couvre d'un léger duvet bleu de *Penicillium*. Il faut donc le débleuir, en le brossant avec de l'eau légèrement salée, avant de le mettre dans un lieu très humide et frais

Le maroilles est commercialisé sous trois autres formats : le sorbais ou monceau, de 12 cm de côté et de 540 g, affiné 4 semaines au moins ; le mignon, plus plat, de 11 cm de côté et de 360 g, affiné 3 semaines au moins ; le quart, de 8 cm de côté et de 180 g, affiné 2 semaines au moins.

Maroilles

Le biscuit des ivrognes

« Le fromage [...] est le biscuit des ivrognes ; cela doit s'entendre des fromages salés qui, comme ceux de Gruyère, de Roquefort, de Sassenage et de Gérardmer, provoquent la soif et font trouver bon tout vin médiocre. Mais entre ces fromages et les fromages frais, il y a une telle différence qu'on a peine à les croire de la même famille... On peut y joindre encore ceux du mont d'Or, de Franche-Comté, de Maroilles, et surtout le fromage de Brie, l'un des meilleurs qui se mangent à Paris... »
Calendrier gastronomique de l'Almanach des gourmands (1803 à 1812), de Grimod de La Reynière

Le brossage à l'eau salée du maroilles

(10 °C) pour l'affinage. Les caves de Thiérache, exposées à l'humidité des vents marins, favorisent le développement d'une flore particulière.

Posés à plat sur des claies en bois reliées par des fils en nickel (jamais en fer), les maroilles se couvrent en quelques jours d'une moisissure légère. Au bout de 4 semaines, la croûte se forme, blondit, puis rougit naturellement. Les fromages sont doucement brossés et lavés au moins une fois par semaine, et retournés après chaque lavage. C'est ainsi qu'ils prennent leur saveur et leur odeur qui, selon Curnonsky, résonnent comme « le son du saxophone dans la symphonie des fromages ».

La baguette de Thiérache

Fabriqué en Thiérache, ce fromage, cousin du maroilles, n'est apparu qu'après la Seconde Guerre mondiale. Moulé après emprésurage et égouttage d'une vingtaine de minutes, il est affiné en cave humide de 3 à 4 mois. Durant cette période, il est régulièrement salé par lavages avec de la saumure, qui lui donne sa croûte rouge-brun, lisse et brillante. Il porte aussi le nom de baguette laonnaise.

VOIR PAGE 176

MIMOLETTE

RÉGION : Flandre	CROÛTE : naturelle, brossée
LAIT : de vache, pasteurisé, entier	FORME : boule légèrement aplatie
PÂTE : pressée, demi-dure	TAILLE : 20 cm de diamètre
TENEUR EN MATIÈRES GRASSES : 40 %	POIDS : de 2 à 4 kg
	SAVEUR : délicate, noisetée

MEILLEURE PÉRIODE DE CONSOMMATION : toute l'année
BOISSONS D'ACCOMPAGNEMENT : les vins rouges, les bières fortes, le madère, le porto

LES HOLLANDAIS revendiquent la paternité de ce fromage, ce qui est certainement vrai ; les Français n'ont-ils pas longtemps rappelé que Colbert, au XVIIe siècle, avait interdit l'importation de fromages hollandais, ce qui poussa les producteurs nationaux à les copier ?

La mimolette française n'est officiellement reconnue que depuis le 28 mai 1935, date d'un traité commercial entre la France et les Pays-Bas ; cependant, le procédé de fabrication reste le même dans les deux pays. Elle est aujourd'hui fabriquée surtout dans le Nord, mais aussi dans plusieurs autres régions.

Le caillé obtenu par emprésurage du lait est préalablement coloré par de la teinture de rocou tranché, et les grains, légèrement chauffés, sont brassés pour accélérer l'élimination du petit-lait, puis moulés par pression et salés en saumure : la pâte sera plus ferme et se conservera plus longtemps.

Une boule de mimolette doit vieillir selon une technique précise, que respectent encore certains affineurs. Dès qu'elle arrive en cave (15 °C et 90 % d'humidité), on la frappe avec un maillet en bois pour sentir par résonance si elle est de bonne qualité et si elle ne renferme pas de trous.

Pendant les premières semaines, on la retourne et on la brosse à la main tous les 8 jours, puis une fois par mois seulement. Les cirons – des micro-organismes – s'attaquent à la croûte et l'aèrent, permettant l'affinage de l'extérieur vers le centre, et réciproquement.

Selon son degré de maturation, la mimolette, à chair orange sous sa croûte grise, est dite gras *(sic)* lorsqu'elle est jeune (au moins 6 semaines d'affinage), demi-étuvée ou demi-vieille (au moins 6 mois d'affinage), vieille ou étuvée (au moins 12 mois d'affinage), puis extra-vieille. Elle peut en outre bénéficier d'un label rouge et d'un label régional (mimolette du Nord, mimolette vieille ou extra-vieille) si elle a mûri plus d'un an et présente une croûte naturelle et mitée. Les amateurs, qui l'appellent parfois vieux hollande, considèrent qu'elle atteint sa plénitude entre 16 et 18 mois, voire 24 mois.

VOIR PAGE 176

La fête de la Saint-Hubert à l'abbaye du mont des Cats

MONT-DES-CATS

Région : Flandre	**Croûte** : naturelle, lavée
Lait : de vache, cru ou pasteurisé, entier	**Forme** : disque
Pâte : pressée, demi-dure	**Taille** : 25 cm de diamètre ; 4 cm d'épaisseur
Teneur en matières grasses : de 45 à 50 %	**Poids** : de 0,5 à 2 kg
	Saveur : douce, légèrement lactique

Meilleure période de consommation : toute l'année
Vins d'accompagnement : les vins rouges légers et fruités de Loire

En Houtland (pays des bois), région située entre les villages de Bailleul et de Wormhout, se dressent la crête des Flandres et le mont des Cats (164 m), sur lequel s'élève une abbaye. Fondée à l'initiative de Nicolas Ruyssen, peintre natif d'Hazebrouck, elle abrite depuis 1826 une quarantaine de moines trappistes. Saint Bernard disait : « Le travail, la pauvreté volontaire, voilà les marques distinctives des moines. » Et ceux-là, comme beaucoup d'autres, fabriquent du fromage.

Ils ont commencé au siècle dernier avec le lait de leur troupeau de vaches, et pour leur consommation personnelle. Quelques familles voisines se rendirent bientôt à l'abbaye pour y choisir un fromage, qui se dégustait alors avec du café noir. Le succès venant, la petite fromagerie s'agrandit.

Aujourd'hui, le lait – il en faut 10 litres pour obtenir un kilo de fromage – est collecté tous les 2 jours dans 25 fermes proches. Il est d'abord chauffé puis emprésuré. Le caillé est alors légèrement pressé en forme de gros pain, puis découpé en cubes. Les cubes sont à leur tour moulés, pressés puis salés en saumure. Entreposés dans les caves fraîches et très humides de l'abbaye, les fromages sont régulièrement retournés et lavés pendant leur affinage, qui dure 1 mois environ et leur donne une croûte lisse, orange clair, et une pâte tendre, avec quelques petits trous épars.

L'abbaye produit aussi le flamay, un fromage au lait cru entier, de 500 g environ, titrant 40 % de matières grasses, et affiné pendant 1 mois.

Naissance de la Trappe

Au XIIe siècle, les moines de l'abbaye de Cîteaux (Côte-d'Or) reprennent l'antique règle de saint Benoît. Ce nouveau mouvement, marqué par la personnalité de saint Bernard, s'inscrit dans une recherche authentique de vie évangélique. Devenu l'ordre des cisterciens, il va connaître un grand développement à travers toute l'Europe. Au XVIIe siècle, l'abbé de Rancé met en œuvre dans son monastère cistercien de la Trappe (Orne) une réforme célèbre par son extrême austérité. D'autres communautés suivent l'exemple, et la Trappe prête son nom aux trappistes, les nouveaux adeptes de la stricte observance.

MUNSTER

AOC
RÉGION : Alsace, Lorraine
LAIT : de vache, cru, entier ou partiellement écrémé
PÂTE : molle
TENEUR EN MATIÈRES GRASSES : 45 % au minimum
CROÛTE : lavée
FORME : disque
TAILLE : de 13 à 19 cm de diamètre ; de 2,4 à 8 cm d'épaisseur
POIDS : 450 g au minimum
SAVEUR : franche, relevée
MEILLEURE PÉRIODE DE CONSOMMATION : été, automne
BOISSONS D'ACCOMPAGNEMENT : les vins d'Alsace (riesling, gewurztraminer, pinot noir), les bières, les marcs alsaciens.

D'APRÈS LA TRADITION, des moines bénédictins, venus d'Italie ou d'Irlande selon les versions, s'établirent en 634, sous la protection des rois francs, au pied du Hohneck, à Schweinsbach. Vers 660, ils bâtirent, au confluent de la petite et de la grande Fecht, une église en l'honneur du pape. Leur monastère *(monasterium confluentis)* se dresse dans l'actuel val Saint-Grégoire, sur le versant alsacien des hautes chaumes, vaste prairie d'altitude des Vosges. La ville qui fut construite sur la Fecht prit le nom de Munster, dont l'origine serait donc peut-être le latin *monasterium*.

Vers 855, pour fabriquer leur munster, les moines se seraient inspirés du gros géromé, une pâte alors très appréciée fabriquée à Gérardmer, ville située de l'autre côté des Vosges mais en territoire lorrain. Les deux fromages, très proches, se disputeront pendant des siècles la première place.

Au début du Moyen Âge, les marcaires – les paysans de Munster – acquittaient leurs redevances sous forme de fromages. À Metz, ceux-ci étaient alors des produits de marché de première importance.

Ce furent les bénédictins qui développèrent le munster à partir du XIIe siècle. Sa notoriété parvint au XVIe siècle jusqu'à Ulm, dont le prédicateur avait remercié Martin Brüger, pionnier de la Réforme en Alsace, de lui en avoir envoyé. Mais sa fabrication à grande échelle ne commença qu'au début du XVIIe siècle.

Aujourd'hui, la rivalité qui opposa Gérardmer à Munster a cessé : une seule et même appellation englobe le munster alsacien et le géromé lorrain.

Dans une marcairerie traditionnelle

Échange de bons offices

« Les cloîtres bénédictins du Wagans... entretenaient des relations de parenté, d'amitié et d'ordre commercial... ; ce qu'une abbaye avait en surplus, elle le donnait à l'abbaye voisine, et les choses se passaient ainsi entre les abbayes de Munster et de Remiremont... Remiremont fournissait aux pâtres du val Saint-Grégoire le sel dont ils avaient besoin pour leur fromagerie. Ce sel provenait des salines de Marsal, que Charlemagne avait données à l'abbaye. En échange, Remiremont recevait des animaux reproducteurs et du vin d'Alsace. Un témoignage du XVe siècle l'atteste : "Le seigneur féodal de Metzeral doit s'engager la quatrième année à faire parvenir à l'abbesse un foudre de vin et un taureau... ; elle-même lui rendra la pareille la même année avec une poêle remplie de sel." »

Auguste Scherlen et Bernard Antony, *Mémoire agro-historique et économique*.

Munster

Le petit munster

Le petit munster ou petit munster-géromé est une forme réduite de 7 à 12 cm de diamètre, de 2 à 6 cm d'épaisseur et de moins de 120 g. Son affinage dure 14 jours au moins.

Leurs parfums reflètent toujours ceux des hauts pâturages des Vosges, riches en herbes épaisses et en graminées aromatiques. Plus de 150 marcaires y perpétuent les gestes de toujours.

Le lait provient de deux traites mélangées (celle du matin et celle du soir, dont l'une est parfois partiellement écrémée) ou d'une seule. Dès son arrivée, il est tiédi et emprésuré. Le caillé, tranché en très petits grains, n'est pas brassé afin d'égoutter lentement. Moulé, il prend la forme d'un large disque. Après 1 jour ou 2, transformé en « blanc à munster », il est légèrement salé, démoulé et dirigé vers un hâloir où il est ressuyé pendant 2 ou 3 jours.

Ces blancs sont ensuite disposés pour vieillir sur des claies en bois qui vont transmettre leur flore et leur couleur aux fromages. Pendant les 3 semaines de leur affinage en cave, ils sont retournés tous les 2 jours et frottés à l'eau tiède des Vosges. Cette opération favorise le développement des ferments du rouge (*Bacterium linens*), qui les protègent pendant leur vieillissement. Les colorants utilisés autrefois, même naturels comme le rocou, ne sont plus autorisés. Légèrement striée et humide, la croûte apparaît et, à force d'être lavée, se colore de jaune puis de rouge orangé. La pâte, parfois aromatisée, contre l'avis des grands amateurs, avec des graines de cumin – elles doivent être servies en simple accompagnement –, devient souple et onctueuse. Robert Courtine conseille : « Il faut déguster le munster nature, avec des pommes de terre en robe des champs, bien chaudes, sans pain. »

Les Munstériens et les quarante fromages

« Les Munstériens payaient un tribut... de 40 bons fromages, comme le stipulait le contrat de 1417, au séminaire de Lautenbach dans l'enceinte duquel le bétail était [...] mené. Tous les ans, en juin, lorsque la vache donne le plus de lait, un messager de Remiremont arrivait et annonçait le jour où les fromages devaient être livrés. Le bourgmestre prévenait alors les marcaires des 21 pâturages et, le jour convenu, ceux-ci se mettaient en route pour Gérardmer. Le maire et le secrétaire de mairie arrivaient avant les pâtres. Ils vérifiaient si le nombre, la taille et la qualité des fromages faisaient honneur à leur commune. Après la remise du tribut de ces fromages, les fonctionnaires du duc et de l'abbesse de Remiremont offraient un repas au magistrat, tandis qu'on servait aux marcaires du pain, du vin et de la viande. »
Auguste Scherlen et Bernard Antony, *Mémoire agro-historique et économique*.

VOIR PAGE 176

La vallée de Munster et les ballons des Vosges

ROCROI

Région : Ardennes
Lait : de vache, cru, écrémé
Pâte : molle
Teneur en matières grasses : de 20 à 30 %
Croûte : naturelle, cendrée
Forme : disque
Taille : 12 cm de diamètre ; de 3 à 4 cm d'épaisseur
Poids : de 300 à 400 g
Saveur : fruitée, légèrement sapide
Meilleure période de consommation : fin d'été, automne
Vins d'accompagnement : les vins rouges de Bourgogne (mercurey, santenay) ou de Champagne (bouzy)

Le rocroi cendré était autrefois préparé au printemps et conservé, en attendant de permettre de nourrir les moissonneurs, dans de la cendre, qui présentait en outre l'avantage, puisqu'ils le consommaient en plein air, d'éloigner les mouches.

Ce fromage fermier, jadis très peu commercialisé, commence à prendre de l'essor. Apparenté aux cendrés de Champagne et de l'Orléanais (voir pp. 44 à 53 et 78 à 81), il affine de 1 à 2 mois en cave sèche avant d'être enrobé de cendre et conservé dans un endroit humide pendant 1 mois au moins.

ROLLOT

Région : Picardie
Lait : de vache, cru, entier
Pâte : molle
Teneur en matières grasses: 45 % au minimum
Croûte : lavée
Forme : disque ou cœur
Taille : de 8 à 11 cm de diamètre ; de 2,5 à 4 cm d'épaisseur
Poids : de 200 à 300 g
Saveur : relevée de terroir
Meilleure période de consommation : fin du printemps, été, automne
Boissons d'accompagnement : les bordeaux rouges (fronsac, saint-émilion), les bières du Nord

Il semblerait que les créateurs du rollot soient des moines originaires de Maroilles venus fonder une abbaye dans la Somme. Les fermiers qui s'y rendaient pour payer leur droit de fermage auraient découvert là le fromage des religieux. Ils auraient commencé alors à le produire, puis à le commercialiser localement, puis un peu plus largement.

En mai 1678, Louis XIV, revenant de Flandre, déjeuna à Orvilliers et se fit servir des rollots fabriqués par un nommé Debourges ou de Bourges. Il les trouva si bons qu'il accorda au fermier le titre de fromager royal, avec une pension de six cents livres réversible à ses enfants.

Des vaches de race vosgienne

Au XIXe siècle, les rollots sont présents sur les marchés parisiens, où l'on sait qu'ils valent 4,50 F la douzaine. Ils sont même candidats au concours général des fromages, où ils sont mis en concurrence avec le livarot, le maroilles et le langres. Après une période de déclin, due à un écrémage excessif du lait (les fermiers voulant rentabiliser leur production à la fois avec le fromage et le beurre), le rollot a retrouvé une seconde jeunesse et il est redevenu le fromage picard par excellence. Il reprend d'ailleurs peu à peu sa forme ronde traditionnelle.

Le lait frais de la traite du matin est emprésuré. Le caillé tranché s'égoutte naturellement, puis il est versé dans une étamine et mis dans un moule, le caseret ; il sera retourné matin et soir pendant 3 à 4 jours. Au soir du deuxième jour, le fromage est frotté de sel ou plongé en saumure, puis remis dans le moule. Démoulé, il commence son affinage en cave fraîche et humide, ce qui le débarrasse des moisissures bleues ; il prend peu à peu une croûte lisse et rougeâtre. Au terme de 5 à 8 semaines de maturation, il présentera une pâte tendre, avec quelques rares trous.

Le vieux boulogne

Élaboré exclusivement dans l'arrière-pays boulonnais, ce fromage de type saint-paulin, au lait cru et entier, titrant 50 % de matières grasses, a une forme de pavé de 8 cm de côté et pèse 300 g. Il présente la particularité d'être fabriqué comme une pâte pressée non cuite et affiné comme une pâte molle à croûte lavée. Pendant sa maturation de 6 à 7 semaines en cave très humide, il est en effet régulièrement lavé avec la bière locale de Saint-Léonard et devient rouge brique, avec une pâte onctueuse douce et très fine.

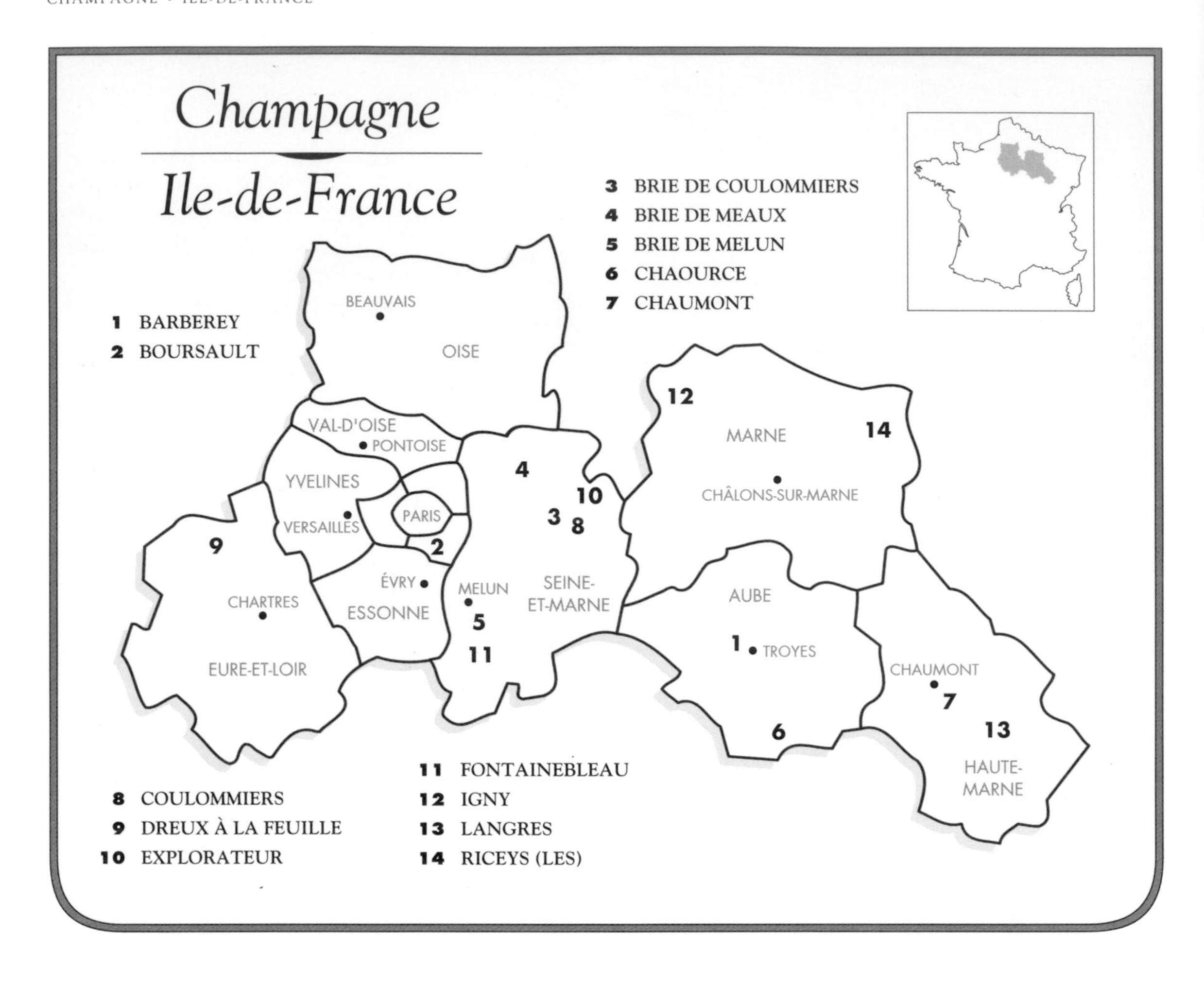

BARBEREY

Région : Champagne
Lait : de vache, cru, écrémé
Pâte : molle
Teneur en matières grasses : de 20 à 30 %
Croûte : naturelle, cendrée
Forme : disque
Taille : 11 cm de diamètre ; 2,5 cm d'épaisseur
Poids : 250 g
Saveur : de légèrement sapide à piquante
Meilleure période de consommation : été, automne
Vins d'accompagnement : les vins rouges de la région (bouzy, chigny)

APPELÉ ÉGALEMENT FROMAGE DE TROYES, le barberey est typiquement... troyen, et très régional. Il s'agit d'une sorte de camembert (voir p. 56) rustique, peu gras puisqu'il est préparé avec du lait écrémé avant d'être affiné 1 mois au moins en cave humide dans de la cendre de bois.

Son aire de fabrication, autrefois limitée au village de Barberey-Saint-Sulpice, s'est aujourd'hui déplacée vers la Champagne humide.

Ce fromage est l'objet d'une anecdote historique célèbre : au soir de la bataille de Brienne, en janvier 1814, Napoléon reçut d'une paysanne du nom de Bouchard un barberey à point, produit rare en ces temps troublés.

L'empereur le trouva fort bon et remercia aussitôt la fermière en nommant son fils caporal. Celui-ci devint par la suite sous-lieutenant de la Garde impériale, mais garda toujours le sobriquet de capitaine Fromage.

BOURSAULT

Région : Brie	**Forme** : cylindre
Lait : de vache, entier, enrichi	**Taille** : 7 cm de diamètre ; 4 cm de haut
Pâte : molle	
Teneur en matières grasses : 75 %	**Poids** : 225 g
Croûte : fleurie	**Saveur** : d'onctueuse à légèrement acidulée

Meilleure période de consommation : toute l'année
Vins d'accompagnement : les vins rouges légers (saumur-champigny, fleurie), les vins blancs fruités (riesling, chablis), le champagne

Ce fromage, assez récent comme tous les triple-crème, a été inventé au Perreux-sur-Marne par M. Boursault. Ce commerçant, qui vendait du lait frais et des fromages sur les marchés de la région, fut un jour retenu chez lui par une mastoïdite. Pour ne pas perdre complètement le lait qu'il avait reçu, il le versa dans sa baignoire, l'ensemença... et créa ainsi un nouveau fromage.

Le secret de fabrication du boursault est aujourd'hui encore jalousement gardé, bien qu'il soit devenu de fabrication industrielle. Le lait est enrichi de crème avant d'être emprésuré. Une fois moulé, le caillé est salé en saumure, puis le fromage affine en cave pendant 3 semaines.

Produit aujourd'hui dans la Creuse, il a le délicat goût d'un brie qui serait particulièrement crémeux. Commercialisé dans un emballage en carton, il mûrit assez vite, même au réfrigérateur. Il a en Île-de-France de nombreux cousins germains, comme le lucullus, le gratte-paille, le délice de Saint-Cyr (voir encadré) ou l'explorateur (voir p. 51).

Le délice de Saint-Cyr

Originaire de Saint-Cyr-sur-Morin, dans la Brie, village où M. Boursault s'installa quand son fromage connut le succès, le délice de Saint-Cyr, fabriqué au lait de vache enrichi, est lui aussi l'une de ses créations. Plus gros que son cousin pour des raisons de commodité, il est affiné 3 semaines en cave sèche ou légèrement humide, ce qui le rend assez goûteux sous sa croûte blanche feutrée, parsemée de quelques marques rouges de ferments caséiques. Il est parfois commercialisé sous le nom de grand-vatel, en souvenir de Vatel, le maître d'hôtel du prince de Condé qui, en 1671, se passa l'épée au travers du corps pour ne pas survivre à une fête donnée en l'honneur de Louis XIV... et pour laquelle la marée n'était pas arrivée à temps.

Paysage de la Champagne humide

BRIE DE COULOMMIERS

RÉGION : Brie
LAIT : de vache, cru, entier
PÂTE : molle
TENEUR EN MATIÈRES GRASSES : 45 %
CROÛTE : fleurie
FORME : grand disque
TAILLE : de 24 à 26 cm de diamètre ; de 2,5 à 3 cm d'épaisseur
POIDS : 1,250 kg environ
SAVEUR : douce et fruitée
MEILLEURE PÉRIODE DE CONSOMMATION : d'octobre à mai
VINS D'ACCOMPAGNEMENT : les vins rouges légers (bourgogne passe-tout-grain, certains bordeaux)

Le brie de Coulommiers est l'un des plus petits des bries. De fabrication semblable à celle du brie de Melun – emprésurage à chaud, lente coagulation, long égouttage, salage à sec –, il est dit de petit moule. La légende veut que ce soit avec ce fromage que la reine Marie Leszczynska – épouse de Louis XV et excellente cuisinière comme son père, le roi Stanislas, inventeur du baba – ait mis au point les fameuses bouchées à la reine. Bien que nous n'en ayons aucune trace écrite, on peut supposer que le brie entrait dans la préparation du feuilletage, ou dans celle de la sauce, ou encore dans la composition d'une sorte de gougère.

Les divers bries

Brie de Montereau, ou ville saint-jacques, brie de Nangis ou brie de Provins, autant d'appellations locales de fromages identiques à l'origine et aujourd'hui encore assez semblables. De fabrication artisanale, ils ne sont guère commercialisés hors de leur zone de production.

L'affinage en cave humide

BRIE DE MEAUX

AOC
RÉGION : Brie
LAIT : de vache, cru, entier
PÂTE : molle
TENEUR EN MATIÈRES GRASSES : 45 %
CROÛTE : fleurie
FORME : grand disque
TAILLE : de 25 à 37 cm de diamètre ; de 2,5 à 3 cm d'épaisseur
POIDS : 2,6 kg environ
SAVEUR : franche de terroir, de douce à très forte
MEILLEURE PÉRIODE DE CONSOMMATION : automne, hiver
VINS D'ACCOMPAGNEMENT : les vins rouges délicats de Bourgogne (givry, fixin), les vins rouges bouquetés de Bordeaux (saint-julien) ou de Loire (chinon)

Fromage des rois et roi des fromages, le brie de Meaux a une réputation de très grande qualité. Sa forme telle que nous la connaissons est relativement récente : il y a 100 ans, il était plus petit.

Le moulage des grands disques

Il faut de 13 à 20 litres de lait pour le fabriquer. Le caillé obtenu par ensemensement est placé, à la main ou à l'aide d'une pelle à brie, dans des moules (appelés cagets en briard) en plastique, en fer étamé ou en alliage (almasilicium). Là, il s'égoutte lentement, est salé au sel sec et retourné plusieurs fois. Au terme de son affinage en cave humide de 5 semaines au moins, il est fleuri d'un fin duvet blanc strié de rougeâtre par les ferments caséiques, micro-organismes qui « prédigèrent » la caséine et amollissent la pâte, et que l'on appelle ferments du rouge ou rouge des fromagers. Ces ferments (qui ont été sélectionnés par le laboratoire de la Ferté-sous-Jouarre) se réensemencent traditionnellement, de façon naturelle, sur les fromages frais par l'intermédiaire des paillons où ont affiné les fromages précédents.

La fabrication du brie est délicate, car la pasteurisation du lait et le salage en saumure sont interdits, et le caillé est très fragile. Dans de bonnes conditions, sa pâte sera onctueuse et d'un beau jaune pâle, avec un léger goût de noisette. En vieillissant, elle prendra une odeur plus forte, une couleur jaune d'œuf foncé et une texture plus résistante : les connaisseurs parleront alors d'un brie d'amateur. Mais dans tous les cas, le brie sera difficile à conserver en été, car il coule facilement sur son paillon de présentation.

VOIR PAGE 177

Brie de Meaux

Petite histoire du brie

Connu de Charlemagne, comme en témoigne Éginhard, il était déjà apprécié au Moyen Âge ; plus tard, Charles d'Orléans, le poète fait prisonnier par les Anglais à Azincourt en 1415, le célébrait en vers :

« Mon doux cœur je vous envoie
Soigneusement choisi par moi
Le brie de Meaux délicieux.
Il vous dira que, malheureux,
Par votre absence je languis
Au point d'en perdre l'appétit
Et c'est pourquoi je vous l'envoie :
Quel sacrifice c'est pour moi ! »

Henri IV et le Grand Condé l'appréciaient grandement. Cependant, sa renommée n'a réellement dépassé nos frontières qu'à partir du début du XIXe siècle, et plus précisément grâce à Talleyrand.

Le prince de Bénévent, en effet, ex-évêque d'Autun, ex-conventionnel régicide, ex-ministre de Napoléon, représentait la France au congrès de Vienne, vaste conférence internationale qui, après Waterloo, régla le sort de l'Europe pour trente ans.

Un fromager-affineur en Brie

Le congrès dura fort longtemps (du 30 mai 1814 au 9 juin 1815), et les diplomates se rencontraient tous les jours. Talleyrand déploya des trésors de séduction, notamment gastronomiques – le grand Marie-Antoine Carême, qui était son cuisinier attitré, présidant aux repas des congressistes. Au cours d'un dîner, la conversation tomba sur les fromages ; et chaque participant de vanter ceux de son pays. On proposa donc bientôt un concours : chacun ferait venir son meilleur fromage et un prix serait décerné après dégustation. Tous se piquèrent au jeu et voilà les courriers diplomatiques qui galopent à franc étrier... pour rapporter des fromages ! Au jour dit, il n'y en avait pas moins de cinquante-deux différents ! Ce fut sans doute la première grande dégustation comparative de l'histoire de la gastronomie.

Le brie de Meaux que ce fin connaisseur de Talleyrand avait fait venir par la « valise » au triple galop était si parfait que même l'Anglais fier de son stilton, l'envoyé de Parme sûr de sa grana (son parmesan), le représentant des États de Hollande certain de son gouda, tous s'inclinèrent : le fromage français fut sacré meilleur d'Europe.

Il est vrai que Metternich, le chancelier d'Autriche, qui l'avait honnêtement couronné, se vengea en proposant le concours du meilleur dessert. Et cette fois, la monarchie bicéphale triompha : le cuisinier du prince, Franz Sacher, avait créé pour la circonstance un gâteau chocolaté fourré de marmelade d'abricot et glacé au chocolat : la célèbre Sachertorte, tout simplement !

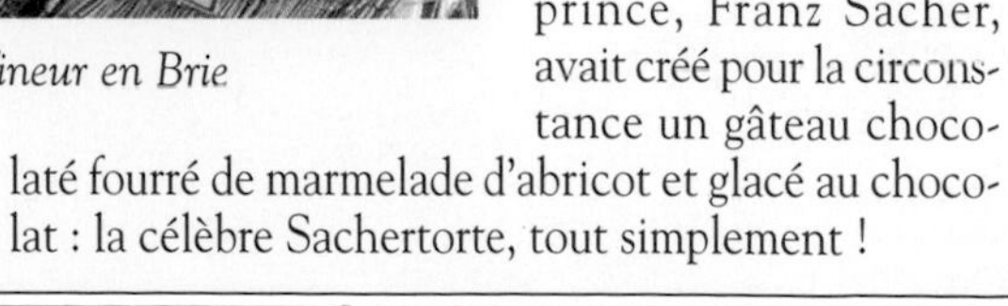

BRIE DE MELUN

AOC
Région : Brie
Lait : de vache, cru, entier
Pâte : molle
Teneur en matières grasses : 45 %
Croûte : fleurie
Forme : grand disque
Taille : de 27 à 28 cm de diamètre ; 3 cm d'épaisseur
Poids : de 1,5 à 1,8 kg
Saveur : franche de terroir, de douce à très forte
Meilleure période de consommation : de novembre à juin
Vins d'accompagnement : les bourgognes rouges assez légers (volnay, santenay), les côtes-du-rhône généreux (hermitage, cornas)

Si le brie de Meaux est le « roi des fromages », le brie de Melun, plus rustique et typé, à la saveur plus intense, détient sans doute quant à lui la palme de l'ancienneté. Sa meilleure aire de provenance reste la plaine qui entoure Melun.

Chaque fromage est élaboré différemment en fonction de la nourriture des bêtes, de l'humidité, de la température. Le lait cru légèrement chauffé est caillé par ensemencement de *Penicillium candidum* ; la coagulation dure au moins 18 heures. Après un égouttage lent, il est moulé manuellement à la louche dans des moules cylindriques. Le salage se fait au sel sec, des deux côtés, et l'affinage dure 4 semaines au minimum. Sa fermentation étant plus lente que celle du brie de Meaux, il est souvent plus salé.

Mais il se présente lui aussi sous une croûte fine feutrée de blanc avec quelques traces rouges dues aux ferments caséiques, et il est lui aussi commercialisé à nu sur paillon. Sa forme et sa délicate saveur de noisette lui ont valu le surnom de « pâtisserie fromagère ». Mais les anciens de la région le dégustent parfois extrêmement affiné ; sa pâte est alors sèche et dure, sa croûte lie-de-vin, presque noire, et sa saveur très forte s'accommode bien de radis noir.

VOIR PAGE 188

CHAOURCE

AOC
Région : Champagne
Lait : de vache, cru, entier
Pâte : molle
Teneur en matières grasses : 50 % au minimum
Croûte : fleurie
Forme : cylindre
Taille : de 9 à 12 cm de diamètre ; 6 cm de haut
Poids : de 300 à 500 g environ
Saveur : de douce à légèrement acide
Meilleure période de consommation : de juin à septembre
Vins d'accompagnement : les vins rouges légers et fruités de Champagne (bouzy), les vins blancs bouquetés (chablis, pouilly), le champagne brut ou rosé

Au cœur de la Champagne humide, la petite ville de Chaource, à 30 km de Troyes, est célèbre pour son fromage, qui peut rivaliser avec les bries voisins. Son origine est très ancienne ; il a probablement été créé par les moines de l'abbaye voisine de Pontigny, qui ont sans doute aussi planté les premiers vignobles de Chablis.

Aujourd'hui, le lait provenant des vaches qui paissent dans les riches pâturages de la région, des races brune des Alpes, tachetée de l'Est et frisonne, est caillé à la présure durant 24 heures et s'égoutte spontanément, sans pressage, dans des moules en acier cylindriques, sans fond et percés de trous. Autrefois appelés chasserans , ils sont posés sur des

Brie de Melun

Le brie de Melun blanc ou bleu

Dans la région surtout, le brie de Melun blanc se vend frais, simplement salé, et parfois recouvert d'une couche de charbon de bois : il prend alors le nom de brie bleu.

Le brie de Macquelines

Autrefois fabriqué dans le Valois avec du lait de vache entier, le brie de Macquelines, qui est devenu très rare, ressemble davantage au camembert qu'au brie. On en trouve encore parfois dans les fermes, mais il est aujourd'hui élaboré à partir de lait demi-écrémé.

planches. Une fois démoulé, le fromage est salé au sel sec ou en saumure et mis à sécher sur des paillons de seigle, parfois sur des claies en métal inoxydable. L'affinage dure généralement de 14 à 20 jours, bien qu'une dérogation autorise de rame-

Chaource

ner cette durée à 10 jours (cependant, les premiers jours de maturation doivent se faire sur le lieu de production).

La pâte lisse et très blanche du chaource apparaît alors couverte d'une fine croûte à moisissures blanches dont l'odeur lactique rappelle un peu celle des champignons et de la crème. Il sera commercialisé dans un emballage en papier.

Il est devenu difficile de trouver des chaources fermiers, mais leur fabrication semi-industrielle n'en a pas réellement modifié la saveur d'origine. La production, qui atteint 1 500 tonnes par an, se fait toute l'année, mais les meilleurs fromages sont préparés avec le lait du mois de mai, et sont donc au maximum de leur saveur entre juin et septembre.

VOIR PAGE 182

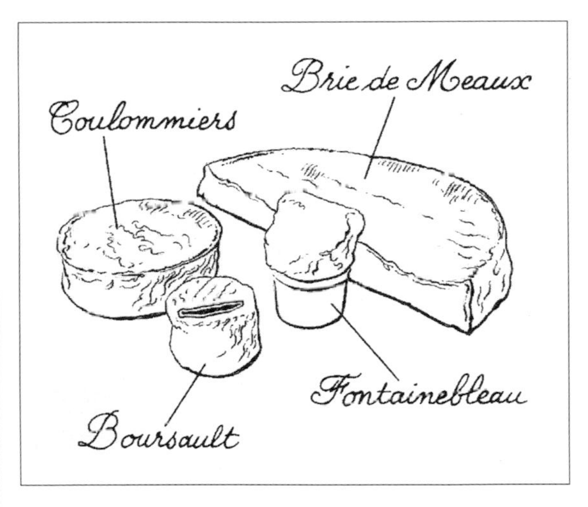

CHAUMONT

Région : Champagne	Forme : cône tronqué
Lait : de vache, cru, entier	Taille : 8 cm de diamètre à la base ; 5 cm de haut
Pâte : molle	
Teneur en matières grasses : 45 %	Poids : 200 g
Croûte : lavée	Saveur : relevée, parfois très forte

Meilleure période de consommation : été, automne
Vins d'accompagnement : tous les vins rouges charpentés des Côtes-du-Rhône (gigondas, saint-joseph, côte-rôtie) ou de Corse (patrimonio)

Le chaumont n'est produit que dans la vallée de la Suize, autour de Neuilly-sur-Suize, et certains auteurs affirment qu'il ne s'agit que d'une copie, excellente d'ailleurs, du langres (voir p. 52).

Comme lui, il est préparé à partir de lait encore chaud emprésuré. Le caillé, éventuellement tranché grossièrement, n'est ni lavé ni brassé. Il est mis en moule pour égoutter spontanément puis, après le démoulage, il est salé au sel sec et régulièrement lavé dans de la saumure additionnée de teinture de rocou, qui lui donnera sa couleur rougeâtre et brillante au terme de 2 mois d'affinage en cave humide.

COULOMMIERS

RÉGION : Brie
LAIT : de vache, cru, entier
PÂTE : molle
TENEUR EN MATIÈRES GRASSES : de 45 à 50 %
CROÛTE : fleurie
FORME : disque
TAILLE : 13 cm de diamètre ; de 2,5 à 3 cm d'épaisseur
POIDS : 500 g
SAVEUR : de crémeuse à prononcée
MEILLEURE PÉRIODE DE CONSOMMATION : d'octobre à fin avril
VINS D'ACCOMPAGNEMENT : les vins rouges souples de Bourgogne (fixin, morey-saint-denis), de Bordeaux (saint-estèphe, listrac) ou de Loire (bourgueil)

LE COULOMMIERS est en réalité un « petit frère » du brie, dont il présente toutes les caractéristiques hors la taille. Ce sont les difficultés de fabrication et de transport de ce dernier – il était en effet très souvent endommagé – qui ont conduit les producteurs à fabriquer selon la même technique des fromages de dimensions plus réduites et donc moins fragiles.

Leur pâte, obtenue après emprésurage du lait, coagulation et égouttage, est moins friable et ne se brise que rarement lors de ses fréquents retournements. Leur poids moindre fait aussi qu'ils n'ont besoin que de 3 à 4 semaines d'affinage en cave fraîche.

Le chevru et le fougeru

Pratiquement disparu, le chevru est fabriqué selon une technique comparable à celle du brie, bien qu'il soit un peu plus gras. Le fougeru l'a remplacé assez récemment ; il s'en différencie par son emballage de feuilles de fougère, qui l'habille après son affinage de 4 semaines en cave tempérée et humide.

Le coulommiers, que sa saveur situe entre le camembert et le brie de Meaux, était autrefois exclusivement fermier, mais il est maintenant fréquemment produit en laiterie. Il n'a pas perdu pour autant sa saveur caractéristique d'amande douce.

DREUX À LA FEUILLE

RÉGION : Drouais
LAIT : de vache, cru, partiellement écrémé
PÂTE : molle
TENEUR EN MATIÈRES GRASSES : de 28 à 40 %
CROÛTE : naturelle
FORME : disque
TAILLE : de 16 à 18 cm de diamètre ; 1 cm d'épaisseur
POIDS : de 300 à 500 g
SAVEUR : très fruitée
MEILLEURE PÉRIODE DE CONSOMMATION : d'octobre à juin
VINS D'ACCOMPAGNEMENT : les beaujolais ou les vins rouges de Loire (menetou-salon)

Les fromages affinent sous leur feuille.

FABRIQUÉ EN PETITES LAITERIES, le dreux à la feuille, ou feuille de Dreux, peu gras, ressemble par son aspect et sa technique de fabrication à un petit brie. Comme lui, il présente une croûte parsemée de taches de pigments rougeâtres, mais elle est gris bleuté. Les fromages étaient autrefois enveloppés dans des feuilles de châtaignier, qui leur évitaient de coller les uns aux autres durant leur maturation en coffre,

Le voves

Le voves, apparenté au dreux à la feuille, n'est plus produit aujourd'hui que dans quelques fermes du village de Beauce du même nom, et ne quitte pas sa région d'origine. Il est gardé 1 mois en cave humide, puis affiné de 2 à 3 mois dans des coffres remplis de cendre de bois, et encore parfois de foin sec, qui lui donnent son goût spécifique.

et qui leur conféraient un goût particulier très apprécié des amateurs. Aujourd'hui, ils sont affinés à nu de 30 à 45 jours en cave humide, et les feuilles que l'on pose dessus avant leur commercialisation ne sont plus que décoratives.

Selon les amateurs, les meilleurs dreux à la feuille proviennent de Marsauceux, en Eure-et-Loir.

EXPLORATEUR

RÉGION : Brie
LAIT : de vache, cru, enrichi
PÂTE : molle
TENEUR EN MATIÈRES GRASSES : 75 %
CROÛTE : fleurie
FORME : cylindre
TAILLE : 8 cm de diamètre ; de 5,5 à 6 cm d'épaisseur
POIDS : 250 g environ
SAVEUR : crémeuse, fondante
MEILLEURE PÉRIODE DE CONSOMMATION : toute l'année
VINS D'ACCOMPAGNEMENT : les vins rouges légers de Loire (bourgueil, sancerrre, menetou-salon)

CE FROMAGE TRIPLE-CRÈME, très onctueux, presque fondant, a été mis au point en 1955 à La Trétoire, en Seine-et-Marne, dans une fromagerie artisanale qui le fabrique toujours. Le caillé obtenu par emprésurage est égoutté puis moulé dans des récipients en aluminium ou en plastique, salé à la main et affiné de 14 à 20 jours. La crème qui entre dans sa composition est sélectionnée, mais les critères de choix sont tenus jalousement secrets par le producteur.

Il est conseillé d'ôter sa croûte fleurie avant de le consommer, car elle est souvent un peu amère, parfois à la limite de l'âcreté, alors que sa pâte est tendre et onctueuse.

L'explorateur, généralement commercialisé en format moyen, peut être plus petit (125 g) ou plus grand (450 g). Il est aussi parfois vendu à la coupe, et pèse alors 1,6 kg.

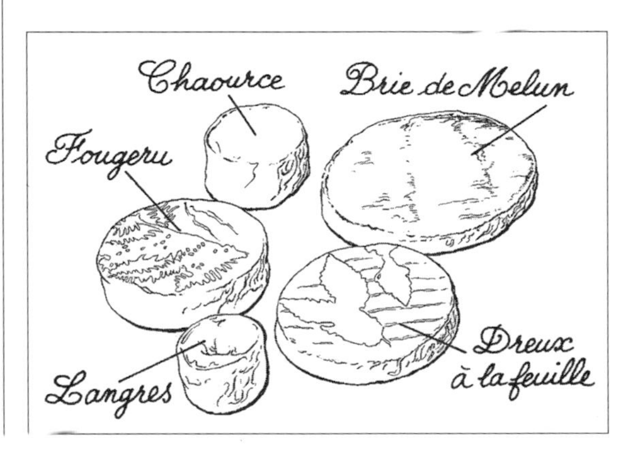

FONTAINEBLEAU

Région : Île-de-France
Lait : de vache, enrichi
Pâte : fraîche
Teneur en matières grasses : de 60 à 75 %
Croûte : inexistante
Forme : celle du récipient utilisé
Taille : variable
Poids : variable
Saveur : crémeuse
Meilleure période de consommation : toute l'année, mais surtout au printemps et en été
Vins d'accompagnement : les vins de dessert

Le fontainebleau, d'invention assez récente (un peu avant la Seconde Guerre mondiale), est un mélange de fromage blanc battu et de crème fouettée, commercialisé très frais, souvent en petits pots de carton paraffiné tapissés de mousseline.

Le lait de vache est d'abord ensemencé à la fois de ferments lactiques et de présure, et coagule très lentement toute une journée avant d'égoutter longuement, pendant près de 30 heures. Le caillé, qui n'est jamais salé, est ensuite lissé au tamis ou au lisse-caillé puis incorporé à de la crème fouettée, à raison de 250 g/kg de crème. Le mélange doit se faire très délicatement pour que la crème ne retombe pas.

Le fontainebleau ne se conserve que très peu de temps, 24 heures environ. Comme beaucoup de fromages blancs, il peut se déguster nature, salé ou sucré, voire avec de la confiture ou des fruits, fraises ou framboises par exemple, et pour les amateurs, avec du sirop d'érable. Certains même l'enrichissent encore de crème.

IGNY

Région : Champagne
Lait : de vache, cru, entier
Pâte : pressée, non cuite
Teneur en matières grasses : de 42 à 45 %
Croûte : naturelle, lavée
Forme : disque, à talon convexe
Taille : 20 cm de diamètre ; 4 cm d'épaisseur
Poids : de 1,2 à 1,3 kg
Saveur : douce, légèrement acide
Meilleure période de consommation : toute l'année, sauf en hiver
Vins d'accompagnement : les vins rouges fruités et légers

Produit exclusivement par les moines de l'abbaye d'Igny, dans la Marne, il ressemble à la plupart des fromages dits trappistes. C'est en cela un parent du saint-paulin (voir p. 67), successeur du port-du-salut, et il est fabriqué à peu près selon les mêmes méthodes. Le caillé obtenu par emprésurage est divisé, mis dans des moules tapissés d'une étamine et pressé pour lui faire perdre son petit-lait.

Démoulés, les fromages sont mis à sécher et affinés pendant 8 semaines en cave humide et fraîche, avec de fréquents lavages qui lui donneront sa belle croûte lisse.

LANGRES

AOC
Région : Champagne humide
Lait : de vache, cru, entier
Pâte : molle
Teneur en matières grasses : 45 % au minimum
Croûte : lavée
Forme : cylindre, couronné d'une cuvette
Taille : 10 cm de diamètre ; 5 cm d'épaisseur
Poids : 300 g
Saveur : relevée
Meilleure période de consommation : de novembre à juin
Vins d'accompagnement : les vins rouges charpentés des Côtes-du Rhône (châteauneuf-du-pape, hermitage), les médocs

Proche parent de l'époisses (voir p. 88) et du munster (voir p. 41), le langres est un fromage vigoureux au bouquet puissant. Le lait est emprésuré alors qu'il est encore tiède. Le caillé, rarement tranché, n'est dans tous les cas ni lavé ni brassé. Il est versé dans des moules (traditionnellement en terre cuite), où il s'égoutte donc lentement et spontanément, pendant 24 heures. Démoulés, les fromages sont salés à sec et mis à sécher sur des feuilles de platane, plus souvent aujourd'hui sur une grille.

Durant leur affinage en cave humide, qui se faisait autrefois sur des paillons d'avoine, et qui dure au moins 3 semaines et jusqu'à 3 mois, ils sont

Langres

Le village des Riceys, au milieu de ses vignes

régulièrement lavés à l'eau peu salée, additionnée d'un colorant végétal rouge, la teinture de rocou, et retournés deux fois par semaine.

C'est ainsi que se forme leur belle croûte orangée, de plus en plus foncée avec le temps, souvent recouverte d'un fin duvet blanc, et que la cuvette du dessus se creuse peu à peu.

Comme pour l'époisses, les amateurs aiment le déguster après avoir versé dans ce creux quelques gouttes de marc de Bourgogne ou de champagne.

Le langres est aussi commercialisé sous une forme plus grande (de 16 à 20 cm de diamètre et 7 cm d'épaisseur), mais il perd alors de sa saveur.

VOIR PAGE 177

Les cendrés de Champagne

Les cendrés sont nombreux en Champagne, car ces fromages étaient autrefois conservés dans la cendre en attendant les vendanges, où ils serviraient de casse-croûte aux ouvriers agricoles. Le maurupt, comme son voisin le heilz-le-maurupt, n'est guère connu hors de son aire de production, dans la Marne, car il ne supporte pas de voyager. Fabriqué avec du lait de vache partiellement écrémé, il est ensemencé de ferments lactiques qui empêchent sa maturation : il n'est donc pas affiné et se présente sous une pellicule de cendre de bois d'arbres feuillus. Le cendré de Châlons-sur-Marne, dont la fabrication est mal connue, est affiné de façon curieuse : il reste en effet pendant 2 mois en pots de grès dans de la cendre de hêtre ou de peuplier. Se distinguent encore notamment le noyer-le-val et les riceys (voir ci-contre).

RICEYS (LES)

Région : Champagne
Lait : de vache, cru, entier ou partiellement écrémé
Pâte : molle
Teneur en matières grasses : de 30 à 45 %
Croûte : naturelle, cendrée
Forme : disque
Taille : de 12 à 15 cm de diamètre ; 3 cm d'épaisseur
Poids : 250 g
Saveur : noisetée
Meilleure période de consommation : été, automne
Vins d'accompagnement : les vins rouges ou rosés de la région (bouzy, riceys)

Fabriqué dans la région de Châlons-sur-Marne, ce fromage a la taille d'un coulommiers. Il est encore produit à la ferme de façon traditionnelle avec du lait de vache entier ou partiellement écrémé. Obtenu par emprésurage, le caillé moulé s'égoutte spontanément, puis les fromages sont salés et mis à affiner en cave humide pendant 6 semaines dans des coffres remplis de cendre de sarments de vigne. Aujourd'hui, de plus en plus, ils ne sont cendrés que lorsqu'ils ont achevé leur maturation.

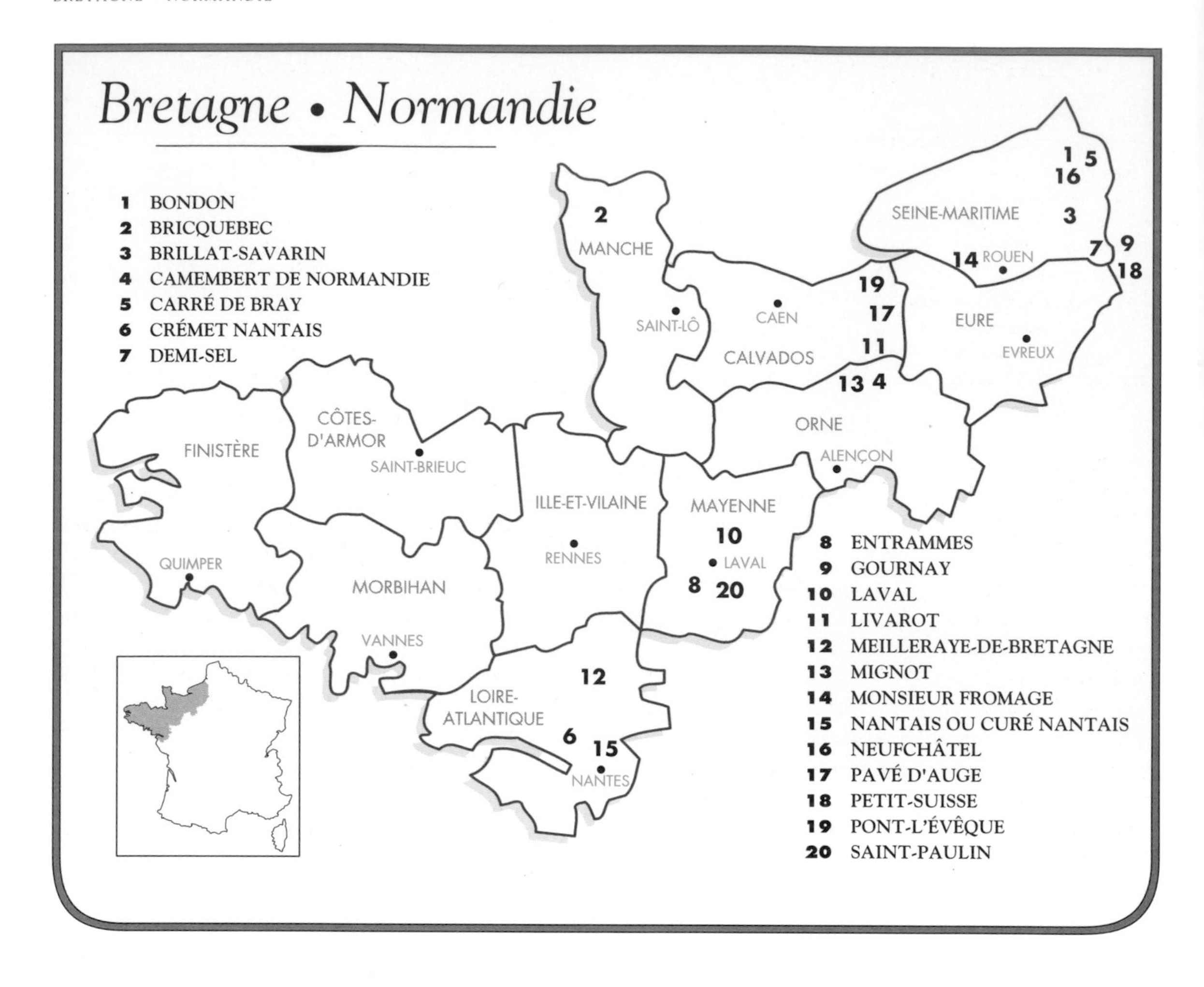

BONDON

RÉGION : pays de Bray	CROÛTE : fleurie
LAIT : de vache, cru ou pasteurisé	FORME : cylindre
PÂTE : molle	TAILLE : de 4 à 6 cm de diamètre ; de 5 à 8 cm de long
TENEUR EN MATIÈRES GRASSES : de 45 à 60 %	POIDS : de 100 à 300 g
	SAVEUR : fruitée, légèrement salée et sèche

MEILLEURE PÉRIODE DE CONSOMMATION : été, automne, hiver
VINS D'ACCOMPAGNEMENT : les vins rouges légers (beaujolais-village, touraine)

ORIGINAIRE DES ENVIRONS de Neufchâtel-en-Bray, ce fromage très ancien porte le nom de la ville où avaient lieu les principaux marchés de la région, mais il le doit aussi à sa forme particulière qui rappelle les bondes, ces bouchons en bois qui ferment les tonneaux de cidre. Quand il est plus gros, il s'appelle bondard (ou bondart).

Sa fabrication, fermière à l'origine, est à présent de petite industrie. Elle se faisait avec le lait gras (riche en crème) de la traite du soir. On disait alors que c'était un fromage « à tout bien », car la fermière n'avait pas regardé au prix de revient : elle n'avait pas écrémé le lait et y avait même éventuellement ajouté un peu de crème. Aujourd'hui, quand on emploie du lait pasteurisé, il est souvent enrichi.

Le caillé granuleux de ce fromage donne une pâte onctueuse après un affinage à sec, de durée variable suivant ses dimensions. 2 semaines suffisent à parer la croûte des petits bondons d'une blancheur duveteuse et à leur donner une légère odeur de champignon. 4 ou 5 mois sont nécessaires pour les gros bondards fermiers double-crème. Ces fromages de propriétaires, devenus rares, réservés à la consommation familiale lors des fêtes de fin d'année, ont donc une odeur et une saveur beaucoup plus fortes. Sous leur croûte grise, leur pâte brune un peu piquante est prisée des connaisseurs, qui l'accompagnent alors d'un vin rouge charpenté et tannique.

BRICQUEBEC

RÉGION : Cotentin
LAIT : de vache, pasteurisé
PÂTE : pressée, non cuite
TENEUR EN MATIÈRES GRASSES : 45 %
CROÛTE : lavée
FORME : disque épais
TAILLE : 22 cm de diamètre ; 4 cm d'épaisseur
POIDS : 1,4 kg
SAVEUR : douce
MEILLEURE PÉRIODE DE CONSOMMATION : toute l'année
VINS D'ACCOMPAGNEMENT : les vins rouges légers (saumur-champigny), les vins blancs secs (entre-deux-mers)

MIS AU POINT par les trappistes cisterciens de l'abbaye de Bricquebec, que leur règle, la charte de Charité, astreignait à un travail manuel quotidien, ce fromage est aussi appelé trappe ou abbaye de Bricquebec, et il a longtemps été vendu sous le nom de marque Providence.

Pendant des siècles, les moines ont fabriqué le bricquebec, fromage demi-dur à la croûte jaune et à la pâte ferme, avec du lait cru. Aujourd'hui, les religieux, de moins en moins nombreux, ne peuvent plus assurer la fabrication à l'intérieur de l'abbaye. La laiterie coopérative de Valognes (Manche) a repris le flambeau, selon des méthodes modernes.

BRILLAT-SAVARIN

RÉGION : pays de Bray
LAIT : de vache, pasteurisé, enrichi de crème
PÂTE : molle
TENEUR EN MATIÈRES GRASSES : 75 %
CROÛTE : fleurie
FORME : disque épais
TAILLE : 13 cm de diamètre ; 3,5 cm d'épaisseur
POIDS : 500 g
SAVEUR : douce, légèrement acidulée
MEILLEURE PÉRIODE DE CONSOMMATION : toute l'année
VINS D'ACCOMPAGNEMENT : les vins rosés charpentés (côteaux-d'aix), les vins rouges fruités (saint-nicolas-de bourgueil), le champagne

CRÉÉ EN NORMANDIE, où la crème fraîche est reine, à la demande de quelques fromagers, dont Henri Androuët qui le baptisa en hommage au grand gastronome français, le brillat-savarin est un triple-crème. Mis au point par le fabricant de l'excelsior (voir encadré), à Forges-les-Eaux (Seine-Maritime), dans les

Un homme de goût

Anthelme Brillat-Savarin (1755-1826), avocat et magistrat, est surtout connu pour son ouvrage gastronomique intitulé *Physiologie du goût*. On lui doit une formule célèbre : « Un dessert sans fromage est une belle à qui il manque un œil. »

Un paysage du Cotentin

années 1930, il est plus grand que ce fromage, dont il s'inspire. Un souci présida à sa naissance : le faire suffisamment gros et savoureux pour satisfaire l'appétit et le goût de plusieurs gastronomes réunis autour d'une même table.

Au lait entier enrichi, le brillat-savarin fleure bon la crème fraîche. Un court affinage de 1 à 2 semaines en cave sèche donne à sa pâte onctueuse une rare finesse. Sa croûte aux moisissures peu développées est fleurie d'un délicat duvet blanc. 1 ou 2 semaines plus tard, il prend un aspect rouge et une saveur très grasse, mais plus marquée.

Le fabricant qui le produit actuellement en a déposé le nom. Les nombreuses imitations qui avaient vu le jour partout en France ont dû trouver une autre appellation.

L'excelsior

Ancêtre du brillat-savarin, l'excelsior a vu le jour à la fin du XIXe siècle en pays de Bray. C'est la plus ancienne des pâtes molles double-crème à croûte fleurie. Il titre 72 % de matières grasses et se présente sous la forme d'un petit disque irrégulier de 9,5 cm de diamètre et 3 cm d'épaisseur. Il ne pèse que 225 g, deux fois moins que le brillat-savarin.

Il existe de nombreuses autres déclinaisons de l'excelsior, qui portent toutes des noms de fantaisie et sont nées dans le canton de Forges-les-Eaux. C'est le cas du parfait, plus affiné, et de ses cousins fin-de-siècle et suprême, ou du chateaubriand, appelé aussi magnum, plus proche du brillat-savarin.

CAMEMBERT DE NORMANDIE

AOC
Région : pays d'Auge
Lait : de vache, cru
Pâte : molle
Teneur en matières grasses : 45 %
Croûte : fleurie, légèrement frisée rouge
Forme : disque
Taille : de 10,5 à 11,5 cm de diamètre ; 3 cm d'épaisseur
Poids : 250 g au minimum
Saveur : fruitée, plus ou moins prononcée selon l'affinage
Meilleure période de consommation : printemps, été, automne (les pointes d'herbes)
Boissons d'accompagnement : tous les bourgognes, les bordeaux souples, les beaujolais fruités, les côtes-du-rhône, les touraines gouleyants, ou du cidre fermier

Universellement connu, le camembert est fabriqué dans le monde entier. Mais les amateurs ne s'y trompent pas. Le seul fromage digne de ce nom ne peut voir le jour que dans les cinq départements normands (Calvados, Eure, Manche, Orne, Seine-Maritime) que recouvre l'AOC.

Le véritable camembert de Normandie – mention obligatoire – est au lait cru (jamais chauffé au-delà de 37 °C) et moulé à la louche. Il est présenté à la vente dans une boîte en copeaux de bois, enveloppé dans du papier parcheminé.

Les 2 litres de lait nécessaires à sa fabrication doivent provenir de l'aire d'appellation, où la

Pommier et vache laitière : un visage de la Normandie

Camembert

Officiel depuis trois siècles

Dans son dictionnaire publié en 1708, Thomas Corneille, frère du célèbre dramaturge, décrit un fromage en provenance du village de Camembert. Il précise même qu'il est en vente tous les lundis sur le marché de Vimoutiers. Dès 1680, d'ailleurs, les archives paroissiales du village de Camembert font état de cette spécialité fromagère.

richesse des pâturages normands leur confère une saveur particulière. Déjà mûri, c'est-à-dire ayant entamé sa fermentation lactique, ce lait est emprésuré pour obtenir une coagulation mixte.

Le caillé est déposé à la louche dans un moule sans fond, sans être tranché, en cinq fois, au fur et à mesure qu'il s'égoutte, ce qui demande 5 heures environ. Le moule est lui-même placé sur une dalle en bois doucement inclinée et creusée de rainures d'écoulement. Dans le même temps, on procède plusieurs fois au rabattage : on détache les languettes de caillé qui collent aux parois du moule et on les ramène à la surface pour qu'elle reste bien lisse. Précaution et dextérité sont indispensables

Le moulage à la louche

pour éviter le feuilletage de la pâte et lui garder souplesse et onctuosité. Enfin, le fromage est retourné.

Le lendemain matin, il a pris sa forme. Démoulé, il est posé sur un paillon ou une claie, où il va achever son égouttage. Il passe la journée au saloir où il est salé à la volée au sel sec et ensemencé en surface de *Penicillium candidum*, qui interrompt l'évolution de la croûte.

Au troisième jour, le fromage rejoint le hâloir, où il va être ressuyé, perdre son excès d'humidité, et peu à peu prendre la fleur. L'atmosphère à la fois humide et ventilée de l'endroit compte beaucoup dans son développement. Son affinage est achevé sur planche, en cave, où il est retourné toutes les 48 heures pour que ses deux faces fermentent également.

Une affaire de femmes

Au XIXe siècle, la plupart des familles paysannes fabriquaient elles-mêmes leurs fromages, sous la haute surveillance des femmes. Les maîtresses de ferme recherchaient la meilleure présure pour cailler le lait, décidaient du moment où le caillé était prêt pour le moulage, salaient les fromages, surveillaient leur ressuyage, présidaient à leur affinage et allaient les vendre sur les marchés.

Il faut environ 15 jours pour obtenir un camembert moussé blanc, 21 pour un affiné, et entre 30 et 35 pour un affiné à cœur. Sa pâte jaune clair, souple et lisse, ne présente plus alors en son centre qu'un mince filet blanc de 1 à 2 mm d'épaisseur. Le fin duvet qui recouvre la croûte laisse apparaître des pigmentations rougeâtres, souvenir du paillon ou de la claie où il a mûri.

Il a du bouquet – « les pieds du bon Dieu », disait Léon-Paul Fargue –, mais son arôme reste délicat ; dessous, il présente une zone plus plissée, la « peau de crapaud ».

Le camembert de Normandie est fabriqué, fleuri, affiné et conditionné dans l'aire de production, où il doit avoir passé un minimum de 16 jours.

VOIR PAGE 177

Petite histoire du camembert

L'histoire du camembert est riche d'anecdotes qui, toutes, renferment une part de légende et sont souvent controversées. Celle qui est racontée ici demeure la plus communément admise.

Le camembert serait né sous la Révolution française. La Terreur aurait alors conduit l'abbé Gobert, un prêtre réfractaire, à quitter la région de Meaux pour trouver refuge en Normandie.

Il se cachait donc à Roiville, en pays d'Auge, chez une fermière nommée Marie Harel, qui vendait ses produits laitiers sur les marchés locaux. Connaissant bien les méthodes de fabrication du brie, le prêtre aida son hôtesse à améliorer ses fromages, produits depuis longtemps dans la région sous le nom de camembert.

La fille de Marie Harel, prénommée également Marie, hérita du savoir-faire de sa mère. On la rencontrait souvent sur les marchés proches de Vimoutiers (Orne). C'est elle qui offrit, dit-on, un de ses fromages à Napoléon III venu en 1863 inaugurer la ligne de chemin de fer Paris-Granville. À la question du souverain : « D'où vient ce fromage ? », elle aurait répondu : « De Camembert, où j'habite. » L'empereur aurait alors décidé que le fromage porterait désormais ce nom.

Le camembert était alors enveloppé dans de la paille, comme le brie, et ne supportait pas les longs voyages. Le développement du chemin de fer allait favoriser sa diffusion, et il gagna la capitale avec le premier train arrivant d'Alençon.

Le hâloir

Mais surtout, à la toute fin du siècle, l'ingénieur Ridel inventa la boîte en copeaux de bois, qui allait permettre au camembert de voyager et de se faire connaître dans le monde entier. En l'absence de toute législation, sa fabrication s'étendit aux autres provinces françaises, franchit les frontières, traversa les océans. Et il faudra attendre 1983 pour que soit officiellement définie l'appellation de camembert de Normandie. Mais aujourd'hui encore, un peu partout, des imitations industrielles au lait pasteurisé portent le nom de camembert.

Vers 1910, on sélectionna *Penicillium candidum*. Le camembert troqua son duvet sauvage, à l'origine bleu, contre une fleur blanche. Quelques années plus tard, un médecin américain, qui traitait certains de ses malades en leur faisant manger du camembert (le *Penicillium candidum* avait-il des vertus curatives ?), décida de faire ériger une statue à la mémoire de Marie Harel. Inaugurée en 1928 à Vimoutiers, elle fut gravement endommagée en 1944, lors du débarquement. Une somme réunie par les employés d'une entreprise laitière américaine (le plus important fabricant de camembert outre-Atlantique) permit d'élever un nouveau monument à la gloire de la fermière.

CARRÉ DE BRAY

RÉGION : pays de Bray	CROÛTE : fleurie
LAIT : de vache, cru ou pasteurisé	FORME : carré
PÂTE : molle	TAILLE : 7 cm de côté ; 2 cm d'épaisseur
TENEUR EN MATIÈRES GRASSES : 45 % au maximum	POIDS : 100 g
	SAVEUR : assez relevée, un peu salée

MEILLEURE PÉRIODE DE CONSOMMATION : fin du printemps, été
VINS D'ACCOMPAGNEMENT : les vins rouges ou rosés nerveux (côtes-de-bourg, médoc, bordeaux clairet)

ON DIT DU CARRÉ DE BRAY qu'il serait l'ancêtre du demi-sel. Né dans la région de Neufchâtel-en-Bray, il s'apparente aux divers fromages à pâte molle et à croûte fleurie qui y sont fabriqués et qui ne diffèrent, malgré de légères variations de poids, de teneur en matières grasses ou de finesse de la pâte, que par la forme, très variable : bonde, briquette, carré, cœur…

L'affinage du carré de Bray ne demande que 2 semaines en cave humide ; le cœur de Bray, plus gros, en réclame 3. Ce dernier, qui date sans doute du XIXe siècle, fut rapidement vendu, frais et sur paille, sur les marchés parisiens. Il figure dans l'*Almanach des gourmands ou Calendrier nutritif* de Grimod de La Reynière, publié de 1803 à 1812. Sa fabrication fermière ou artisanale, comme celle du carré ou du bondon, tend à s'industrialiser.

Les cailles rennaises

Il existe en Bretagne, comme dans toute la France, divers caillés frais au lait entier, de fabrication domestique, qui se consomment sucrés ou salés, accompagnés de crème fleurette. Les cailles, dont le nom vient de caillé, en sont un des plus délicieux exemples.

CRÉMET NANTAIS

RÉGION : pays nantais	FORME : celle du récipient utilisé
LAIT : de vache, non écrémé	TAILLE : variable
PÂTE : fraîche, non salée	POIDS : variable
TENEUR EN MATIÈRES GRASSES : de 45 à 50 %	SAVEUR : crémeuse et douce, avec parfois un très léger goût de radis
CROÛTE : inexistante	

MEILLEURE PÉRIODE DE CONSOMMATION : toute l'année
VINS D'ACCOMPAGNEMENT : les vins de dessert (coteaux-du-layon, barsac, blanquette de Limoux)

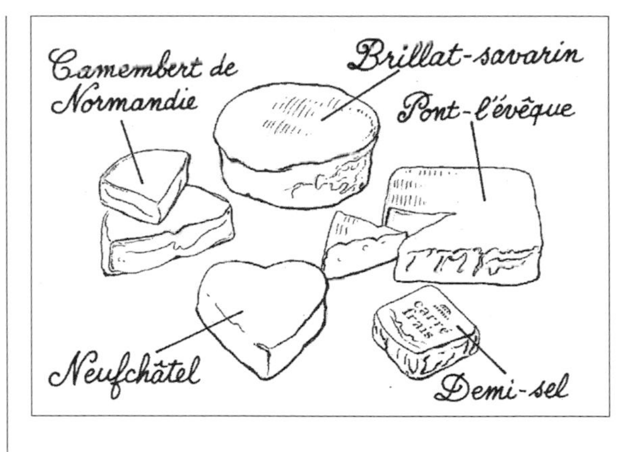

LE CRÉMET NANTAIS, qui doit son nom à son aspect et à son onctuosité, est un caillé battu à base de lait enrichi de crème ou de lait non écrémé. Si sa fabrication reste la plus simple qui soit, elle est aussi très ancienne.

À mesure que le lait emprésuré caille à 20 °C, on retire la crème fleurette qui remonte à la surface. Une fois pris, le caillé est déposé dans une étamine, où il élimine son petit-lait, puis versé dans un moule percé afin d'égoutter. Au moment de le servir, on le met dans un compotier, on le bat et on le nappe de sa crème fleurette, nature ou sucrée. Il se consomme traditionnellement, uniquement dans sa région, en dessert. On peut alors lui ajouter des morceaux de fruits ou de la confiture. Rien n'empêche néanmoins de le préférer salé, agrémenté de poivre et de fines herbes.

DEMI-SEL

RÉGION : pays de Bray	CROÛTE : inexistante
LAIT : de vache, pasteurisé	FORME : carré
PÂTE : fraîche, très légèrement salée	TAILLE : de 6 à 7 cm de côté ; 2 cm d'épaisseur
TENEUR EN MATIÈRES GRASSES : de 40 à 45 %	POIDS : de 75 à 100 g
	SAVEUR : douce, légèrement acidulée

MEILLEURE PÉRIODE DE CONSOMMATION : toute l'année
VINS D'ACCOMPAGNEMENT : les vins rosés ou rouges légers

LE DEMI-SEL ne contient pas 50 % de sel… Il est, au contraire, moins salé que les autres fromages ! Fabriqué aujourd'hui industriellement dans toute la France, il est né au siècle dernier de l'imagination d'un certain M. Pommel, de Gournay-en-Bray.

La production de ce fromage frais est réglementée par un décret de 1953. Il est impérativement fabriqué avec du lait de vache emprésuré. Sa pâte homogène est ferme et salée à moins de 2 %. Sa teneur en matières grasses est inférieure à 45 g pour 100 g de matière sèche, qui ne doit elle-même pas représenter moins de 30 % de son poids total.

Certains de ces fromages, connus sous le nom de carré frais et largement commercialisés dans leur papier d'aluminium, sont plus petits et ne pèsent que 60 g.

Le caillé est ensuite pressé, de façon uniforme et de plus en plus fort, dans la cuve d'emprésurage pour former une masse compacte. L'étamine qui recouvre l'intérieur de la cuve imprime alors le dessin de sa trame sur la croûte. Démoulé, le fromage est plongé pendant une dizaine d'heures dans une saumure. Mis à ressuyer pendant 2 ou 3 jours, il débute ensuite son affinage en cave fraîche et humide. Celui-ci durera au moins 1 mois, pendant lequel le fromage sera retourné tous les 2 jours et lavé régulièrement avec un linge trempé dans une saumure additionnée de rocou, qui lui donnera sa belle couleur.

ENTRAMMES

Région : Maine
Lait : de vache, cru
Pâte : pressée
Teneur en matières grasses : de 40 à 42 %
Croûte : lavée
Forme : disque épais, à talon convexe
Taille : 11 cm de diamètre (parfois 18) ; 4 cm d'épaisseur
Poids : de 350 à 400 g
Saveur : fruitée
Meilleure période de consommation : toute l'année
Vins d'accompagnement : tous les vins rouges ou rosés fruités et légers (côteaux-du-loir, fiefs vendéens, bourgueil)

Au début du XIXe siècle, des moines trappistes, qui avaient émigré hors de France durant la Révolution et l'Empire, réoccupèrent une très ancienne abbaye située près d'Entrammes, dans la Mayenne. Obéissant à la règle de Cîteaux, ils mirent au point, dans la tradition cistercienne, un fromage qu'ils baptisèrent port-du-salut, du nom de leur abbaye (voir p. 67).

Ce fromage à la belle saveur et à croûte lisse fut commercialisé pendant plus d'un siècle sous ce nom et connut un grand succès. Il suscita de si nombreuses imitations qu'un jugement de janvier 1938 décréta que, désormais, port-salut serait une marque. Après la Seconde Guerre mondiale, celle-ci fut vendue par les moines à une société laitière industrielle, qui l'exploita à grande échelle. Les trappistes, quant à eux, continuèrent à produire artisanalement leur fromage, qui prit le nom d'abbaye-d'entrammes ou simplement d'entrammes.

Le lait de vache cru, versé dans une grande cuve, est emprésuré et coagule rapidement. Le caillé est ensuite tranché et brassé vigoureusement jusqu'à ce que ses grains s'agglutinent les uns aux autres ; le lactose qui n'a pas été éliminé disparaîtra pendant la maturation, sous l'action des micro-organismes à l'origine des fameux petits trous de l'entrammes (ils n'apparaissent pas dans les productions industrielles où le caillé est rincé à l'eau ; l'absence de lactose rend alors l'affinage moins délicat).

GOURNAY

Région : pays de Bray
Lait : de vache, pasteurisé
Pâte : molle
Teneur en matières grasses : 45 %
Croûte : fleurie
Forme : disque
Taille : 8 cm de diamètre ; de 2 à 2,5 cm d'épaisseur
Poids : de 100 à 120 g
Saveur : douce
Meilleure période de consommation : fin du printemps, été, automne
Vins d'accompagnement : tous les vins rouges légers et fruités (touraine, saint-pourçain)

Ce fromage porte le nom de Gournay-en-Bray, marché central de la région, qui abritait en outre une grande laiterie. Il est sans doute l'une des plus anciennes spécialités fromagères du pays de Bray, car il descend de la caserette et du caudiau (voir encadré).

Le caudiau

Le mot caudiau vient du latin *cauda* (queue). Il désigne un très ancien fromage qui était fabriqué en ajoutant au lait du jour un peu de caillé de la veille. On obtenait ainsi, sans présure, une queue de fermentation. Ce fromage s'est appelé plus tard caserette, du nom du récipient en jonc où il s'égouttait, avant d'être baptisé gournay.

Un affinage un peu plus poussé (2 ou 3 semaines en cave fraîche et humide) l'apparenterait aux bondons ou aux cœurs de Bray, à la pâte identique. Or le gournay se distingue par un affinage très court, qui ne le conduit qu'à mousser. Une semaine suffit en effet pour qu'apparaisse son léger duvet blanc. Sa pâte reste fraîche et garde une saveur lactique.

Le gournay se consomme également frais, sans aucun affinage, sans croûte. C'est ainsi qu'il était vendu autrefois à Paris, sous le nom de malakoff.

Un centre traditionnel de collecte du lait en pays d'Auge

LAVAL

RÉGION : Maine
LAIT : de vache, cru
PÂTE : pressée
TENEUR EN MATIÈRES GRASSES : de 40 à 42 %
CROÛTE : lavée
FORME : disque épais
TAILLE : 25 cm de diamètre ; 4 cm d'épaisseur
POIDS : 2 kg environ
SAVEUR : de terroir
MEILLEURE PÉRIODE DE CONSOMMATION : fin du printemps, été, automne
VINS D'ACCOMPAGNEMENT : les vins rouges légers et fruités, les vins blancs secs

LE LAVAL, ou trappiste-de-laval, est, comme son nom l'indique, un fromage de fabrication monastique, produit par les religieuses installées à la trappe Notre-Dame-d'Avesnières, à Laval, où se dresse une superbe église romane des XIe et XIIe siècles.

Sa fine croûte lisse va du jaune clair au jaune grisâtre. Sa pâte élastique ivoire, au goût légèrement lactique, présente de très petits trous, qui ne doivent pas être trop rapprochés.

Il ressemble aux saint-paulin (voir p. 67), mais 2 mois d'affinage en cave humide avec lavages réguliers lui donnent une légère odeur de fermentation, qui disparaît quand on enlève la croûte pour le déguster. Il est particulièrement délicieux coupé en tranches et passé au gril.

LIVAROT

AOC
RÉGION : pays d'Auge
LAIT : de vache, cru
PÂTE : molle
TENEUR EN MATIÈRES GRASSES : 40 % au minimum
CROÛTE : lavée, brun orangé
FORME : disque épais
TAILLE : de 4 à 5 cm d'épaisseur ; 4 diamètres : livarot (12 cm) ; trois-quarts de livarot (10 cm) ; petit livarot (9 cm) ; quart de livarot (7 cm)
POIDS : de 350 à 600 g
SAVEUR : relevée, jusqu'à faisandée
MEILLEURE PÉRIODE DE CONSOMMATION : de la fin du printemps jusqu'à l'automne
VINS D'ACCOMPAGNEMENT : les bourgognes et tous les côtes-du-rhône puissants

ORIGINAIRE DU VILLAGE DE LIVAROT, dans le Calvados, ce fromage, sans doute l'un des plus anciens de Normandie, est connu des amateurs depuis fort longtemps. Il figure sous le nom d'angelot dans le *Roman de la Rose* qu'écrivit Guillaume de Lorris au XIIIe siècle (voir p. 67). Il est cité en 1693 par l'intendant Pommereu de la Bretesche comme étant de consommation courante à Paris. Thomas Corneille en fait état dans son *Dictionnaire universel géographique et historique*, publié en 1708. Et les chroniqueurs du XIXe siècle le qualifiaient de viande du pauvre , en raison de ses qualités nutritives.

Le livarot, dont l'aire d'appellation est très restreinte (pays d'Auge uniquement, soit quelques cantons du Calvados et de l'Orne), est un fromage

Le livarot en chiffres

En 1877, on dénombrait 200 caveurs qui affinaient 4,5 millions de livarots. C'était alors le fromage de Normandie le plus consommé. De nos jours, il connaît de nouveau la faveur du public : en dix ans, sa production a plus que largement doublé, atteignant près de 1 500 tonnes par an.

Livarot

au lait mûr emprésuré. Le caillé est tranché et malaxé, ce qui accélère son égouttage. Brassé à la main, il est moulé dans des cliches en lanières de bois agrafées, ou en fer blanc, posées sur des toiles. Plusieurs fois retourné, le fromage s'assèche peu à peu, est salé au gros sel et ressuyé en hâloir, où il va prendre le bleu, cette fine couche de moisissure qui sera régulièrement éliminée par les lavages. Il est enfin affiné en cave fraîche (entre 8 et 10 °C) et humide (85 à 90 %).

Récemment encore, ce fromage exclusivement fermier était vendu « en blanc » (très jeune) à des affineurs. Aujourd'hui, des ateliers fromagers assurent la totalité du cycle de fabrication (5 litres de lait et 60 jours sont nécessaires pour obtenir un livarot affiné, 4 mois pour un grand livarot parfaitement à cœur).

Le lisieux

Appelé aussi petit lisieux, ce fromage est une sorte de livarot plat (3 cm d'épaisseur pour 12 cm de diamètre). Entouré de laîches, il se présente de la même manière. La saveur très fruitée de sa pâte molle est cependant moins forte.

Lors de son séjour en cave, il est lavé deux fois par semaine à l'eau salée tiède et teinté au rocou. Il acquiert ainsi une croûte rouge visqueuse, régulièrement raclée.

Il est cerclé de laîches, autrefois des joncs aquatiques qui l'empêchaient de s'affaisser au cours de l'affinage, aujourd'hui plus souvent des bandes de papier vert. Au nombre de cinq, elles évoquent les cinq galons d'un colonel, et elles lui ont valu ce surnom.

Selon la durée du cavage, la pâte tendre, d'un jaune d'or soutenu, est plus ou moins piquante et parfumée. Sa saveur ample et pénétrante est très appréciée des connaisseurs.

Le gauville

Devenu extrêmement rare, le gauville est un fromage exclusivement fermier au lait de vache. Fabriqué dans la région de Laigle, il se consomme sur place de juin à septembre. Aussi fort que le livarot, il a sensiblement le même aspect.

VOIR PAGE 178

MEILLERAYE-DE-BRETAGNE (LA)

RÉGION : pays nantais	FORME : carré
LAIT : de vache, cru	TAILLE : 24 cm de côté ; de 4 à 5 cm d'épaisseur
PÂTE : pressée	
TENEUR EN MATIÈRES GRASSES : 45 %	POIDS : 2 kg environ
CROÛTE : lavée	SAVEUR : prononcée de terroir

MEILLEURE PÉRIODE DE CONSOMMATION : fin du printemps, été, automne

VINS D'ACCOMPAGNEMENT : les vins blancs secs, les rosés ou les rouges de pays, légers et fruités

CE PAVÉ ÉPAIS à la croûte jaune paille et à la pâte souple se reconnaît à sa légère odeur lactique et à son goût de terroir. Élaboré selon les méthodes de fabrication ancestrales des moines trappistes, il se rapproche du saint-paulin. Deux mois d'affinage en cave humide et des lavages réguliers suivis de raclages lui donnent une croûte mince et lisse. Il se vend généralement sous papier à la marque de l'abbaye de Loire-Atlantique dont il porte le nom.

MIGNOT

RÉGION : pays d'Auge
LAIT : de vache, cru
PÂTE : molle
TENEUR EN MATIÈRES GRASSES : de 40 à 45 %
CROÛTE : naturelle
FORME : disque épais
TAILLE : de 11 à 12 cm de diamètre ; 4 cm d'épaisseur
POIDS : de 350 à 400 g
SAVEUR : prononcée de terroir
MEILLEURE PÉRIODE DE CONSOMMATION : printemps, été
BOISSONS D'ACCOMPAGNEMENT : plutôt que du vin, un vrai cidre fermier

FABRIQUÉ DEPUIS PLUS D'UN SIÈCLE dans le canton de Vimoutiers, le mignot est devenu très rare. Présenté à nu, il se vend sur le marché de ce village, en été. Exclusivement fermier, il est probablement le dernier sans-famille des fromages normands. Fort et très goûteux, il a une odeur puissante et pénétrante caractéristique. Fermenté à l'abri de l'air, il est affiné pendant un mois environ en cave humide.

D'une grande rusticité, il évolue rapidement avec le temps ; il se déguste donc de préférence frais, d'avril à septembre, accompagné de cidre.

MONSIEUR FROMAGE

RÉGION : Roumois
LAIT : de vache, cru, enrichi
PÂTE : molle
TENEUR EN MATIÈRES GRASSES : 60 %
CROÛTE : fleurie
FORME : cylindre
TAILLE : 7 cm de diamètre ; 5 cm de haut
POIDS : 150 g
SAVEUR : très fruitée
MEILLEURE PÉRIODE DE CONSOMMATION : fin du printemps, été, automne
VINS D'ACCOMPAGNEMENT : les vins rouges corsés (côtes-de-castillon, mercurey, volnay, côtes-du-rhône-village)

CRÉÉ À LA FIN DU XIXe SIÈCLE par un fermier qui s'appelait Fromage, il garda le nom de son inventeur. Le monsieur fromage ou fromage de monsieur est une pâte double-crème à croûte blanche pigmentée de rouge. Sa finesse, qu'un vin de Bourgogne souligne toujours avec bonheur, en a fait un classique apprécié des amateurs.

De la famille de la bouille (voir encadré), il est né dans le même village de Seine-Maritime. D'arôme plus ou moins développé selon son degré d'affinage (en moyenne 1 mois et demi), il est cependant plus petit, et donc plus délicat de goût.

Présenté frais, à nu, ou affiné, en boîte, il est encore aujourd'hui de fabrication artisanale.

La bouille

Le village de La Bouille (nom qui désigne aussi localement le bidon servant à transporter le lait), proche de Rouen, a donné son nom à un fromage double-crème (60 % de matières grasses), de forme cylindrique, à croûte fleurie et à pâte molle. Les moisissures blanches qui recouvrent sa croûte se pigmentent progressivement de rouge, puis de brun. Mais, en raison de sa teneur en matières grasses, il prend un goût rance s'il est trop affiné.

Ce fromage fut lui aussi inventé par le fermier Fromage, sur le modèle du monsieur fromage. Il est cependant plus épais ; en raison de sa taille (8 cm de diamètre ; 6 cm d'épaisseur) et de son poids (environ 250 g), il a besoin d'un affinage à sec de 2 à 3 mois pour développer bouquet et saveur.

NANTAIS OU CURÉ NANTAIS

RÉGION : pays nantais
LAIT : de vache, pasteurisé
PÂTE : pressée, non cuite
TENEUR EN MATIÈRES GRASSES : 40 %
CROÛTE : lavée
FORME : carré aux angles arrondis
TAILLE : 9 cm de côté ; 4 cm d'épaisseur
POIDS : de 180 à 200 g
SAVEUR : prononcée à forte
MEILLEURE PÉRIODE DE CONSOMMATION : toute l'année
VINS D'ACCOMPAGNEMENT : les vins blancs de Loire secs (muscadet, gros-plant, coteaux d'Ancenis), les côtes-du-rhône fruités

NANTAIS parce que fabriqué aujourd'hui dans la région de Nantes, ce curé a en fait des origines vendéennes. On s'accorde en effet à dire qu'il a été inventé par un prêtre de la région. En revanche, les avis divergent sur la date de sa création. Certains la situent au siècle dernier, d'autres la font remonter à la Révolution française, lors des guerres de Vendée.

Quelle que soit son ancienneté, le curé nantais est un petit fromage de type saint-paulin, à la saveur marquée de terroir et à l'odeur forte, qui a subi de nombreux lavages au cours de son mois d'affinage en cave humide. Sa croûte lisse a pris alors une belle couleur jaune paille.

Autrefois de forme ronde et de fabrication artisanale, il est à présent carré et de petite industrie.

NEUFCHÂTEL

AOC
Région : pays de Bray
Lait : de vache, cru
Pâte : molle, légèrement pressée
Teneur en matières grasses : 45 % au minimum
Croûte : fleurie
Forme : cylindre (bonde et double-bonde), carré, briquette, cœur et gros-cœur
Taille : variable
Poids : 100, 200, 300 g
Saveur : douce et acidulée, légèrement salée

Meilleure période de consommation : toute l'année, mais surtout en août et en septembre
Vins d'accompagnement : les vins rouges nerveux et corsés

Le neufchâtel, l'un des plus anciens fromages de Normandie, originaire de la boutonnière du pays de Bray, s'est d'abord appelé frometon. Un écrit daté de 1035 précise qu'à cette date Hugues Ier de Gournay fait don à l'abbaye de Sigy de la « dîme des frometons », ce qui établit bien son existence.

On raconte aussi que, pendant la guerre de Cent Ans, les jeunes filles de Neufchâtel offraient à leurs soupirants anglais des fromages en forme de cœur

Neufchâtel

Une querelle d'Église

Au Moyen Âge, les jeunes filles de la région offraient à l'élu de leurs pensées des neufchâtels, parce qu'ils avaient une forme de cœur. Offusqué, le clergé affirma haut et fort que ces fromages représentaient en fait les deux ailes d'un ange, comme en témoignait d'ailleurs – argumentaient-ils – leur nom contemporain d'angelot (voir p. 67). En vain : les gentes damoiselles poursuivirent leur commerce, finalement bien innocent.

(voir encadré ci-dessus). Les Parisiens, quant à eux, auraient découvert le neufchâtel dès le début du XIXe siècle, comme en témoigne l'*Almanach des gourmands* de Grimod de La Reynière, présentant les produits vendus sous les halles parisiennes. Napoléon aurait même reçu en cadeau un panier de ces fromages en 1802.

Les disparus de Neufchâtel

Plusieurs fromages, dérivés du neufchâtel et aujourd'hui disparus, portaient tous le nom de la localité où ils étaient fabriqués. Il en était ainsi du maromme, élaboré près de Rouen, ou de l'incheville, du village du même nom, ou encore du villedieu.

Aujourd'hui protégé par une AOC, le neufchâtel est encore de fabrication artisanale. Obtenu par emprésurage, le caillé est mis à égoutter dans des berceaux posés sur des tables percées de trous. 24 ou 36 heures plus tard, il est légèrement pressé pendant une demi-journée.

La pâte est alors ensemencée avec des miettes de fromage déjà bien fleuri, puis malaxée jusqu'à parfaite homogénéité. Elle est versée dans des moules – les gailles –, et salée. Le fromage est disposé sur une claie, dans une cave où règne une température constante de 12 °C, et retourné quotidiennement. Au bout de 5 à 8 jours, un fin duvet blanc, la fleur, le recouvre.

Le neufchâtel AOC peut être commercialisé, à nu sur paillon quand il est fermier, sous emballage de papier quand il est laitier, à partir du dixième jour de sa fabrication. Il se consomme jeune (12 jours), demi-affiné (3 semaines) ou affiné (de 1 à 3 mois). La production du lait, l'élaboration et le mûrissement des fromages doivent s'effectuer dans une aire géographique s'étendant sur un rayon d'une trentaine de kilomètres autour de Neufchâtel-en-Bray.

Une gaille à neufchâtel

VOIR PAGE 177

PAVÉ D'AUGE

RÉGION : pays d'Auge	FORME : carré massif
LAIT : de vache	TAILLE : 11 cm de côté ; de 5 à 6 cm d'épaisseur
PÂTE : molle	
TENEUR EN MATIÈRES GRASSES : 50 %	POIDS : de 600 à 800 g
CROÛTE : lavée ou brossée	SAVEUR : prononcée, très légèrement amère

MEILLEURE PÉRIODE DE CONSOMMATION : printemps, été, automne
VINS D'ACCOMPAGNEMENT : les vins rouges corsés et charpentés de Bourgogne (côtes-de-beaune)

DEUX FOIS PLUS GROS que le pont-l'évêque, le pavé d'Auge en est probablement l'ancêtre. Pratiquement disparu entre la Première et la Seconde Guerre mondiale, où seules une ou deux fermes de Moyaux, son village d'origine, continuaient à le produire, il est de nouveau fabriqué par de petites fromageries.

Ce fromage à la croûte dorée et lisse prend une légère odeur de moisissure lors de ses 2 à 3 mois d'affinage humide en cave fraîche (entre 8 et 10 °C), au cours desquels il est régulièrement lavé à l'eau salée. L'affinage peut même durer 4 mois ; dans ce cas, il se fait à l'abri de l'air et s'accompagne de brossages humides.

PETIT-SUISSE

RÉGION : pays de Bray	CROÛTE : inexistante
LAIT : de vache, pasteurisé, enrichi de crème	FORME : cylindre
PÂTE : fraîche, non salée	TAILLE : de 4 à 4,5 cm de haut ; de 3 à 4 cm de diamètre
TENEUR EN MATIÈRES GRASSES : 60 à 75 %	SAVEUR : fraîche, légèrement acidulée

MEILLEURE PÉRIODE DE CONSOMMATION : toute l'année
VINS D'ACCOMPAGNEMENT : les vins de dessert

LE SUISSE SERAIT NÉ au milieu du XIXe siècle. Mme Héroult, fermière en pays de Bray, aurait eu alors un vacher suisse qui lui conseilla d'ajouter de la crème aux petits bondons qu'elle préparait.

Expédiés à Paris, les nouveaux fromages connurent un énorme succès ; et le commis d'un mandataire aux Halles, du nom de Gervais, proposa à la fermière une association – qui s'avéra fort rentable – afin d'assurer un approvisionnement quotidien de la capitale. C'est ainsi que naquit la fromagerie de Ferrières-en-Bray.

Le suisse, aujourd'hui produit partout en France et à l'étranger, est fabriqué avec du lait pasteurisé additionné de crème fraîche. Une fois formé, le caillé est essoré mécaniquement : une puissante force centrifuge le sépare de son petit-lait. Devenu lisse, il est moulé, puis enveloppé d'une bande de papier buvard.

On a pris l'habitude d'appeler petit-suisse tous les suisses, quelle que soit leur taille. Mais dans la pratique, il faut distinguer le suisse, ou petit-suisse double, qui pèse environ 60 g, et le petit-suisse, qui avoisine les 30 g. Tous peuvent être consommés sucrés ou salés.

Le saint-gildas-des-bois

En Bretagne, à Saint-Gildas-des-Bois, près de Redon, une laiterie-école produit, à partir de lait de vache pasteurisé enrichi, un petit fromage triple-crème (75 % de matières grasses), à croûte fleurie et pâte molle onctueuse.

PONT-L'ÉVÊQUE

AOC	(pont-l'évêque), carré de 9 cm de côté et de 3 cm d'épaisseur (petit pont-l'évêque), rectangle de 10,5 à 11,5 cm de long sur 5,5 cm de large (demi pont-l'évêque), carré de 20 cm de côté (grand pont-l'évêque)
RÉGION : pays d'Auge	
LAIT : de vache, cru	
PÂTE : molle	
TENEUR EN MATIÈRES GRASSES : 45 %	
CROÛTE : lavée ou brossée	
FORME : carré	
TAILLE : carré de 10,5 à 11 cm de côté et de 3 cm d'épaisseur	POIDS : de 350 à 400 g
	SAVEUR : prononcée de terroir

MEILLEURE PÉRIODE DE CONSOMMATION : de juin à mi-mars
VINS D'ACCOMPAGNEMENT : les vins rouges bouquetés et corsés des Côtes-du-Rhône

LE PONT-L'ÉVÊQUE n'a pas toujours porté ce nom, qu'il tire d'une petite ville située entre Lisieux et Granville, dans le Calvados. Vraisemblablement créé par des moines au début du XIIe siècle, il fut baptisé, au moins jusqu'au XVIIe siècle, angelot, comme bien d'autres fromages (voir encadré).

L'AOC limite aux cinq départements normands (Calvados, Eure, Manche, Orne, Seine-Maritime) et à la Mayenne la fabrication de ce fromage, qui ne réclame pas moins de 3 litres de lait de vache fraîchement trait (encore tiède et non acide). Celui-ci, chauffé à moins de 40 °C, est emprésuré. Le caillé est tranché et brassé pour éliminer son petit-lait, puis moulé. L'égouttage est accéléré par de nombreux retournements.

Le fromage est alors démoulé, placé sur une claie dans un hâloir non chauffé, et retourné tous les jours. Le salage se fait à sec, par saupoudrage ou frottement de sel fin, ou par immersion dans un bain de saumure.

Pont-l'évêque

Les angelots

Le terme d'angelot, plusieurs fois cité dans le *Roman de la Rose*, de Guillaume de Lorris, désignait alors plusieurs fromages normands : il s'agissait sans doute du livarot, du pont-l'évêque, du neufchâtel aussi sans doute.

Certains auteurs notent la ressemblance de ces fromages avec la pièce de monnaie du même nom sur laquelle figure un ange terrassant un démon. D'autres affirment que l'on disait augelots, par référence au pays d'Auge où ils étaient fabriqués.

Le premier lavage intervient entre le 7e et le 10e jour. L'affinage en cave dure de 13 jours à 6 semaines.

Les fromages sont ensuite disposés les uns à côté des autres, sans se toucher, et régulièrement retournés. La croûte, d'abord recouverte d'une fleur blanchâtre, va peu à peu devenir bien lisse et rougeâtre, grâce aux lavages ou aux brossages. Ces derniers se font à sec, et les fromages sont enfermés dans un tiroir ; on les reconnaît alors à leur couleur gris rosé et à leur saveur de noisette plus prononcée, due à la présence d'un champignon. Cependant, un pont-l'évêque « doit sentir le terroir et non le fumier ».

Il est conditionné en boîte de copeaux de bois sous diverses formes.

VOIR PAGE 178

SAINT-PAULIN

Région : Bretagne
Lait : de vache, cru
Pâte : pressée, non cuite
Teneur en matières grasses : de 40 à 42 %
Croûte : lavée
Forme : disque
Taille : 25 cm de diamètre ; 4 cm d'épaisseur
Poids : 2 kg environ
Saveur : peu relevée
Meilleure période de consommation : toute l'année
Vins d'accompagnement : tous les vins rouges ou rosés, légers et fruités (beaujolais, bandol rosé)

Les saint-paulin, produits industriellement dans toute la France, étaient autrefois des fromages fabriqués par les moines, et notamment ceux du Port-du-Salut, en Bretagne. Aujourd'hui encore, les bretons comptent au nombre des meilleurs.

Le lait emprésuré et coagulé est vigoureusement brassé jusqu'à ce que les fins grains de caillé s'agglutinent. Ils sont alors enfermés dans une grande étamine et tassés dans un moule, puis pressés sous un disque de bois que l'on abaisse au fur et à mesure de l'écoulement du petit-lait.

Le fromage est ensuite démoulé, plongé dans un bain de saumure et mis à sécher au hâloir. Durant les deux mois d'affinage en cave humide (85 à 90 %) et fraîche (4 à 6 °C), il est retourné tous les 2 jours et lavé régulièrement avec un linge trempé dans la saumure additionnée de teinture de rocou, un colorant végétal.

Sa croûte, de plus en plus épaisse, se pare peu à peu d'un beau jaune orangé, tandis que sa pâte est ferme mais tendre.

Une disparition récente

Depuis plusieurs dizaines d'années, les trappistines de l'abbaye de Sainte-Anne-d'Auray, célèbre pour le pardon de la sainte, fabriquaient un délicieux fromage de monastère de type saint-paulin. Quand, peu après la Seconde Guerre mondiale, elles s'installèrent dans l'abbaye de Campénéac, il prit le nom de cette localité. Très apprécié des connaisseurs, il n'est hélas plus fabriqué depuis l'été 1994.

Le nom du Port-du-Salut a été vendu et le fromage est désormais commercialisé, à grande échelle, sous le nom de port-salut. Les techniques ancestrales de fabrication sont cependant encore exploitées par certains religieux, dont ceux d'Entrammes (voir p. 60).

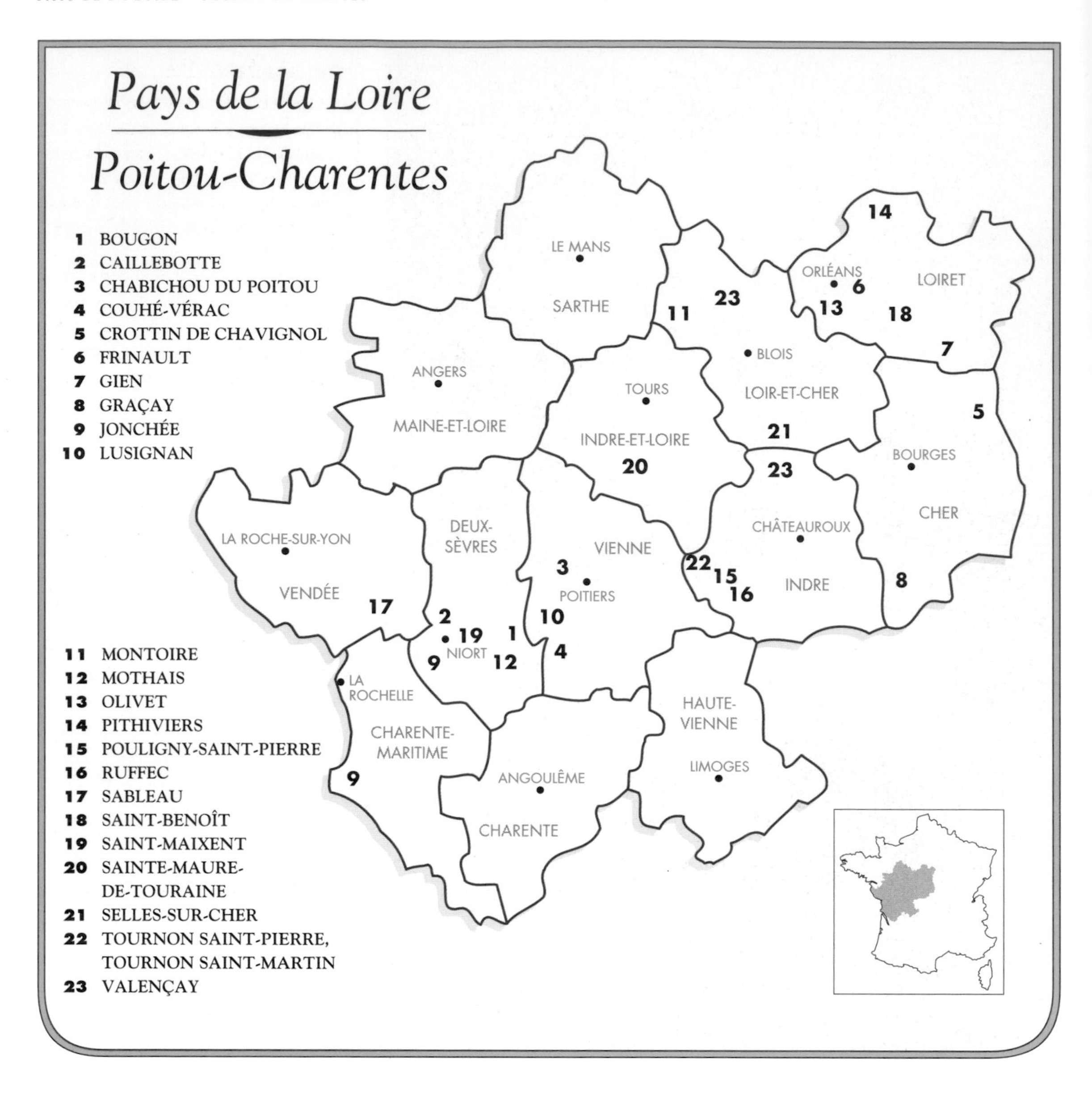

BOUGON

Région : Poitou	**Croûte** : fleurie
Lait : de chèvre, pasteurisé	**Forme** : disque
Pâte : molle	**Taille** : de 10 à 11 cm de diamètre ; 2,5 cm d'épaisseur
Teneur en matières grasses : 45 % au minimum	**Poids** : de 225 à 250 g
	Saveur : noisetée

Meilleure période de consommation : printemps, été, automne
Vins d'accompagnement : les vins rouges de Touraine (chinon, saint-nicolas-de-bourgueil), les vins blancs secs (entre-deux-mers), les beaujolais rouges, les côtes-du-rhône blancs (côte-rôtie)

Ce fromage, sans doute le meilleur des nombreux produits de la laiterie coopérative de Bougon, dans les Deux-Sèvres, est une exclusivité de cette fromagerie. Sa taille et son aspect le font ressembler à un camembert à croûte très blanche ; il est d'ailleurs lui aussi présenté dans une boîte en bois. Mais, dès qu'on le goûte, sa saveur caprine bien affirmée ne laisse aucun doute.

Fabriqué au pur lait de chèvre, il a besoin de 2 à 4 semaines d'affinage à sec pour développer son délicieux goût de noisette.

D'autres fromages, de plus grande taille, se sont inspirés du bougon, et en portent parfois le nom ; mais ils ne proviennent pas de la laiterie d'origine et la boîte n'en fait alors pas mention.

Au cœur du marais poitevin

La caillebotte d'Aunis

La caillebotte d'Aunis est préparée avec du lait de brebis, essentiellement en Aunis, dans le marais poitevin et sur le littoral des Charentes ; la meilleure proviendrait de la région de Marans. Elle est présentée généralement en vrac ; quand elle est moulée, on la baptise pigouille, comme certains autres fromages de la région, très doux, au lait de chèvre ou de vache. Ce nom leur vient de celui de la longue perche en bois qui permet de faire avancer les barques plates dans les marais.

CAILLEBOTTE

Région : Poitou
Lait : de vache, cru
Pâte : fraîche, non salée
Teneur en matières grasses : variable
Croûte : inexistante
Forme : celle du récipient utilisé
Taille : variable
Poids : variable
Saveur : douce et crémeuse
Meilleure période de consommation : fin du printemps, été
Vins d'accompagnement : les vins blancs, rosés ou rouges du Poitou et d'Anjou

La caillebotte est un fromage frais au lait de vache (parfois de chèvre), de fabrication fermière ou domestique, sans aucun affinage, et de diffusion régionale. Selon certains auteurs, son nom viendrait de cailler (faire coaguler le lait) et de botter (laisser égoutter sur des bottes de jonc – technique encore courante dans la région). Aujourd'hui, on le fait aussi parfois sécher sur des étagères à claire-voie, qui s'appellent toujours caillebotis.

Dans certains villages du Poitou, les fermiers préparent comme autrefois des caillebottes à la chardonnette, dont le caillé a été obtenu par adjonction d'une pincée de fleur d'artichaut sauvage ou de chardon. En 1664 déjà, le sieur de La Varenne en expliquait la préparation dans *le Confiturier français*.

VOIR PAGE 188

Le découpage du caillé avant égouttage de la caillebotte

CHABICHOU DU POITOU

AOC	FORME : cône tronqué
RÉGION : Poitou	TAILLE : 6 cm de diamètre à la base, 5 cm au sommet ; 6 cm de haut
LAIT : de chèvre, cru, entier	POIDS : 150 g environ
PÂTE : molle	SAVEUR : prononcée, légèrement piquante
TENEUR EN MATIÈRES GRASSES : 45 % au minimum	
CROÛTE : naturelle	

MEILLEURE PÉRIODE DE CONSOMMATION : fin du printemps, été, automne
VINS D'ACCOMPAGNEMENT : les vins rouges du haut Poitou ou de Champagne (bouzy), les vins blancs fruités (sancerre)

LE CHABICHOU est un fromage très ancien. Il daterait de l'installation des Sarrasins dans la région, au VIIIe siècle, après que Charles Martel eut arrêté leur progression à Poitiers ; ce seraient eux, en effet, qui auraient implanté les premières chèvres. Le mot arabe *chebli* (chèvre) aurait donné chabi, puis chabichou. On peut aussi penser que ce vocable vient, comme cabécou, du latin *capra*, qui désigne le même animal.

Chabichou du Poitou

Le chabichou du Poitou, toujours au lait de chèvre pur et entier, est de fabrication fermière. Le lait est emprésuré dès la fin de la traite, encore tiède. Le caillé est parfois préégoutté sur une toile, puis moulé à la louche dans des pots tronconiques perforés en grès ou en bois, dont le fond porte en relief les initiales du fromage : C.D.P. Une fois démoulé, il est salé en surface et mis à ressuyer sur claie, puis il part vers le hâloir pour au moins 10 jours d'affinage.

Il se consomme alors frais, ou mûrit encore 3 semaines, à sec et en cave ventilée. Avec le temps, la croûte blanche, d'abord couverte de légères bleuissures, devient de plus en plus grise.

Pour bénéficier de l'appellation d'origine, le chabichou, originaire du plateau de Neuville-de-Poitou, ne peut être produit que dans le haut Poitou calcaire, qui s'étend sur une partie des départements de la Vienne, des Deux-Sèvres et de la Charente. Le périmètre que forment les communes de Vouillé, Jaunay-Clan et Neuville-de-Poitou est depuis longtemps le centre de production de ces fromages.

Cependant, on en trouve de nombreuses imitations fermières ou industrielles, parfois excellentes, dans tout le Poitou et même en Touraine.

Le lait d'agneau

Autrefois, on préparait des chabichous avec le lait des brebis qui allaitaient leurs petits. On les disait alors joliment « au lait d'agneau ». On les baptisait parfois cafioné, parce qu'ils s'affinaient en hiver dans des corbeilles nommées en patois coffins ou coffineaux.

VOIR PAGE 188

COUHÉ-VÉRAC

RÉGION : Poitou	FORME : carré
LAIT : de chèvre, cru	TAILLE : de 8 à 9 cm de côté ; 2,5 cm d'épaisseur
PÂTE : molle	POIDS : de 220 à 250 g
TENEUR EN MATIÈRES GRASSES : 45 %	SAVEUR : noisetée
CROÛTE : naturelle	

MEILLEURE PÉRIODE DE CONSOMMATION : fin du printemps, été, début de l'automne
VINS D'ACCOMPAGNEMENT : tous les vins rouges fruités (neuville-de-poitou, saint-pourçain)

CE FROMAGE DE CHÈVRE FERMIER, qui porte le nom de son village d'origine, présente la particularité, assez rare dans la famille des chèvres, d'être carré (bien qu'on le trouve parfois sous la forme d'un disque plat). Cachée sous une feuille de platane ou de châtaignier, sa croûte fine pigmentée de bleu témoigne de sa qualité.

Il se déguste frais ou plus mûr, après un affinage de 3 ou 4 semaines en cave sèche, mais sort peu de sa région de production.

CROTTIN DE CHAVIGNOL OU CHAVIGNOL

AOC
Région : Sancerrois
Lait : de chèvre, cru
Pâte : molle
Teneur en matières grasses : 45 % au minimum
Croûte : naturelle
Forme : petit palet, légèrement bombé à la périphérie
Taille : 5 cm de diamètre ; 2 cm d'épaisseur
Poids : 60 g minimum
Saveur : caprine et noisetée
Meilleure période de consommation : printemps, été, automne
Vins d'accompagnement : les vins blancs ou rouges de Loire (pouilly, sancerre)

Ce seraient des moines venus de Cosne-sur-Loire qui auraient planté au XIVe siècle les premières vignes sur les pentes du Sancerrois entourant le village de Chavignol. Sur les terrains laissés en jachère paissaient des troupeaux de chèvre, dont le lait servait à la fabrication d'un petit fromage qui constituait la base de l'alimentation des vignerons.

Même s'il est probable que le crottin porte ce nom depuis plus longtemps, il n'est mentionné officiellement qu'en 1829, dans le *Livre des statistiques* du département du Cher, qui consigne que les petits fromages de chèvre de la région ont pris l'appellation de crottin de Chavignol. Le mot crottin ou crot désignait autrefois une petite lampe à huile en terre cuite. Sa forme aurait inspiré celle des faisselles en grès dans lesquelles étaient moulés les petits fromages. On dit aussi que ce nom leur vient de l'aspect brun et ratatiné qu'ils prenaient quand on les faisait sécher en prévision de l'hiver.

Pendant longtemps, ils furent préparés à la ferme selon des méthodes de fabrication très particulières. On disait alors qu'ils étaient, en raison des profits qu'ils produisaient, « les bas de soie des fermières ». Celles-ci commençaient par verser le lait caillé dans les jambières d'un vieux pantalon de femme solidement ficelé aux genoux, où il s'égouttait lentement. Elles le mettaient ensuite dans des faisselles. Quand elles avaient démoulé les fromages, elles les laissaient maturer au grenier, puis dans une cave fraîche, et les conservaient ainsi une partie de l'hiver. On les mangeait alors très secs, ou attendris par trois semaines de macération dans un pot en grès rempli de vin blanc ou d'eau-de-vie.

Crottins de Chavignol

Les coteaux de Chavignol, dans le Sancerrois

Aujourd'hui, la tradition est respectée, même si le pantalon n'est plus utilisé. Le lait de chèvre, cru et entier, est très légèrement additionné de présure (une goutte par litre suffit), le plus souvent à chaud. Le caillé est ensuite préégoutté sur toile pendant 10 à 12 heures avant d'être déposé à la louche dans les faisselles. Démoulé, le fromage sera salé à la main, soit à la ferme, soit chez l'affineur : on dit qu'on le rend adulte. Le crottin peut dès lors être vendu sous le nom de chèvre frais, et se consomme enrobé d'herbes fines. Si la maturation se poursuit, il part pour le hâloir (de 13 à 16 °C) où, fréquemment retourné, il sèche et mûrit spontanément, sans ensemencement de *Penicillium*. Au bout de 10 jours, il s'est entouré d'une croûte très fine, d'aspect jaunâtre, recouvrant une pâte homogène et compacte. Il a maintenant le droit de s'appeler crottin de Chavignol... et de se marier agréablement avec un vin blanc.

Une fabrication de fromages de chèvre dans le Berry

Au-delà de ce temps, on peut choisir de le laisser encore évoluer. Sa croûte se tache de moisissures blanches, puis bleues, puis brunes. Sa pâte, dont le goût caprin se renforce de jour en jour, devient plus cassante. Selon la durée de son affinage, le crottin est dit mi-sec, sec ou très sec. Il ne pèse plus que 60 g, alors qu'il en faisait environ 135 au moment du démoulage. Il est parfois mis ensuite dans un pot en grès, avec vin et eau-de-vie, pour devenir, selon une expression locale, un fromage repassé, de consommation familiale et très rarement commercialisé.

Les cousins du crottin

Fromage de chèvre fermier au lait cru, le crézancy-sancerre est un peu plus gros (80 à 100 g pour 6 cm de diamètre et 3 cm d'épaisseur) et un peu plus moelleux que le célèbre crottin de Chavignol auquel il s'apparente par la forme, la technique de fabrication et la région de production.

Le santranges-sancerre, un cousin, pèse entre 150 et 180 g pour un diamètre de 6 cm et une épaisseur de 4 cm.

Ces sancerrois, originaires de villages de cette région et de leurs alentours, ont une belle pâte blanche et ferme (45 % de matières grasses) sous une fine croûte bleutée. Leur saveur caprine s'affirme avec le temps.

Quant au saint-amand-montrond, c'est tout simplement un frère du prestigieux chavignol.

Le crottin de Chavignol en chiffres

Dans l'espace comprenant le Sancerrois, une partie de la Champagne berrichonne et le pays Fort que délimite l'AOC, 25 000 chèvres appartenant à un millier d'éleveurs fournissent le lait nécessaire à la fabrication annuelle de 16 millions de crottins de Chavignol.

VOIR PAGE 183

FRINAULT

RÉGION : Orléanais	FORME : disque
LAIT : de vache, pasteurisé	TAILLE : 9 cm de diamètre ; 2 cm d'épaisseur
PÂTE : molle	
TENEUR EN MATIÈRES GRASSES : 50 %	POIDS : 130 g
CROÛTE : naturelle ou cendrée	SAVEUR : prononcée

MEILLEURE PÉRIODE DE CONSOMMATION : été, automne

VINS D'ACCOMPAGNEMENT : les vins gris de l'Orléanais et les vins rouges légers de la Loire (bourgueil, saumur-champigny...)

En inventant ce fromage, aujourd'hui fabriqué dans un faubourg d'Orléans, M. Frinault a voulu enrichir la palette des fromages de la région, pour la plupart au lait largement écrémé. Sa spécialité cache une pâte tendre et grasse sous une fine croûte bleutée. Elle s'habille parfois, après 3 semaines d'affinage à sec en cave humide, de cendre de sarments de vigne. Sa saveur fruitée se saponifie alors légèrement.

Le frinault s'apparente à un petit olivet gras, tout comme le chécy, qui a vu le jour vers 1850 dans un faubourg d'Orléans.

GIEN

RÉGION : Orléanais	FORME : cylindre ou cône tronqué
LAIT : de chèvre, cru	
PÂTE : molle	TAILLE : 8 cm de diamètre ; 5 cm de haut
TENEUR EN MATIÈRES GRASSES : 45 % au minimum	POIDS : 200 g
CROÛTE : naturelle	SAVEUR : noisetée

MEILLEURE PÉRIODE DE CONSOMMATION : printemps, été, automne

VINS D'ACCOMPAGNEMENT : les vins gris de l'Orléanais et de Touraine

De fabrication exclusivement fermière, ce fromage, produit dans les environs de Gien – célèbre pour ses faïences – et de Châtillon-sur-Loire, évoque une fourme plus large

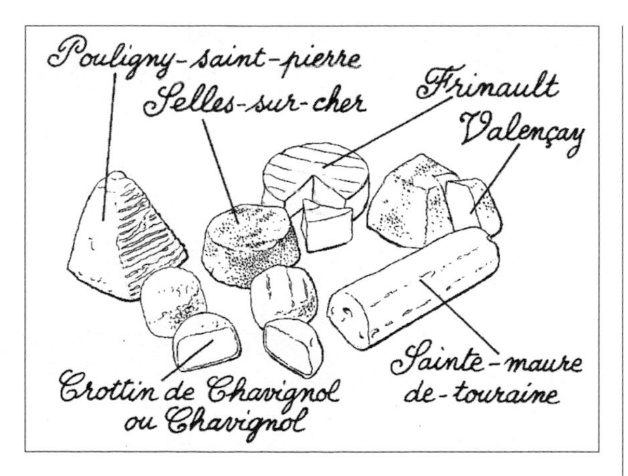

que haute. Il se présente à nu, sur paille, parfois sous les feuilles de châtaignier ou la cendre de bois qui ont servi à son affinage. Après 3 semaines de lent égouttage, il a en effet mûri 1 mois sous cette protection.

Les vrais giens, au pur lait de chèvre, sont de plus en plus rares et sortent peu de leur région, où ils demeurent de consommation domestique. On en trouve plus facilement au lait de vache, ou aux laits de vache et de chèvre mélangés. La traditionnelle croûte fine et bleutée devient alors épaisse, grisâtre et vermiculée.

GRAÇAY

Région : Berry	Forme : cône tronqué
Lait : de chèvre, cru	Taille : 10 cm de diamètre à la base ; 6 cm de haut
Pâte : molle	
Teneur en matières grasses : 45 %	Poids : 450 g
Croûte : naturelle, cendrée	Saveur : noisetée

Meilleure période de consommation : printemps, été, automne
Vins d'accompagnement : les sauvignons de Reuilly, de Quincy, de Menetou-Salon, les pinots gris et tous les vins fruités de Touraine

Le graçay est un fromage de chèvre de forme tronconique à la croûte naturelle poudrée de charbon de bois pulvérisé. De création assez récente, il est fabriqué artisanalement dans la vallée de l'Arnon (Cher), ainsi que dans la Champagne berrichonne.

Sa peau fine, bleu foncé à bleu-gris, recouvre une pâte ferme d'un blanc pur. L'ensemble exhale une légère odeur caprine. Au terme de 6 semaines d'affinage à sec en cave ventilée, il est poudré de cendre, qui lui donne sa belle couleur. Le carré du Berry, en forme de disque plat, lui ressemble.

JONCHÉE NIORTAISE

RÉGION : Poitou
LAIT : de chèvre, cru
PÂTE : fraîche, non salée
TENEUR EN MATIÈRES GRASSES : 45%
CROÛTE : inexistante
FORME : celle du récipient utilisé
TAILLE : variable
POIDS : variable
SAVEUR : douce, légèrement acidulée
MEILLEURE PÉRIODE DE CONSOMMATION : fin du printemps, été, automne
VINS D'ACCOMPAGNEMENT : les vins blancs fruités (vouvray), les vins de dessert (bonnezeaux)

De fabrication fermière, ce fromage se consomme très frais. Sa pâte, d'un blanc pur, à la saveur crémeuse, doit être molle et dégager une franche odeur lactique. Elle se prépare avec du lait de chèvre, parfois parfumé, avant emprésurage, par des feuilles de laurier.

Originaire des environs de Niort, la jonchée est aussi fabriquée en Charente et en Vendée ; ainsi la caillebotte, une de ses variantes, se fait selon le même principe (voir p. 68). En Bretagne, elle se compose beaucoup plus souvent de lait de vache.

Elle est traditionnellement mise à égoutter dans un panier en osier et présentée en vrac sur une natte en osier ou en roseau, appelée jonchée. La variété de jonc la plus utilisée pour tresser les jonchées est l'acore, une plante odorante qui donne au fromage un léger arôme.

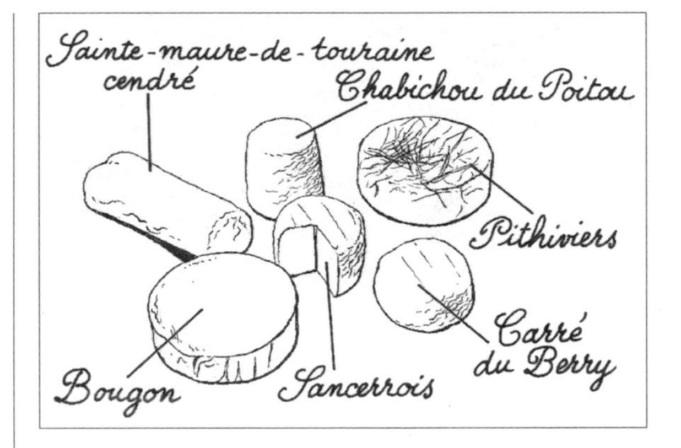

La jonchée d'Oléron

La jonchée d'Oléron, devenue très rare, est un fromage frais non salé de l'Aunis, de fabrication fermière et domestique. Au lait de brebis, elle se consomme au printemps dans les villages d'Oléron, accompagnée d'un vin blanc de l'île ou, pour plus d'originalité, avec du sirop d'érable. Toutes ses qualités résident dans sa fraîcheur.

LUSIGNAN

RÉGION : Poitou
LAIT : de chèvre, cru
PÂTE : fraîche à molle
TENEUR EN MATIÈRES GRASSES : 45 %
CROÛTE : inexistante
FORME : disque
TAILLE : de 9 à 10 cm de diamètre ; 3 cm d'épaisseur
POIDS : de 200 à 250 g
SAVEUR : lactique
MEILLEURE PÉRIODE DE CONSOMMATION : fin du printemps, été, début de l'automne
VINS D'ACCOMPAGNEMENT : les vins rouges du val de Loire ou du Poitou (chinon, saumur, fiefs vendéens)

CE FROMAGE est encore fabriqué dans les environs de Lusignan (Vienne), patrie légendaire de la fée Mélusine, qui, dans les romans de chevalerie, se métamorphosait en partie en serpent, et qui serait à l'origine de la famille des Lusignan.

Vendu à nu, sur paille ou sur feuille de châtaignier, le lusignan se déguste en fin de repas, mais il entre aussi, frais, dans la composition d'une spécialité locale, le tourteau fromagé.

Quand on le laisse affiner 1 ou 2 semaines, il développe une croûte naturelle fine et bleutée et gagne un goût caprin plus prononcé.

Une chèvre poitevine

VOIR PAGE 188

La mothe-saint-héray

Ce nom de marque est réservé à la coopérative laitière de La Mothe-Saint-Héray, qui produit des chèvres laitiers aux formes variées : pyramide, bûche, cylindre, chabi... La mothe-saint-héray, à croûte fleurie et pâte molle, ressemble à un petit coulommiers. Ce disque d'un diamètre de 10 cm et d'une épaisseur de 3 cm pèse environ 250 g et affiche 45 % de matières grasses. Au lait de chèvre pasteurisé, il est vendu toute l'année, toujours dans sa boîte. Deux semaines d'affinage sont nécessaires au développement de sa croûte fleurie et de sa forte odeur caprine.

MONTOIRE

RÉGION : Orléanais
LAIT : de chèvre, cru
PÂTE : molle
TENEUR EN MATIÈRES GRASSES : 45 %
CROÛTE : naturelle
FORME : cône tronqué
TAILLE : de 6 à 7 cm de diamètre à la base ; 5 cm de haut
POIDS : 100 g
SAVEUR : fruitée
MEILLEURE PÉRIODE DE CONSOMMATION : fin du printemps, été, automne
VINS D'ACCOMPAGNEMENT : tous les vins blancs, rosés ou rouges des vallées du Loir (côteaux-du-loir, jasnières) et de la Loire

LA DÉNOMINATION GÉNÉRIQUE MONTOIRE s'applique à l'ensemble des fromages de chèvre produits dans la vallée du Loir, entre Vendôme et Château-du-Loir. De fabrication fermière, ils ont une croûte fine gris bleuté ou ocre clair et une pâte ferme et délicate à la saveur subtile.

Très proches, le troo et le villiers-sur-loir sont traditionnellement affinés sous la cendre. Le second est parfois présenté à la vente enveloppé dans une feuille de vigne.

MOTHAIS

RÉGION : Poitou
LAIT : de chèvre, cru
PÂTE : molle
TENEUR EN MATIÈRES GRASSES : 45 %
CROÛTE : naturelle
FORME : disque
TAILLE : 13 cm de diamètre ; 2,5 cm d'épaisseur
POIDS : 400 g
SAVEUR : de noisetée à piquante
MEILLEURE PÉRIODE DE CONSOMMATION : printemps, été, début de l'automne
VINS D'ACCOMPAGNEMENT : les vins charpentés d'Anjou et de Touraine

PRODUIT DANS LES ENVIRONS de La Mothe-Saint-Héray (Deux-Sèvres) – appellation réservée aux produits de la laiterie coopérative locale (voir encadré ci-contre) –, il porte aussi le nom de chèvre à la feuille, parce qu'il est affiné et présenté sous des feuilles de platane ; après 2 à 4 semaines de maturation – d'abord pour sécher, ensuite pour croûter –, il arbore une peau naturelle, fine et bleutée.

On le dit contemporain des premiers chabis qui auraient vu le jour peu après le recul des conquérants arabes, au VIIIe siècle (voir p. 70).

OLIVET

RÉGION : Orléanais	FORME : disque plat
LAIT : de vache, cru	TAILLE : de 12 à 13 cm de diamètre ; 2,5 cm d'épaisseur
PÂTE : molle	
TENEUR EN MATIÈRES GRASSES : 45 %	POIDS : 300 g environ
CROÛTE : fleurie	SAVEUR : fruitée, peu relevée

MEILLEURE PÉRIODE DE CONSOMMATION : printemps, été, automne
VINS D'ACCOMPAGNEMENT : les pinots gris de l'Orléanais et tous les vins rouges fruités (menetou-salon)

Quand il séjournait en Touraine, Balzac faisait volontiers le voyage jusqu'à Olivet pour y déguster ce fromage qu'il accompagnait de noix et, bien sûr, de vin frais du pays.

L'olivet bleu a une pâte moelleuse, douce et un peu salée, et une fine croûte spontanément fleurie de bleu, avec une légère odeur de moisissure. Son goût, bien que plus rustique, n'est pas sans rappeler celui du coulommiers ou du brie de Melun.

Le pannes cendré

Le pannes cendré, qui ressemble à l'olivet (même forme, même taille, même poids) ou au dreux à la feuille (voir p. 00), est fabriqué dans les environs de Montargis (Loiret). Il présente l'originalité d'être préparé avec du lait de vache partiellement écrémé, et ne renferme que de 20 à 30 % de matières grasses. Sa croûte naturelle est cendrée, car il est affiné 3 mois dans la cendre de bois.

Autrefois plus grand (15 cm de diamètre pour 4 cm d'épaisseur), il était alors affiné dans des feuilles de vigne ou de platane. Aujourd'hui, il mûrit pendant 1 mois dans les caves de tuffeau de la région. Il est généralement présenté à nu, sous une feuille de platane.

L'olivet cendré, moins tendre mais aussi souvent moins gras (40 %), est affiné à sec pendant 3 mois dans des coffres remplis de cendres de sarments de vigne. Sa croûte, bien formée et épaisse, cache une pâte plus ferme et plus parfumée.

Comme la plupart des fromages cendrés, il était jadis fabriqué au printemps, pendant la période de forte lactation, puis mis en réserve en attendant la nombreuse main-d'œuvre qui serait recrutée pour les moissons et les vendanges.

On trouve actuellement des olivets plus fantaisistes, recouverts de foin ou de poivre.

Le patay

L'Orléanais a longtemps produit une variété d'olivets fermiers bleus ou cendrés, les patays, aujourd'hui disparus. Ces grands fromages d'un diamètre de 25 cm pesaient près de 500 g. Les bleus se consommaient plutôt à la fin du printemps, les cendrés en été ou en automne.

PITHIVIERS

RÉGION : Orléanais	CROÛTE : naturelle, fleurie
LAIT : de vache, pasteurisé	FORME : disque
PÂTE : molle	TAILLE : 12 cm de diamètre ; 2,5 cm d'épaisseur
TENEUR EN MATIÈRES GRASSES : de 40 à 45 %	POIDS : 300 g
	SAVEUR : de terroir

MEILLEURE PÉRIODE DE CONSOMMATION : été, automne
VINS D'ACCOMPAGNEMENT : les pinots gris de l'Orléanais, les vins rouges légers de la Loire (saumur-champigny, bourgueil)

La ville de Pithiviers, dans le Gâtinais, est célèbre pour son gâteau feuilleté fourré de crème d'amandes, qui a servi de modèle à la galette des Rois. Elle devrait l'être aussi pour son fromage rustique, produit en petites fromageries, affiné à sec, couché sous une brassée de foin durant 5 semaines environ. C'est là qu'il prend la légère odeur de fermentation végétale qui le caractérise.

Le pithiviers a hérité cette présentation du bondaroy, qui lui ressemble beaucoup et dont les origines sont sans doute plus anciennes. Fabriqué à la fin du printemps, quand les vaches donnent le maximum de lait, il était conservé jusqu'aux moissons ou aux vendanges dans des coffres de foin. Très mûr (il devenait également très fort !), il permettait alors de nourrir les ouvriers agricoles. Aujourd'hui, le vrai pithiviers au foin, comme le bondaroy, est devenu difficile à trouver.

POULIGNY-SAINT-PIERRE

AOC	CROÛTE : naturelle
RÉGION : Berry	FORME : pyramide tronquée
LAIT : de chèvre, cru	TAILLE : 9 cm au minimum de côté en bas, 3 cm de côté en haut ; 12,5 cm de haut
PÂTE : molle	
TENEUR EN MATIÈRES GRASSES : 45 % au minimum	POIDS : 250 g environ
	SAVEUR : caprine, prononcée

MEILLEURE PÉRIODE DE CONSOMMATION : printemps, été, début d'automne
VINS D'ACCOMPAGNEMENT : les vins blancs secs et fruités de Touraine et du Berry (pouilly, pouilly-fumé, quincy, sancerre), les reuillys blancs, certains meursaults

Originaire de la vallée de la Brenne que baignent la Gartempe, la Creuse et l'Indre, le pouligny-saint-pierre bénéficie d'un climat très favorable sous lequel pousse une

Pouligny-saint-pierre

flore particulière très propice à l'élevage des chèvres alpines, au poil ras et marron.

L'AOC délimite très précisément une aire de production correspondant à l'arrondissement du Blanc. Sur ce terroir peu étendu (22 communes à l'ouest de l'Indre), le fromage est encore très souvent préparé à la ferme.

Le pouligny-saint-pierre est fabriqué exclusivement à partir de lait entier de chèvres qui paissent en liberté.

Faiblement emprésuré, celui-ci se transforme en caillé qui est énergiquement brassé, puis versé à la louche, délicatement pour ne pas être brisé, dans des faisselles en forme de pyramide tronquée ; cette opération est capitale pour l'homogénéité et la finesse de la pâte qui caractérisent les pouligny. L'égouttage, le démoulage et le salage au sel sec s'effectuent dans les 48 heures.

Le fromage est ensuite mis à sécher sur une claie ou un paillon, en hâloir frais, aéré et obscur. Son affinage va durer au minimum 10 jours, au terme desquels il commence à se couvrir d'une fine croûte et à prendre une odeur légèrement caprine. Mais il peut encore mûrir en cave fraîche et ventilée pendant 3, voire 5 semaines.

Surnommé tour Eiffel en raison de sa forme, il est commercialisé à nu. Certaines de ses variétés sont affinées au marc et enveloppées de feuilles de platane ou de châtaignier.

VOIR PAGE 179

RUFFEC

RÉGION : Poitou
LAIT : de chèvre, cru
PÂTE : molle
TENEUR EN MATIÈRES GRASSES : 45 % environ
CROÛTE : naturelle
FORME : disque épais
TAILLE : 10 cm de diamètre ; 4 cm d'épaisseur
POIDS : 250 g
SAVEUR : fruitée
MEILLEURE PÉRIODE DE CONSOMMATION : fin du printemps, été, début de l'automne
VINS D'ACCOMPAGNEMENT : les vins rouges de Touraine (saumur-champigny, bourgueil, chinon...)

LE RUFFEC est encore, comme il l'était autrefois, vendu à nu, sous une feuille de châtaignier, sur le marché de la ville dont il porte le nom. On trouve difficilement ailleurs ce fromage en forme de galette, de fabrication fermière.

Un affinage à sec de 1 mois en cave ventilée lui donne une croûte fine et bleutée et un goût délicat, très noiseté. Mais il se déguste aussi frais, quand sa pâte est très blanche.

SABLEAU

RÉGION : Poitou
LAIT : de chèvre, cru
PÂTE : molle
TENEUR EN MATIÈRES GRASSES : 45 % environ
CROÛTE : naturelle
FORME : triangle
TAILLE : de 10 à 12 cm de côté ; de 2,5 à 3 cm d'épaisseur
POIDS : de 200 à 300 g
SAVEUR : acidulée
MEILLEURE PÉRIODE DE CONSOMMATION : fin du printemps, été, début de l'automne
VINS D'ACCOMPAGNEMENT : les vins blancs ou rosés (muscadet, sauvignon de Saint-Bris, rosés de Loire), les vins rouges légers

PRÉSENTÉ À NU SUR UNE NATTE EN OSIER, ce fromage de chèvre du marais vendéen, très régional, se consomme frais. Mais il doit égoutter 1 semaine, pas davantage, pour que sa pâte d'un blanc pur devienne lisse et onctueuse.

Sa forme lui a valu le surnom de trois-cornes. On l'appelle aussi trébèche ou tribèche, du celtique *tri* (trois) et *bézeck* (pointe). Il était autrefois fabriqué avec du lait de brebis.

De fabrication exclusivement fermière, proche de celles de la jonchée et de la caillebotte, il tend aujourd'hui à disparaître, même dans le berceau qui l'a vu naître, Sableau, près de Fontenay-le-Comte, en Vendée.

La Loire, vers Cosnes-Cours-sur-Loire

SAINT-BENOÎT

RÉGION : Orléanais
LAIT : de vache, cru
PÂTE : molle
TENEUR EN MATIÈRES GRASSES : 40 %
CROÛTE : fleurie
FORME : disque
TAILLE : 13 cm de diamètre ; 3 cm d'épaisseur
POIDS : 400 g environ
SAVEUR : fruitée
MEILLEURE PÉRIODE DE CONSOMMATION : fin du printemps, été, automne
VINS D'ACCOMPAGNEMENT : les vins gris fruités de l'Orléanais, les vins rouges fruités de Saumur-Champigny, de Chinon et de Bourgueil

LE SAINT-BENOÎT, dont la fabrication, peut-être d'origine monastique, est proche de celle de l'olivet, est produit dans le Loiret, aux environs de l'abbaye du même nom, mais aussi dans les communes de Jargeau et de Sully-sur-Loire. Préparé à la ferme avec du lait de vache partiellement écrémé, il présente une pâte ferme délicatement parfumée sous une croûte à peine colorée.

Il se déguste assez frais en été, après un affinage d'une dizaine de jours, ou hâlé en hiver, c'est-à-dire après un séjour d'au moins 1 mois en hâloir, pour le faire croûter. La coutume veut qu'on le place, en fin d'affinage, entre deux assiettes, pour le rendre moelleux.

SAINT-MAIXENT

RÉGION : Poitou
LAIT : de chèvre, cru
PÂTE : molle
TENEUR EN MATIÈRES GRASSES : 45 % environ
CROÛTE : naturelle
FORME : carré
TAILLE : de 9 à 10 cm de côté ; 3 cm d'épaisseur
POIDS : de 300 à 350 g
SAVEUR : relevée de terroir
MEILLEURE PÉRIODE DE CONSOMMATION : fin du printemps, été, automne
VINS D'ACCOMPAGNEMENT : les vins rouges de la Loire (chinon, bourgueil, saumur-champigny)

DE FABRICATION FERMIÈRE, le saint-maixent, qui porte le nom de la commune où se trouve l'École nationale des sous-officiers d'active de l'armée de terre, est de plus en plus rare. Il a une croûte gris-bleu, légèrement tachée de rouge. Quand elle est très colorée, elle trahit souvent une pâte trop piquante et trop salée.

Le saint-gelais

On peut dire du saint-gelais qu'il est un cousin rond du saint-maixent, mais aussi un proche parent du célèbre chabichou du Poitou... tout en ressemblant à un camembert. Il porte le nom de son village natal, proche d'Échiré (Deux-Sèvres), connu pour son beurre fermier paticulièrement fin.

Affiné 6 semaines à sec – pas davantage pour pallier cet inconvénient – et présenté sous des feuilles de platane, il rappelle beaucoup le mothais (voir p. 75) mais il est moulé en carré. Quand il est bien fait, pas trop salé, il peut s'accompagner de radis noir.

SAINTE-MAURE-DE-TOURAINE

AOC
RÉGION : Touraine
LAIT : de chèvre, cru
PÂTE : molle
TENEUR EN MATIÈRES GRASSES : 45 % au minimum
CROÛTE : naturelle, parfois cendrée
FORME : cylindre allongé
TAILLE : de 15 à 17 cm de long ; 4 cm de diamètre
POIDS : 300 g environ
SAVEUR : bouquetée
MEILLEURE PÉRIODE DE CONSOMMATION : fin du printemps, été, début de l'automne
VINS D'ACCOMPAGNEMENT : les vins rouges ou blancs de la région (bourgueil, chinon, touraine)

L'ÉLEVAGE DE CHÈVRES en Touraine et la transformation de leur lait en fromages dateraient des temps carolingiens (VIIIe-IXe siècles) et seraient des héritages des invasions arabes. Les capitulaires de l'époque font état de gigots et de fromages à fournir aux abbayes de Cormery et de Saint-Martin-de-Tours pour les repas du souverain. Divers documents anciens attestent ainsi une lointaine tradition fromagère tourangelle, et l'importance du marché de Sainte-Maure.

Au XIXe siècle, Balzac, né à Tours, consignait des observations précises sur la fabrication de ces fromages, et plus particulièrement sur celle du sainte-maure : « Mais le plus connu reste celui de Sainte-Maure, de forme longue, avec une paille à l'intérieur : fabriqué avec le lait de chèvre caillé à la présure, salé, affiné, il est conservé dans la cendre des javelles de sarments (les boubines). La paysanne le garde à la ferme sur des claies de bois dans un endroit sec. »

Aujourd'hui, seul le sainte-maure-de-touraine bénéficie de l'AOC ; il ne peut voir le jour que dans le département de l'Indre-et-Loire et dans quelques cantons limitrophes du Loir-et-Cher, de l'Indre et de la Vienne.

Le lait cru, très faiblement emprésuré, coagule en 24 heures environ ; le préégouttage est interdit, de même que l'utilisation de caillé congelé. Le caillé frais est versé délicatement, pour ne pas être brisé, dans de gros tubes. Une fois démoulé, le fromage est légèrement salé en surface et mis à ressuyer en hâloir.

La paille de seigle qui le traverse est enfilée à ce moment : elle n'est destinée qu'à le maintenir lors de son transport futur ; ce n'est en aucun cas une preuve d'authenticité, et elle n'est d'ailleurs pas obligatoire.

Son affinage, dans l'aire de production, dure au moins 10 jours à compter de la date d'emprésurage du lait. La surface du sainte-maure-de-touraine se couvre peu à peu de fines moisissures. Selon le temps de maturation, qui peut aller jusqu'à 1 mois en cave sèche et aérée, on obtient un fromage ressuyé, séché, mi-sec, sec ou affiné.

Sainte-maure-de-touraine cendré

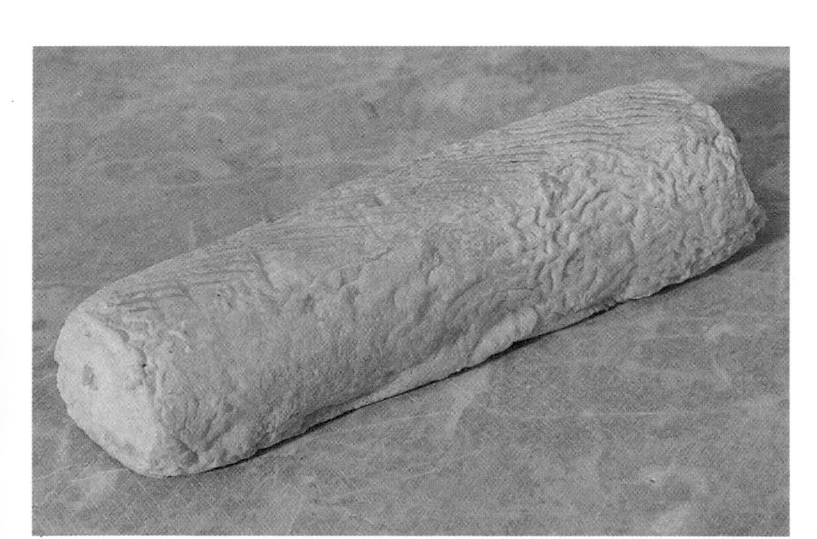

Le sainte-maure-de-touraine reste de tradition fermière ou artisanale. On trouve néanmoins des sainte-maure industriels, vendus souvent sous marque, dont la croûte, ensemencée de *Penicillium candidum*, fleurie, épaisse et parfois cendrée, est totalement différente de celle, délicate, du chèvre fermier. Ils sont habituellement commercialisés sous le nom de chèvre long ou de bûche.

VOIR PAGE 178

Sainte-maure-de-touraine

SELLES-SUR-CHER

AOC
RÉGION : Orléanais sud et Berry
LAIT : de chèvre, cru
PÂTE : molle
TENEUR EN MATIÈRES GRASSES : 45 %
CROÛTE : naturelle, cendrée
FORME : cône tronqué
TAILLE : 9,5 cm de diamètre à la base ; de 2,5 à 3 cm d'épaisseur
POIDS : 150 g environ
SAVEUR : caprine, douce et noisetée
MEILLEURE PÉRIODE DE CONSOMMATION : fin du printemps, été, automne
VINS D'ACCOMPAGNEMENT : tous les vins de son terroir, blancs secs (sauvignon ou chenin de Touraine) ou rouges légers et fruités (bourgueil, gamay ou cabernet de Touraine)

LE SELLES-SUR-CHER est le produit d'une province française traditionnellement vouée à l'élevage caprin. Son histoire, très ancienne, est sans doute liée à l'arrivée des chèvres dans le Berry et la Sologne méridionale. Aujourd'hui, l'AOC ne couvre que quelques communes de l'Indre, du Cher, ainsi que du Loir-et-Cher.

La préparation du selles-sur-cher reste fermière et artisanale. Le caillé est obtenu par très faible emprésurage du lait de chèvre cru et entier à une température de 18 à 20 °C. Les moules, de forme tronconique, sont ensuite remplis à la louche. Cette technique évite de briser le caillé et contribue à donner à la pâte son fondant et sa finesse. Démoulés 24 heures plus tard, les fromages sont cendrés – par pulvérisation de poudre de charbon de bois mélangée à du sel – et salés à la main.

Selles-sur-cher

L'affinage se fait pendant 10 jours au minimum dans l'aire de production. Mais il vaut mieux le prolonger jusqu'à 3 semaines, en cave sèche.

Plus le selles-sur-cher vieillit, plus il prend de caractère. Sa pâte très blanche contraste avec sa fine croûte, légèrement duvetée, portant des moisissures superficielles qui lui donnent son goût très particulier. Il libère toute sa saveur quand il est bien affiné.

VOIR PAGE 183

TOURNON SAINT-PIERRE, TOURNON SAINT-MARTIN

RÉGION : Touraine, Berry
LAIT : de chèvre
PÂTE : molle
TENEUR EN MATIÈRES GRASSES : 45 %
CROÛTE : naturelle, cendrée
FORME : cylindre
TAILLE : de 7 à 9 cm de diamètre à la base ; de 8 à 9 cm de haut
POIDS : de 200 à 300 g
SAVEUR : douce et noisetée
MEILLEURE PÉRIODE DE CONSOMMATION : fin du printemps, été, automne
VINS D'ACCOMPAGNEMENT : tous les vins blancs, rosés ou rouges de Touraine (touraine-amboise, vouvray)

DE FABRICATION FERMIÈRE, le tournon saint-pierre tourangeau et son cousin berrichon, le tournon saint-martin, présentés à nu, offrent à l'œil une peau fine et bleutée développée par 3 semaines d'affinage à sec. Par la finesse et le goût de leur pâte, ils s'apparentent pour le premier au sainte-maure-de-touraine, pour le second au pouligny-saint-pierre ; d'ailleurs, leurs terroirs se recoupent en partie, mais ils ne sont guère vendus ailleurs.

VALENÇAY

RÉGION : Berry
LAIT : de chèvre
PÂTE : molle
TENEUR EN MATIÈRES GRASSES : 45 %
CROÛTE : naturelle, parfois cendrée
FORME : pyramide tronquée
TAILLE : de 7 à 8 cm de côté à la base ; de 6 à 7 cm de hauteur
POIDS : de 250 à 300 g
SAVEUR : douce, légèrement noisetée
MEILLEURE PÉRIODE DE CONSOMMATION : fin du printemps, été, automne
VINS D'ACCOMPAGNEMENT : tous les vins blancs fruités et nerveux du Berry et de Touraine (valençay, cheverny, reuilly), les sancerres et les gamays rouges

ON RACONTE QUE LE VALENÇAY prit sa forme pyramidale pour célébrer le retour de Bonaparte après la campagne d'Égypte. Vérité ou légende, ce fromage est un classique de la Champagne berrichonne, connue pour ses chèvres. Il ressemble à un pouligny-saint-pierre plus trapu, et fait aujourd'hui l'objet d'une commission d'enquête pour obtenir une AOC.

Sa fabrication fermière respecte la tradition. Caillé, moulé, salé, il est affiné pendant 4 à 5 semaines en hâloir ventilé, où il se couvre peu à

Le chabris

Chabris, sur les rives du Cher, est un centre de collecte des valençays. Mais les fermiers du village produisent eux-mêmes un fromage rond et plat au pur lait de chèvre. Préparé et affiné comme un camembert, le chabris a sa propre originalité.

peu d'une mince peau tachetée de bleu. Cette croûte, parfois poudrée d'une légère poussière de cendre de bois, cache une pâte fine, à la légère odeur caprine de moisissure. Il se consomme, suivant la saison, frais, demi-sec ou sec. Se fondant sur la légende ou sur une réalité, les amateurs le choisissent avec une base bombée plutôt qu'incurvée, signe de bonne qualité.

En revanche, on trouve toute l'année des valençays laitiers de production industrielle, baptisés pyramides. Ces fromages ont peu de choses en commun, hormis la forme, avec les vrais valençays fermiers. Fabriqués souvent à partir de laits pasteurisés d'origines diverses ou de caillé congelé, ils ont une croûte blanche épaisse, qui a été ensemencée de *Penicillium candidum*.

Le levroux

Dans la famille des valençays fermiers, l'un des plus réputés est fabriqué dans les environs d'un vieux bourg, entre Châteauroux et Valençay, nommé Levroux. Son terroir lui transmet un parfum particulier, très apprécié des connaisseurs.

Certains disent que le levroux fut créé, à la fin du siècle dernier, par une fermière qui utilisait pour former ses fromages d'anciens moules à gâteau en forme de pyramide tronquée. Il serait même le premier fromage de la région qui ait pris cette forme, et il aurait su si bien se faire apprécier qu'on aurait bientôt fabriqué du levroux jusqu'à Valençay, où la pyramide fut adoptée. Voilà qui fait s'écrouler la tradition égypto-bonapartiste !

VENDÔME

Région : Orléanais
Lait : de vache, cru
Pâte : molle
Teneur en matières grasses : 50 %
Croûte : fleurie
Forme : disque épais
Taille : 11 cm de diamètre ; 3,5 cm d'épaisseur
Poids : de 200 à 220 g
Saveur : fruitée, bouquetée
Meilleure période de consommation : été, automne
Vins d'accompagnement : les vins rouges légers de la vallée du Loir, de Touraine et du Beaujolais (coteaux-du-vendômois, brouilly)

Fromage au lait de vache entier encore fabriqué à la ferme, mais assez rare dans sa version originale, le vendôme bleu s'apparente à l'olivet, dont il a la forme, mais aussi au pannes et au patay (voir p. 76). Un affinage à sec de 1 mois en cave de tuffeau humide lui donne une fine croûte bleu pâle, une légère odeur de moisissure et un goût fruité.

Le vendôme cendré, plus sec et à la saveur plus prononcée, est placé en cours d'affinage dans des coffres ou sur des dalles de pierre et recouvert de cendres de sarments de vigne. Il se consomme plus tard dans l'année.

Le villebarou

Le villebarou, lui aussi orléanais, est un cousin du vendôme bleu, de plus en plus rare. De fabrication fermière, au lait de vache, à pâte molle et à croûte naturelle bleutée, il est moulé dans des faisselles en grès, puis mis à sécher sur des éventails de vannerie, et enfin affiné à sec pendant 3 semaines environ. Ce fromage rond et plat de 18 cm de diamètre et de 2,5 cm d'épaisseur, titrant 45 % de matières grasses et pesant 450 g, est présenté à nu, sur des feuilles de platane.

Un troupeau de chèvres en Indre-et-Loire

Bourgogne Nivernais

1 AISY CENDRÉ
2 ARÔMES LYONNAIS
3 BOUTON-DE-CULOTTE
4 CHAMBERTIN (L'AMI DU)
5 CHAROLAIS
6 CÎTEAUX
7 CLAQUERET LYONNAIS
8 DORNECY
9 ÉPOISSES
10 MÂCONNAIS
11 MONT-D'OR DE LYON
12 PIERRE-QUI-VIRE (LA)
13 RIGOTTE DE CONDRIEU
14 SAINT-FLORENTIN

AISY CENDRÉ

Région : Auxois	Forme : cylindre
Lait : de vache, cru	Taille : de 10 à 12 cm de diamètre ; de 4 à 6 cm de haut
Pâte : molle	
Teneur en matières grasses : de 45 à 50 %	Poids : de 350 à 600 g
Croûte : lavée	Saveur : assez forte

Meilleure période de consommation : automne, hiver, printemps
Vins d'accompagnement : tous les vins rouges charpentés de la région (mercurey, fixin, givry, côte-rôtie)

L'aisy cendré, ou cendré d'Aisy, est fabriqué dans la région de Montbard, en Côte-d'Or, ainsi que dans la vallée de l'Armançon, toute proche.

Son procédé de fabrication et d'affinage est proche de celui de l'époisses (voir p. 88), mais aussi de celui des cendrés au lait de vache de Champagne (voir p. 53), qui étaient à l'origine destinés à nourrir les ouvriers agricoles pendant les moissons et les vendanges. Ces fromages étaient généralement fabriqués lors des périodes d'intense production laitière, puis conservés dans des coffres, sous de la cendre végétale.

Préparé autrefois avec le lait des vaches de race pie rouge de l'Est, aujourd'hui, plus souvent, avec celui des vaches de race brune, l'aisy cendré, après caillage et moulage, est régulièrement lavé à l'eau salée additionnée de marc de Bourgogne pendant 2 mois environ, puis affiné à sec, enrobé de cendre de sarments de vigne, pendant 2 à 4 mois. Il gagne ainsi une saveur marquée d'arômes du terroir, appréciée des amateurs de gibier. Pour le consommer, il faut gratter avec la lame d'un couteau la fine pellicule grise qui le recouvre afin de dévoiler sa délicate pâte rose orangé.

ARÔMES LYONNAIS

RÉGION : Lyonnais	FORME : variable
LAIT : de vache ou de chèvre	TAILLE : de 8 à 10 cm de diamètre ; de 1 à 3 cm d'épaisseur
PÂTE : molle	
CROÛTE : naturelle	
TENEUR EN MATIÈRES GRASSES : de 45 à 50 %	POIDS : de 80 à 150 g
	SAVEUR : parfumée, piquante

MEILLEURE PÉRIODE DE CONSOMMATION : hiver, mais aussi toute l'année

VINS D'ACCOMPAGNEMENT : les beaujolais-villages, blancs ou rouges, les coteaux-du-lyonnais, les côtes-du-rhône-villages

LES ARÔMES LYONNAIS ou arômes de Lyon ne résultent pas d'une fabrication spécifique, mais d'une tradition très ancienne de conservation et de transformation de fromages existants : rigotte, saint-marcellin, pélardon ou picodon. Ils se préparent selon deux techniques.

Mis à fermenter dans de petites cuves ou dans des coffres remplis de gêne de marc (marc de raisin en fermentation, pressé mais non distillé), les fromages d'origine sont alors dits arômes au gêne de marc ou arômes à la gêne, et se présentent sous une gangue de peaux et de pépins de raisin qui a rendu leur croûte visqueuse. Cette curieuse méthode d'affinage commence 1 ou 2 mois après le pressurage de la vendange et dure 1 mois ou plus suivant la saveur voulue. Celle-ci, souvent très puissante, est appréciée par certains amateurs locaux.

Quand les fromages sont confinés dans un pot fermé rempli de vin blanc ou de marc de Bourgogne et conservés au frais pendant 1 mois, puis affinés à sec durant le mois suivant sur les feuilles de châtaignier ou de vigne qui leur serviront d'emballage lors de leur commercialisation, on les appelle arômes au vin blanc.

Une fois qu'ils seront devenus très secs, ils pourront servir à la préparation des fromages forts (voir encadré).

Certains spécialistes procèdent à un affinage à la lie de marc ou de vin. Les fromages prennent alors une couleur foncée peu appétissante… sauf pour les Lyonnais.

Les fromages forts

Les fromages forts, de fabrication domestique bourguignonne, se préparent avec des restes de fromages locaux mis à fermenter 15 jours au moins dans des pots en grès hermétiques avec d'autres ingrédients : boutons-de-culotte et un peu d'emmental avec de l'huile, du beurre et du vieux marc ; mâconnais ou charolais avec du bouillon de poireaux aromatisé par des épices et des fines herbes ; caillé frais et époisses mûr avec de l'eau-de-vie de prune, de la cannelle et des clous de girofle.

Les fromages forts doivent macérer à température ambiante (environ 20 °C) et même, dans l'idéal, sous l'édredon du lit conjugal, comme autrefois ! On a coutume de dire qu'ils sont de véritables « éperons à boire »… des pots de beaujolais.

Les monts et les combes du Beaujolais

BOUTON-DE-CULOTTE

RÉGION : Mâconnais
LAIT : de chèvre, ou de chèvre et de vache mélangés, crus
PÂTE : molle
TENEUR EN MATIÈRES GRASSES : 45 % environ
CROÛTE : naturelle
FORME : petit cylindre
TAILLE : de 3 à 4 cm de diamètre ; 2,5 cm de haut
POIDS : de 30 à 40 g
SAVEUR : forte
MEILLEURE PÉRIODE DE CONSOMMATION : été, automne
VINS D'ACCOMPAGNEMENT : les vins blancs secs et fruités du Mâconnais (pouilly-fuissé, mâcon-village) ou les vins rouges charpentés (givry, morgon)

LES BOUTONS-DE-CULOTTE doivent leur nom à leur taille, réduite à celle d'un gros bouton. Ces petits fromages de chèvre fermiers se consomment mi-secs ou très secs, souvent en une seule bouchée, après 1 ou 2 mois d'affinage. Leur croûte devient de plus en plus brunâtre et leur pâte très cassante. Autrefois, il n'était pas rare de voir ces fromages mûrir dans des garde-manger accrochés à l'extérieur des maisons.

Mâchons et bouchons

À Lyon, le terme de mâchon désigne un casse-croûte consistant qui se sert en principe vers neuf heures du matin, mais aussi parfois l'endroit où on le déguste, appelé plus généralement bouchon. Le substantif mâchon dérive du verbe mâcher ; quant au mot bouchon, il vient du vieux français bousche qui qualifiait la brassée de foin, de paille ou de feuillage que les tavernes arboraient comme enseigne. Les Lyonnais ont pris l'habitude d'accompagner le mâchon d'une autre gourmandise traditionnelle : du vin en pot (bouteille de 45 cl initialement destinée à la dégustation du beaujolais).

Ils sont souvent présents lors du casse-croûte appelé localement mâchon (voir encadré). Comme d'autres fromages de chèvre miniatures – cailloux, bouchons ou mini-barattes –, mi-secs, ils accompagnent bien une dégustation de beaujolais, alors que, durs et très secs, ils s'utilisent râpés dans des sauces ou des fromages forts (voir encadré p. 83).

CHAMBERTIN (L'AMI DU)

RÉGION : Bourgogne
LAIT : de vache, cru
PÂTE : molle
TENEUR EN MATIÈRES GRASSES : 50 %
CROÛTE : lavée
FORME : cylindre
TAILLE : 7 cm de diamètre ; 5 cm de haut
POIDS : 250 g environ
SAVEUR : forte
MEILLEURE PÉRIODE DE CONSOMMATION : été, automne, hiver
VINS D'ACCOMPAGNEMENT : tous les vins rouges puissants de la côte-de-nuits (gevrey-chambertin, morey-saint-denis)

De création assez récente et de fabrication artisanale, le chambertin est un fromage au lait de vache cru et entier. Après une coagulation à la présure et un léger tranchage du caillé, on procède rapidement à la mise en moule, que suit un court égouttage. La pâte, devenue plus compacte, est alors démoulée et portée au hâloir. Là, le fromage est disposé sur une claie où il commence à sécher. Salé au sel sec, il se couvre peu à peu d'un léger duvet de moisissures qui sera éliminé par un lavage à l'eau salée. Son affinage en cave va durer au moins 2 mois, au cours desquels il sera retourné et lavé régulièrement avec une eau de plus en plus concentrée en marc de Bourgogne, et prendra progressivement une couleur brune.

Sa croûte lisse devient légèrement luisante et son odeur forte augure de la saveur de sa pâte souple, qui se déguste dans l'idéal avec le vin dont il a emprunté le nom.

Le chablis

Le chablis est une variante du chambertin. Préparé surtout à Saulieu, en Côte-d'Or, ce fromage au lait de vache entier a une pâte molle et une croûte lavée qui, durant l'affinage, est régulièrement frottée au chablis. Cette fine enveloppe blonde recouvre une pâte souple et onctueuse dont la saveur marquée de terroir se marie bien avec un vin rouge d'Irancy ou le vin blanc, pas trop jeune, dont il porte le nom.

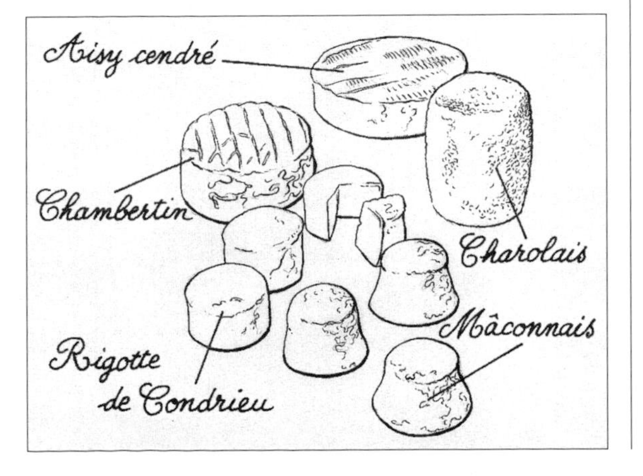

CHAROLAIS

RÉGION : Charolais
LAIT : de chèvre, ou de chèvre et de vache mélangés, crus
PÂTE : molle
TENEUR EN MATIÈRES GRASSES : de 40 à 45 %
CROÛTE : naturelle
FORME : cylindre
TAILLE : 5 cm de diamètre ; de 6 à 8 cm de haut
POIDS : environ 250 g
SAVEUR : de noisetée à prononcée
MEILLEURE PÉRIODE DE CONSOMMATION : printemps, été, automne
VINS D'ACCOMPAGNEMENT : les bourgognes aligotés et les vins blancs secs du Mâconnais (pouilly-loché, saint-véran)

Le charolais se préparait autrefois avec du lait provenant de la traite de deux chèvres et d'une vache ; aujourd'hui, la législation impose qu'il ne soit que pur-chèvre ; avec son goût plus délicat, il est très apprécié. Sa fabrication fermière est aussi plus réglementée. Le lait du soir mélangé à celui du matin est emprésuré et coagule en 24 heures. Le caillé est moulé à la louche dans des faisselles puis, 48 heures après, il est démoulé et salé à la main sur toutes ses faces. Il est ensuite mis à sécher en cave ventilée pour 2 semaines, au cours desquelles il va se parer d'une fine croûte gris-bleu. Il peut se consommer très frais, demi-sec ou très sec, et entre souvent dans la composition des fromages forts (voir p. 83).

Les charolais varient en dimensions et en poids en fonction des producteurs ; les pur-chèvre pèsent de 200 à 250 g, et leur forme évoque plutôt celle d'un petit tonneau aux flancs légèrement bombés.

Les environs de Charolles et les monts du Charolais (Saône-et-Loire) sont les principaux fournisseurs de ce fromage auquel ils ont donné leur nom.

Le montrachet

Les villages de Chassagne- et de Puligny-Montrachet sont célèbres pour leurs vins blancs très réputés, et devraient le devenir pour un petit fromage de chèvre cylindrique de création assez récente et de fabrication laitière artisanale. De la famille du charolais et du mâconnais, il présente une fine peau bleutée par 2 semaines d'affinage sous une feuille de châtaignier ou de vigne, qu'il conservera lors de sa commercialisation. Sa pâte crémeuse s'accommode bien d'un bourgogne passe-tout-grain, d'un beaujolais-village ou d'un meursault blanc.

CÎTEAUX

Région : Dijonnais
Lait : de vache, cru
Pâte : pressée, non cuite
Teneur en matières grasses : 45 %
Croûte : lavée
Forme : disque
Taille : 18 cm de diamètre ; 4 cm d'épaisseur
Poids : 1 kg environ
Saveur : de fruitée à prononcée
Meilleure période de consommation : été, automne
Vins d'accompagnement : les vins rouges de Bourgogne (passe-tout-grain, volnay, morey-saint-denis)

L'abbaye Notre-Dame-de-Cîteaux, sise à Saint-Nicolas-les-Cîteaux, en Côte-d'Or, au cœur d'une superbe forêt, fut fondée en 1098 par saint Robert, qui voulait rendre son austérité à la règle de saint Benoît. Fermée en 1790, elle ne fut de nouveau occupée par les moines cisterciens qu'au XIXe siècle.

Les premiers occupants défrichèrent des terres pour les mettre en culture et y élever des troupeaux ; ils commencèrent à planter des vignes et à fabriquer un gros fromage dont la recette n'a pas changé jusqu'à nos jours et qui est vendu sous papier marqué à la devise de l'abbaye : *ora et labora* (« prie et travaille »).

Les moines avaient aussi des vignes, dont ils tiraient un excellent vin ; le célèbre clos-de-vougeot leur a longtemps appartenu.

Exclusivement fabriqué au lait cru des vaches appartenant à l'abbaye, et selon des méthodes artisanales, le cîteaux devient de plus en plus rare. On peut néanmoins avoir la chance d'en trouver chez le frère portier de l'abbaye.

Le lait légèrement chauffé est emprésuré et coagule en quelques dizaines de minutes. On procède alors au patient décaillage : le caillé, tranché et brassé, se transforme en très petites particules et élimine peu à peu son petit-lait. Le gâteau ainsi obtenu est moulé et pressé. Le fromage est ensuite démoulé, puis plongé dans un bain de saumure. Mis à ressuyer pendant quelques jours, il commence ensuite son affinage en cave humide. Il y restera 2 mois pendant lesquels il sera régulièrement retourné et lavé à l'eau salée additionnée de rocou, qui lui donnera une croûte orangée, dont le talon, lavé plus souvent, deviendra plus épais.

CLAQUERET LYONNAIS

Région : Lyonnais
Lait : de vache, cru
Pâte : fraîche
Teneur en matières grasses : variable
Croûte : inexistante
Forme : celle du récipient utilisé
Taille : variable
Poids : variable
Saveur : légèrement fruitée, un peu sapide
Meilleure période de consommation : toute l'année
Vins d'accompagnement : les vins rouges du Beaujolais (brouilly, saint-amour, juliénas)

Le claqueret lyonnais est plus connu sous l'appellation de cervelle de canut. La légende raconte que ce nom lui a été donné après des manifestations des ouvriers tisserands de la soie à Lyon (les canuts) ; les représailles auraient été si terribles que le sol aurait été jonché de cervelle de canuts.

Le claqueret est en fait une pâte très fraîche aromatisée aux fines herbes, vendue en pot ou en vrac, proposée dans les bouchons en guise de mâchon (voir encadré p. 84).

Le fromage blanc, qui doit être mâle, c'est-à-dire pas trop mou, et donc un peu égoutté, est battu ou claqué à la main, « comme si c'était sa femme », raconte-t-on, d'où son nom de claqueret. Lorsqu'il est bien lisse, on y ajoute du poivre, du sel, des échalotes, des fines herbes et un peu d'ail finement haché. On l'enrichit aussi parfois de crème fraîche. L'ensemble doit fermenter pendant 1 ou 2 jours avant d'être éventuellement relevé par un verre à liqueur de vinaigre, un verre de vin blanc et un filet d'huile.

Il se sert très frais et on a l'habitude de dire qu'un claqueret bien réussi « ne reproche jamais », c'est-à-dire qu'il se digère parfaitement.

Le château de La Rochepot, entre la Côte et la Montagne

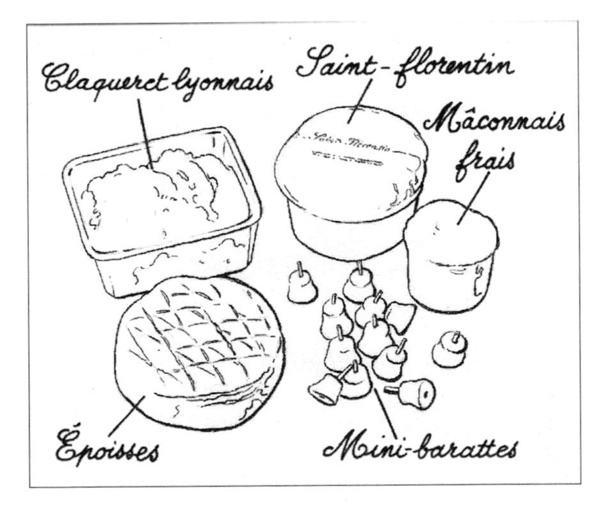

DORNECY

RÉGION : Nivernais
LAIT : de chèvre, cru
PÂTE : molle
TENEUR EN MATIÈRES GRASSES : 45 % au minimum
CROÛTE : naturelle
FORME : cône tronqué
TAILLE : 8 cm de diamètre à la base ; de 5 à 6 cm de haut
POIDS : 250 g environ
SAVEUR : assez prononcée
MEILLEURE PÉRIODE DE CONSOMMATION : été, automne
VINS D'ACCOMPAGNEMENT : les vins blancs ou rosés de Sancerre ou d'Irancy

LE DORNECY, qui porte le nom d'un village de la Nièvre, n'est plus guère commercialisé. Ce fromage de chèvre rustique, présenté à nu, sur paille, se reconnaît à sa forme, à sa croûte fine et bleutée, et à sa pâte d'un blanc pur. Il prend tout son goût lors de son affinage à sec, de 3 à 4 semaines, dans une cave ventilée pour favoriser son séchage.

Des fromages très proches sont fabriqués dans la région, dans des villages des environs de Corbigny, de Clamecy ou de Lormes, toujours dans la Nièvre, ou encore de Vézelay, dans l'Yonne voisine.

Le claquebitou

Cette spécialité bourguignonne de la côte de Nuits et de la côte de Beaune se prépare avec un chèvre fermier frais bien égoutté (charolais ou mâconnais, par exemple) que l'on malaxe dans une terrine avec de l'ail, de la ciboulette, du sel et du poivre. Elle doit être conservée pendant 1 ou 2 semaines dans une cave fraîche ou un cellier, pour que les divers ingrédients dégagent tous leurs arômes. Elle se dégustera ensuite avec des pommes de terre en robe des champs et des tranches de pain de campagne passées au gril ou au four.

ÉPOISSES

AOC
RÉGION : Auxois
LAIT : de vache, cru
PÂTE : molle
TENEUR EN MATIÈRES GRASSES : 50 % au minimum
CROÛTE : lavée
FORME : disque
TAILLE : petit : de 9,5 à 11,5 cm de diamètre ; de 3 à 4 cm d'épaisseur ; grand : de 16,5 à 19 cm de diamètre ; de 3 à 4,5 cm d'épaisseur
POIDS : petit : de 250 à 350 g ; grand : de 700 g à 1,1 kg
SAVEUR : très relevée de terroir
MEILLEURE PÉRIODE DE CONSOMMATION : été, automne, hiver
VINS D'ACCOMPAGNEMENT : les vins rouges charpentés de Bourgogne (monthélie, savigny-lès-beaune) ou un vieux marc de Bourgogne

L'ÉPOISSES EST UN FROMAGE dont la fabrication obéit à une tradition séculaire qu'est venue consacrer, en 1991, une AOC. Le lait des vaches des races pie rouge de l'Est et brune des Alpes est chauffé lentement en cuve et très légèrement emprésuré.

Doucement et régulièrement remué, il coagule naturellement pendant 24 heures environ. Le caillé, très friable, est disposé à la main ou à la louche dans des faisselles où il va s'égoutter spontanément. Il est ensuite démoulé, salé au sel sec et mis en salle de ressuyage.

Le hâloir, qui doit reproduire exactement les conditions climatiques des celliers de la région, est orienté de façon à recevoir, par une petite ouverture, le vent de nord-est. Cette circulation d'air assure le séchage uniforme des fromages, qui sont régulièrement retournés.

Ils partent ensuite vers la salle d'affinage où ils séjourneront sur de la paille de seigle pendant au moins 1 mois, durant lequel ils seront lavés deux fois par semaine avec de l'eau ou du vin blanc de plus en plus concentrés en marc de Bourgogne – une tâche réservée autrefois aux enfants de l'Assistance publique.

Cette opération empêche le développement de tout *Penicillium* et favorise la prolifération des ferments spécifiques du rouge, germes naturels de la terre de l'Auxois.

Au cours de cette maturation, qui dure de 7 à 9 semaines, apparaît peu à peu une belle croûte rose ocrée, dont la couleur parfaitement naturelle ne doit rien aux colorants. L'époisses sera commercialisé à nu ou dans une boîte en bois, parfois entouré d'une feuille de vigne.

La fabrication fermière de l'époisses se faisait autrefois de septembre à mai, les caves naturelles étant trop chaudes pendant l'été. Aujourd'hui, grâce à leur climatisation, ce fromage développe selon la saison des arômes spécifiques.

Petite histoire de l'époisses

La légende veut que l'époisses ait été créé au début du XVIe siècle par des moines cisterciens. Exploitant près du bourg d'Époisses des champs de blé, des vignes et des troupeaux de vaches, ils fabriquaient avec le lait de leurs bêtes, et pour leur consommation personnelle, un fromage que copièrent rapidement les fermières de la région et dont elles se transmirent les secrets de fabrication de mère en fille.

Au début du XIXe siècle, trois comices agricoles, nouvellement créés, ont lieu dans la région : celui du cheval de trait, celui du bœuf charolais et celui du fromage d'Époisses. Ce dernier, qui a lieu dès 1835, est l'occasion de concours de fromages où rivalisent les productrices. On dit encore aujourd'hui en Auxois que seul le tour de main de la fermière saura donner la touche finale à un époisses de Bourgogne qui se respecte.

Un mémoire consacré à l'agriculture en Côte-d'Or en 1840 rapporte : Ici, « on ne fait pas de beurre. Tout le produit du lait sert à la fabrication des fromages gras. Ils ont beaucoup de réputation et sont appelés "fromages d'Époisses". Ils sont mis dans le commerce secs ou frais. » À la même époque, les boîtes en sapin ou en hêtre font leur apparition. Ce fromage peut désormais voyager et se faire connaître dans la France entière. On dit que Napoléon Ier le découvrit en même temps que le vin de Chambertin. Et Brillat-Savarin le baptisa « roi des fromages », comme il proclama le beaufort « prince des gruyères » (voir p. 93).

Époisses

Le lavage au marc de Bourgogne

Le laumes

Le laumes était autrefois préparé dans un village voisin d'Alise-Sainte-Reine. Proche de l'époisses, il présentait la particularité d'être lavé à l'eau additionnée de café, et parfois de vin ou de marc. Il avait, dit-on, une saveur très agréable.

VOIR PAGE 187

MÂCONNAIS

Région : Mâconnais
Lait : de chèvre, cru
Pâte : molle
Teneur en matières grasses : de 40 à 45 %
Croûte : naturelle
Forme : pyramide tronquée
Taille : 5 cm de diamètre à la base ; 4 cm au sommet ; 3 cm de haut
Poids : de 50 à 60 g
Saveur : douce, noisetée
Meilleure période de consommation : fin du printemps, été, automne
Vins d'accompagnement : les vins blancs secs et fruités du Mâconnais (saint-véran, pouilly-fuissé) ou les vins rouges légers (beaujolais-village, chiroubles)

Les monts du Mâconnais, au nord du Beaujolais, sont couverts de vignobles qui donnent surtout des vins blancs. Au milieu des collines paissent aussi des troupeaux de chèvres. Leur lait sert à la fabrication fermière d'un petit fromage rond un peu plus gros que le fameux bouton-de-culotte (voir p. 84).

Le lait de la traite du soir mélangé à celui du matin est additionné de petit-lait ou de ferments, et amené à maturation à une température de 24 °C, pendant 3 heures. Légèrement emprésuré, il coagule ensuite en 24 heures. Le caillé est moulé à la louche en faisselles. Pendant son égouttage, le fromage est salé, puis retourné le soir et salé sur l'autre face.

Il sera commercialisé dans son moule 4 ou 5 jours plus tard, ou sera démoulé et mis à sécher dans une pièce ventilée, où il prendra en 2 semaines une fine croûte bleu clair, avant d'être éventuellement affiné plus longtemps, parfois au marc de Bourgogne.

MONT-D'OR DE LYON

Région : Lyonnais
Lait : de chèvre, ou de chèvre et de vache mélangés, crus
Pâte : molle
Teneur en matières grasses : 45 %
Croûte : naturelle
Forme : disque
Taille : de 8 à 9 cm de diamètre ; 1,5 cm d'épaisseur
Poids : de 120 à 150 g
Saveur : noisetée, légèrement sapide
Meilleure période de consommation : printemps, été, automne
Vins d'accompagnement : les beaujolais-villages, les coteaux du Lyonnais, les vins d'Arbois, les vins blancs de Loire

Le mont-d'or de Lyon, assez rare, de diffusion régionale, est un fromage spécifiquement lyonnais, assez rare, qu'il ne faut pas confondre avec le mont-d'or ou vacherin du haut Doubs, qui bénéficie d'une AOC. Élaboré traditionnellement avec du lait de chèvres nourries à l'étable, il est, aux dires des connaisseurs, d'une saveur exceptionnelle. Aujourd'hui, il est plus souvent préparé avec des laits de chèvre et de vache mélangés.

De fabrication toute simple et naturelle, il est affiné de 2 à 3 semaines, et sa croûte se recouvre alors d'une fine fleur naturelle bleue, qui devient rougeâtre avec le temps.

Le bessay-en-chaume

Le bessay-en-chaume, du nom de son village, en Côte-d'Or, est le produit artisanal d'un chevrier installé au col de Bessay (point culminant de la montagne de Beaune). 2 semaines d'affinage à sec lui donnent une délicate croûte bleutée et une douce saveur noisetée, et il se déguste en été, avec un auxey-duresses blanc, bien frais.

Des vaches de race montbéliarde

PIERRE-QUI-VIRE (LA)

Région : Avallonnais	Croûte : lavée
Lait : de vache, cru	Forme : disque
Pâte : molle	Taille : 10 cm de diamètre ; 2,5 cm d'épaisseur
Teneur en matières grasses : 45 % au minimum	Poids : 200 g environ
	Saveur : bouquetée

Meilleure période de consommation : été, automne

Vins d'accompagnement : les vins rouges de Bourgogne (volnay, marsannay)

L'abbaye bénédictine de Sainte-Marie-de-la-Pierre-qui-Vire fut fondée en 1850 par Dom Muard, curé du diocèse de Sens, à Saint-Léger-Vauban, dans l'Yonne. Les moines, qui durent quitter les lieux en 1882, sont revenus en 1920. Depuis cette époque, ils élaborent avec une longue patience, selon la règle de saint Benoît qui prescrit prière et travail, des fromages faits avec le lait de la traite de leurs propres troupeaux, des vaches de race brune des Alpes qu'ils élèvent selon le principe de la stabulation libre – elles ne sont pas attachées dans l'étable où elles se nourrissent librement. Ce sont donc leurs recherches en agronomie qu'ils appliquent dans la ferme de l'Huis Saint-Benoît, proche de l'abbaye.

Le lait est soumis à une coagulation mixte et prend en moins de 1 heure. Le caillé est ensuite tranché, ce qui lui fait perdre plus vite son petit-lait. Cet égouttage est rapide et spontané : la pâte du fromage n'en est que plus serrée, ce qui évite le développement de moisissures. Si cependant il en apparaît, elles seront éliminées dès le démoulage et durant tout le temps de séchage et d'affinage, par de fréquents lavages à l'eau salée. Mis en salle de ressuyage, le fromage, saupoudré de sel sec, s'assèche pendant 2 semaines. Il passera ensuite 2 mois en cave humide, où il sera régulièrement retourné et lavé, et où il prendra sa couleur brique et sa saveur de terroir.

La pierre-qui-vire sera alors commercialisée à nu, sur paille ; mais elle se consomme aussi fraîche, sans affinage.

La boulette de la-pierre-qui-vire

La boulette de la-pierre-qui-vire, ou boulette des moines, d'un diamètre de 7,5 cm, est préparée par les moines avec les fromages endommagés. Leur pâte est malaxée, aromatisée aux fines herbes et remodelée en forme de boule grossière. Elle se consomme ainsi, sans affinage.

Le pourly

Ce pur-chèvre, de création récente (après la Seconde Guerre mondiale), se présente sous la forme d'un petit cylindre bombé, de 250 à 300 g (45 % de matières grasses), à la peau bleutée. Fabriqué dans une chèvrerie modèle située à Essert, dans l'Yonne, il a une saveur noisetée très délicate qui se marie bien avec un vin blanc sec et racé.

RIGOTTE DE CONDRIEU

Région : Lyonnais
Lait : de vache
Pâte : molle
Teneur en matières grasses : 40 % au minimum
Croûte : naturelle
Forme : petit cylindre
Taille : 4 cm de diamètre; 3,5 cm de haut
Poids : de 40 à 50 g
Saveur : acidulée, légèrement noisetée
Meilleure période de consommation : toute l'année
Vins d'accompagnement : les vins rouges légers du Beaujolais (beaujolais-village, brouilly), les vins plus corsés des Côtes-du-Rhône, rouges (saint-joseph, cornas) ou blancs (condrieu, saint-péray)

Typiquement lyonnaise, la rigotte est un petit fromage rond très ancien. Certains datent sa création de l'époque où les Romains, installés à Vienne (Isère) après en avoir chassé les Allobroges, y firent connaître des recettes de recuites alpines (on appelle recuite tout fromage maigre obtenu en faisant cuire le petit-lait égoutté d'un autre fromage). « Rigotte », comme *ricotta* (voir p. 164), en découlerait, à moins que ce ne soit une déformation dialectale du mot « goutte ». Autrefois au lait de chèvre, la rigotte, fabriquée traditionnellement à Condrieu, mais aussi dans toute la région lyonnaise, est aujourd'hui plus généralement préparée au lait de vache. Élaborée en petite laiterie, elle est entreposée, après démoulage, en hâloir pour 1 ou 2 semaines, pendant lesquelles on lave à l'eau additionnée de rocou sa fine croûte naturelle à peine formée.

Vendue sur les marchés par trois, ou encore par liasses (piles cylindriques d'une quinzaine de fromages, pesant environ 500 g), elle se consomme fraîche et ne peut se conserver que quelque temps dans de l'huile, souvent parfumée aux herbes. Cependant, quand elle est très sèche, elle s'utilise râpée dans la confection des fromages forts (voir encadré p. 83).

On fabrique encore à la ferme, non loin de Condrieu, à Pélussin (Loire), en pleine saison de lactation des chèvres, une rigotte pur-chèvre qui, le reste de l'année, est au lait de vache.

SAINT-FLORENTIN

Région : Auxerrois
Lait : de vache, pasteurisé
Pâte : molle
Teneur en matières grasses : 50 %
Croûte : lavée
Forme : disque
Taille : de 12 à 13 cm de diamètre ; 3 cm d'épaisseur
Poids : de 450 à 500 g
Saveur : relevée
Meilleure période de consommation : automne, hiver, printemps
Vins d'accompagnement : les vins rouges corsés de Bourgogne et des Côtes-du-Rhône (irancy, saint-joseph, rully)

À la saint-florentin, la truite est cuite avec du vin blanc et des épices et flambée. Le saint-florentin est un gâteau à base de génoise. Mais le saint-florentin est surtout un fromage au lait de vache, à pâte molle et à croûte lavée, comme le sont de nombreux fromages de l'Auxerrois, dont le soumaintrain, très comparable, qui est produit dans le village voisin. Le lait récolté auprès des producteurs est soumis en coopérative à une coagulation mixte. Le caillé est ensuite grossièrement tranché et moulé. Après démoulage, le fromage est salé et mis en cave ; là, il sera retourné et lavé à l'eau salée deux ou trois fois par semaine, pendant 2 mois environ, ce qui rendra sa croûte brun-rouge lisse et un peu luisante, et sa pâte jaune foncé très bouquetée.

Il se vend également frais et non salé, et entre alors dans la composition de desserts.

Le salage à sec du saint-florentin

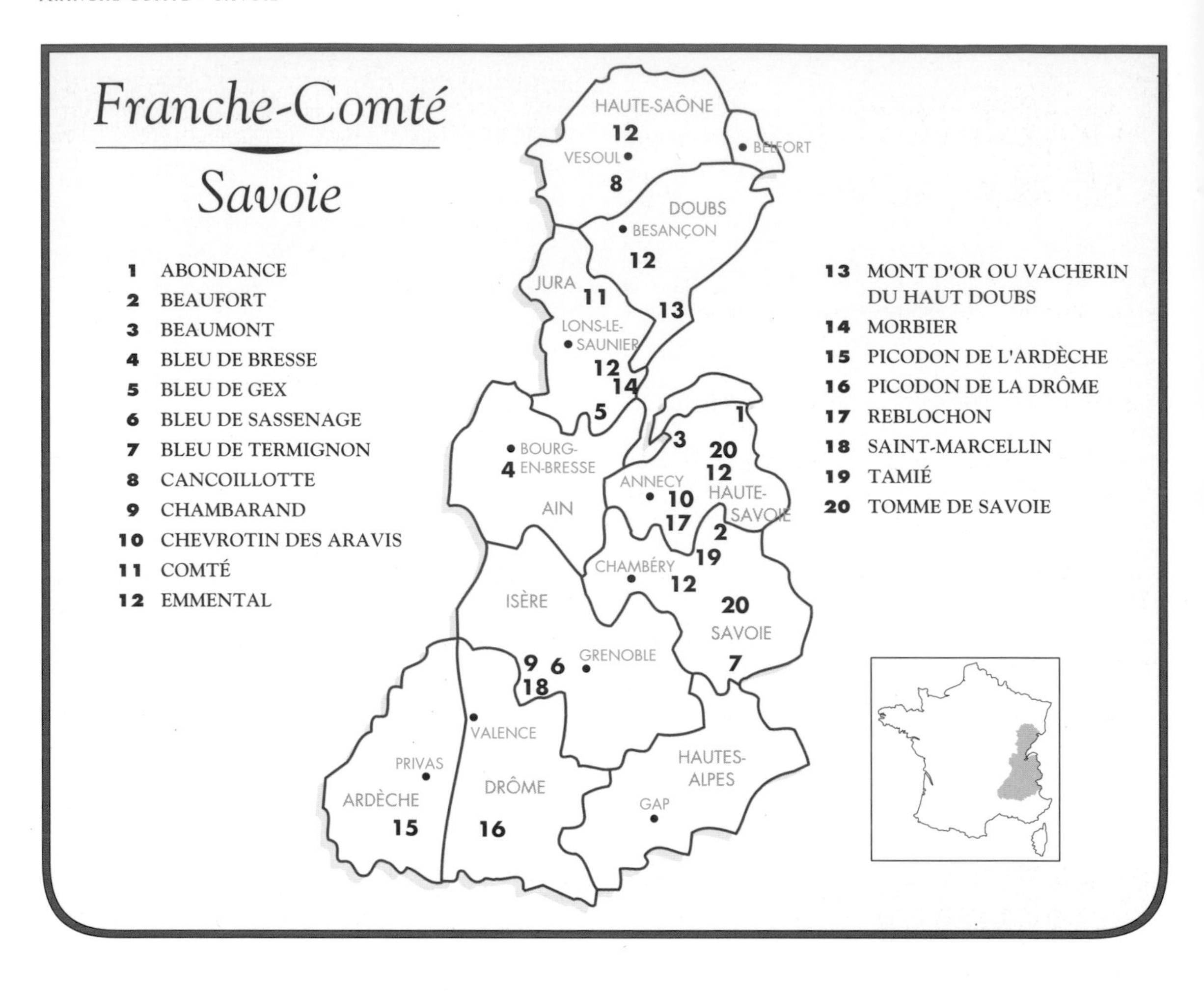

ABONDANCE

AOC	Forme : meule plate, à talon concave
Région : Haute-Savoie	Taille : de 38 à 43 cm de diamètre ; de 7 à 8 cm d'épaisseur
Lait : de vache, cru et entier	Poids : de 7 à 12 kg
Pâte : pressée, demi-cuite	Saveur : fine, franche et noisetée, très légèrement amère
Teneur en matières grasses : 48 % au minimum	
Croûte : morgée	

Meilleure période de consommation : toute l'année, mais plus particulièrement à la fin de l'automne et en hiver

Vins d'accompagnement : les vins blancs secs et légers de Savoie (crépy, marignan, ripaille)

Abondance

Malgré son entrée récente dans la famille des appellations d'origine contrôlée, l'abondance est connu depuis le XIVe siècle. C'est à cette époque que les moines de l'abbaye Sainte-Marie d'Abondance, village du haut Chablais proche d'Évian, ont sélectionné la race bovine abondance, issue des vaches pie-rouge, et entrepris la fabrication de ce fromage rare et délicieux.

L'aire de production de l'abondance correspond aux massifs montagneux de la Haute-Savoie qui s'étendent du val d'Abondance aux Aravis en passant par le pays du Mont-Blanc. Seul le lait des vaches laitières de montagne, des races abondance, tarine et montbéliarde, est utilisé.

Matin et soir, aussitôt après la traite, le lait cru et entier est emprésuré et coagule ; le caillé est aussitôt découpé en grains, brassé 10 minutes environ, puis chauffé à 45-50 °C.

Après un nouveau brassage hors du feu, le caillé est pressé sous toile dans un cercle en bois qui

donnera au talon sa forme concave particulière. Il est ensuite salé à sec ou plongé pour 12 heures dans de la saumure, puis placé en cave fraîche (10 à 13 °C) et humide pour 3 mois au moins, pendant lesquels il est notamment frotté à l'eau salée deux fois par semaine. Sous la croûte marbrée lisse marquée de l'empreinte de la toile, la pâte souple présente quelques petites ouvertures régulières, bien réparties, et quelques fines lainures.

Une plaque d'identité

Comme le beaufort, l'abondance porte sur le talon une plaque de caséine bleue, de forme ovale lorsqu'il est produit à la ferme, carrée lorsqu'il est fabriqué en fruitière.

VOIR PAGE 184

BEAUFORT

AOC
Région : Savoie
Lait : de vache, cru et entier
Pâte : pressée, cuite
Teneur en matières grasses : de 48 à 55 %
Croûte : frottée, légèrement morgée
Forme : meule plate, à talon concave
Taille : de 35 à 75 cm de diamètre ; de 11 à 16 cm d'épaisseur
Poids : de 20 à 60 kg
Saveur : fruitée, salée, avec des arômes floraux
Meilleure période de consommation : hiver, printemps, été
Vins d'accompagnement : le mondeuse rouge, les vins blancs fruités de Savoie (apremont, abymes, roussette)

Baptisé prince des gruyères par le gastronome Brillat-Savarin, le beaufort a été sacré empereur lors de la première Käsiade, concours international prévu tous les 4 ans, qui s'est déroulé à Innsbrück le 14 novembre 1992. En compétition avec vingt fromages de type gruyère provenant de douze pays européens, il a reçu la médaille d'or ! Né au pied du mont Blanc, il est aussi fabriqué dans les vallées de la Maurienne,

Un paysage de la Tarentaise

Beaufort

Le beaufort haute montagne

Le beaufort AOC présente sur le talon une marque de caséine bleue de forme elliptique, placée au moment du pressage, et portant son nom et le numéro de l'atelier de fabrication.

Aujourd'hui produit surtout en fromagerie, il l'est encore parfois dans les chalets d'alpage, en été, et il a alors droit au label « haute montagne » ou « beaufort d'alpage ».

Le brisego

Aujourd'hui, les meules de beaufort imparfaites sont transformées en fromage fondu. Autrefois, on fabriquait le brisego avec les fromages brisés, en malaxant la pâte avant de la laisser fermenter pour obtenir une saveur piquante, voire faisandée.

de la Tarentaise et dans une partie du val d'Arly. Pendant les « 100 jours », de juin à septembre, les vaches de races tarine et abondance vont paître entre 800 et 2 500 m d'altitude.

L'affinage : un long et patient travail

Le beaufort est toujours préparé dans des chaudrons en cuivre contenant jusqu'à 4 000 litres de lait chacun, qui donneront huit meules (pour 1 kg de fromage, il n'en faut pas moins de 10 litres). Le lait, cru et entier, est chauffé à 33 °C, puis additionné de présure préparée à partir de caillette de veau et de recuite. Le caillé est tranché en grains fins qui, brassés et chauffés lentement à 54 °C, rejettent leur petit-lait pendant 45 minutes environ. À l'aide d'une canne de soutirage, le mélange est aspiré et réparti dans huit cloches à la base desquelles se trouvent une toile de lin et un cercle en bois de hêtre ; après décantation, le petit-lait est évacué sur le côté. Les fromages sont alors sortis des cloches, recouverts de la toile et ceinturés par le cercle légèrement renflé et dont l'intérieur est strié à la verticale, d'où la forme concave du talon.

Après 20 à 24 heures de pressage, chaque meule est numérotée, plongée une journée dans la saumure, puis placée sur une planche en épicéa, en cave fraîche (10 °C) et humide, où elle sera à nouveau salée, frottée à la toile et retournée deux fois par semaine.

Au bout de 6 à 7 mois, la croûte propre et solide est brun-roux, et la pâte lisse dépourvue de trous, mais avec quelques fines lainures (voir encadré p. 101).

VOIR PAGE 184

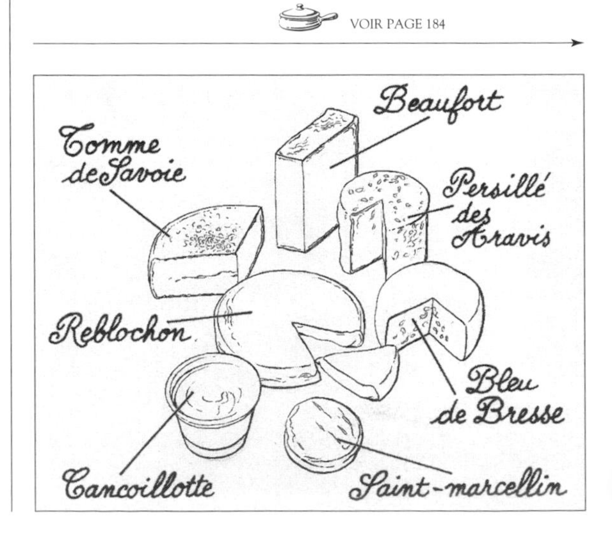

BEAUMONT

RÉGION : Savoie
LAIT : de vache, pasteurisé
PÂTE : pressée, non cuite
TENEUR EN MATIÈRES GRASSES : 50 %
CROÛTE : lavée
FORME : disque
TAILLE : 20 cm de diamètre ; de 4 à 5 cm d'épaisseur
POIDS : 1,5 kg environ
SAVEUR : douce et lactique
MEILLEURE PÉRIODE DE CONSOMMATION : toute l'année
VINS D'ACCOMPAGNEMENT : les vins frais et légers de Savoie, blancs ou rouges (crépy, roussette de Seyssel, ripaille), les beaujolais

SON VILLAGE NATAL a laissé son nom à ce fromage, créé en 1881 par Jérémie Girod. Bien que pasteurisé, le lait de vache parfumé récolté dans les montagnes de Haute-Savoie en fait l'un des meilleurs saint-paulins existants.

Le lait pasteurisé est chauffé à 32-36 °C, puis emprésuré. Après coagulation, le caillé prend la consistance d'un gel homogène et élastique qui ne s'égoutte pas spontanément. Il faut donc le trancher et le brasser afin d'en éliminer le petit-lait. Les grains fins sont de nouveau brassés et lavés à l'eau, puis placés sous presse.

Ce gâteau de caillé est ensuite découpé en parts égales, qui sont plongées pendant quelques heures dans un bain de saumure. Après un ressuyage de 2 ou 3 jours, les fromages sont placés en cave fraîche pour 2 mois environ, durant lesquels ils sont lavés régulièrement à la saumure. Au terme de cette maturation, ils présenteront une pâte souple sous une fine croûte ivoire.

BLEU DE BRESSE

RÉGION : Bresse
LAIT : de vache, pasteurisé
PÂTE : persillée
TENEUR EN MATIÈRES GRASSES : 50 %
CROÛTE : naturelle
FORME : cylindre
TAILLE : de 6 à 10 cm de diamètre ; de 4 à 6,5 cm de haut
POIDS : 125 g, 250 g, 500 g
SAVEUR : douce, peu prononcée
MEILLEURE PÉRIODE DE CONSOMMATION : toute l'année
VINS D'ACCOMPAGNEMENT : les vins rouges légers et fruités du Beaujolais (chenas, brouilly), les vins rouges de Loire (saumur, champigny, chinon...)

APPELÉ AUSSI BRESSE BLEU, le bleu de Bresse est fabriqué industriellement avec du lait de vache pasteurisé à Servas, dans l'Ain, au cœur d'une région réputée pour ses volailles et son gibier.

De création récente – il est né en 1950 –, il est la copie réduite du saingorlon, gros cylindre de 6 à 12 kg, imaginé au début de la Seconde Guerre mondiale pour remplacer le gorgonzola, que l'Italie avait alors cessé d'exporter.

Ces deux fromages tiennent une place à part dans la famille des pâtes persillées. Car c'est leur lait qui est ensemencé, et non leur pâte. Une fois le caillé rompu, égoutté et moulé, il est affiné à sec, en cave fraîche et humide, pendant 2 à 4 semaines, selon sa taille.

La pâte, ivoire, parsemée de veines bleues moins marquées et moins nombreuses que chez les autres bleus, a une saveur assez douce et une texture souple, crémeuse et fondante.

Le bleu de Bresse sera commercialisé sous papier métallique dans un cylindre cartonné.

BLEU DE GEX

AOC
RÉGION : haut Jura
LAIT : de vache, cru et entier
PÂTE : persillée
TENEUR EN MATIÈRES GRASSES : 50 % au minimum
CROÛTE : naturelle, sèche
FORME : meule plane, à talon convexe
TAILLE : de 34 à 36 cm de diamètre ; de 8 à 10 cm d'épaisseur
POIDS : de 7 à 8 kg
SAVEUR : parfumée, noisetée
MEILLEURE PÉRIODE DE CONSOMMATION : été, automne, hiver
VINS D'ACCOMPAGNEMENT : les vins rouges peu corsés, les rosés du Jura, le gamay de Savoie

CE DISQUE SAVOUREUX DE LAITAGE ÉPAISSI – ainsi le qualifiait le poète André Chénier – s'appelle indifféremment bleu de Gex, bleu du haut Jura ou bleu de Septmoncel.

Son ancêtre, qui était gris, fut produit dès le XIIIe siècle par les moines de l'abbaye de Saint-Claude, dans le Jura, et des écrits datant de 1530 nous révèlent qu'il aurait été le fromage favori de l'empereur Charles Quint.

Ce fromage raffiné doit être fabriqué dans la zone de production, uniquement avec du lait cru de vaches de race montbéliarde, nourries au pâturage en été, à l'étable en hiver, avec le foin récolté sur place.

Le lait cru, apporté matin et soir dans les fruitières, est emprésuré à la température de traite (27 °C). Le caillé est finement tranché et brassé à la main, puis placé dans des cuveaux en bois et salé, pour l'égouttage.

Le fromage est ensuite affiné pendant 3 semaines en cave fraîche (12 °C) et humide, où sa pâte s'ensemence spontanément de *Penicillium glaucum*, à l'origine de ses veines bleu verdâtre. Pour que les moisissures se répartissent régulièrement dans la

Les bleus des Alpes

Autour du parc de la Vanoise, on trouve d'autres bleus, comme celui de Tignes, ou tignard, ou celui du mont Cenis, au lait de chèvre ou aux laits de chèvre et de vache mélangés, qui deviennent rares. En Haute-Savoie, le persillé des Aravis, celui de Thônes ou du Grand-Bornand ne sont plus, eux aussi, fabriqués que très localement. Quant au délicieux persillé de Sainte-Foix, sous une croûte brune, épaisse et rustique, il présente une pâte ferme qui, malgré son nom, peut être tout à fait blanche ou plus ou moins veinée de bleu.

Bleu de Gex

Un troupeau de moutons et de brebis à l'alpage

pâte, on pique de part en part les pains de fromage avec de longues aiguilles.

Moins corsé que les autres bleus, avec une saveur légèrement acidulée, le bleu de Gex se reconnaît à sa croûte sèche, blanchâtre, qui porte, gravé sur l'une de ses faces, son nom.

VOIR PAGE 184

BLEU DE SASSENAGE

RÉGION : Vercors	FORME : disque épais
LAIT : de vache, pasteurisé	TAILLE : 28 cm de diamètre ; 8 cm d'épaisseur
PÂTE : persillée	
TENEUR EN MATIÈRES GRASSES : 50 %	POIDS : de 4 à 5 kg
CROÛTE : naturelle, fleur fine	SAVEUR : affirmée, légèrement amère

MEILLEURE PÉRIODE DE CONSOMMATION : toute l'année
VINS D'ACCOMPAGNEMENT : les beaujolais rouges

DÈS LE MOYEN ÂGE, les fermiers du Vercors, confrontés à la rudesse du climat et du relief, décident de transformer sur place en fromage le lait qu'ils ne peuvent transporter. En guise de droit de fermage, ils livrent une partie de leur production au seigneur de Sassenage, au nord de Villard-de-Lans. Si le bleu du Vercors n'est alors connu et apprécié que dans l'enceinte du château, il y gagne une reconnaissance et un nom.

En 1338, le baron Albert de Sassenage autorise, par une charte, les habitants du Vercors à vendre librement leur fromage, dont la réputation va croître jusqu'à devenir, deux siècles plus tard, l'un des fromages préférés de François Ier.

Cité en 1600 par Olivier de Serres dans son *Théâtre d'agriculture et mesnages des champs*, il est également décrit en 1751 dans *l'Encyclopédie* de Diderot, où il est dit qu'il « ne cède en rien aux fromages étrangers ».

Aujourd'hui, il est toujours fabriqué à Villard-de-Lans, mais industriellement. Après maturation du lait, le caillé est tranché, moulé et retourné à la main toutes les heures pendant l'égouttage. Le fromage est ensuite démoulé et salé à la main au gros sel, ce qui lui permet de produire sa propre saumure. Après 2 jours de salage et de retournements, il passe en salle de ressuyage, puis il est ensemencé en surface.

Placé en cave fraîche (8 à 9 °C) et humide, il est piqué à deux reprises à 24 heures d'intervalle, afin de favoriser le développement des moisissures internes. Au bout de 2 mois d'affinage, un fin duvet blanc recouvre sa pâte onctueuse, persillée de veines bleu clair.

BLEU DE TERMIGNON

RÉGION : Savoie	FORME : cylindre
LAIT : de vache, cru et entier	TAILLE : 40 cm de diamètre ; de 12 à 15 cm de haut
PÂTE : persillée	POIDS : de 6 à 7 kg
TENEUR EN MATIÈRES GRASSES : non précisée	SAVEUR : assez douce, légèrement sucrée, pouvant devenir acide
CROÛTE : naturelle	

MEILLEURE PÉRIODE DE CONSOMMATION : automne, hiver, printemps
VINS D'ACCOMPAGNEMENT : les vins frais et légers de Savoie (mondeuse, roussette) ou les vins rouges assez puissants des Côtes-du-Rhône, selon le degré de maturation

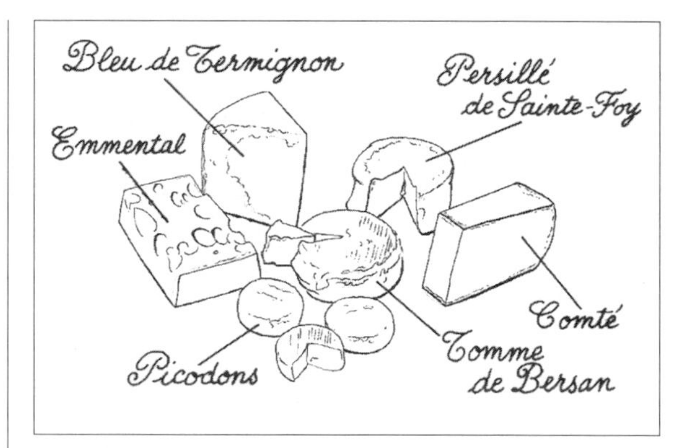

S'IL EST ENCORE PEU RÉPANDU, le bleu de Termignon n'en est pas pour autant une nouveauté. Charlemagne et, beaucoup plus tard, Charles Quint l'auraient apprécié. On en trouve trace dans des archives datant de la Révolution, conservées par le prêtre de Termignon, commune proche de Lanslebourg, dans la vallée de l'Arc, en Savoie. Ce fromage, fabriqué par trois ou quatre familles du village seulement, n'était plus commercialisé que très localement jusqu'à ce que Jacques Vernier, fromager à Paris et savoyard d'origine, le redécouvre au début des années 1980 et lui fasse franchir les frontières de son pays natal.

Termignon se situe à la lisière du parc national de la Vanoise, dont la faune et la flore sont strictement protégées. Pourtant, des troupeaux de vaches brunes, qui donnent un lait riche et parfumé, ont le droit de paître pendant l'estive – du 15 juin au 15 octobre – sur les versants de ce massif dont l'altitude dépasse souvent 2 500 m.

Le lait du jour, mélangé à un reste de celui de la veille, est chauffé à 37 °C et emprésuré. Une fois égoutté, le caillé est placé avec du petit-lait aigrelet dans un bac en bois où, pendant 1 à 2 jours, il va prendre peu à peu son acidité. À l'aide d'une sorte de gros hachoir mécanique, il est cassé puis pétri avec une quantité égale de caillé frais et du sel, puis mis à égoutter dans un moule en bois garni d'une toile. Retourné quotidiennement pendant 8 à 10 jours, le fromage durcit ; il est alors placé dans une cave creusée dans la montagne, où, une fois piqué, il va s'ensemencer naturellement. Après 4 à 8 mois d'affinage avec retournements réguliers, la croûte sèche est brune avec des reflets orangés et piquée de points jaunes, et la pâte jaune clair, de texture brisante comme celle du cantal, présente des bleuissements plus ou moins marqués qui se développent de l'extérieur vers l'intérieur, et non à partir du centre, comme chez la plupart des bleus. La saveur douce et légèrement sucrée de la partie claire fait place à une certaine acidité en allant vers la partie bleue.

CANCOILLOTTE

RÉGION : Franche-Comté
LAIT : de vache, cru, écrémé
PÂTE : fondue, à texture liquide
TENEUR EN MATIÈRES GRASSES : 30 % ; metton : entre 0 et 1 %
CROÛTE : inexistante
FORME : celle du récipient utilisé
TAILLE : variable
POIDS : variable
SAVEUR : prononcée, fruitée, souvent aromatisée (vin blanc, ail, cumin...)
MEILLEURE PÉRIODE DE CONSOMMATION : toute l'année
VINS D'ACCOMPAGNEMENT : les vins rouges, rosés ou blancs, fruités et charpentés du Jura, le champlitte blanc ou rosé

SPÉCIALITÉ FROMAGÈRE plutôt que véritable fromage, la cancoillotte, appelée précisément autrefois fromagère, semble exister dans la région depuis plus de 2 000 ans. En effet, des écrits romains relatant la prise de la Séquanie – correspondant à l'actuelle Franche-Comté –, en l'an 58 avant J.-C., en font déjà mention.

Il n'y aurait pas de cancoillotte sans metton. Celui-ci se prépare soit avec du lait cru, écrémé, que les fermiers récupèrent après avoir fait le beurre, soit avec le petit-lait issu de l'égouttage du caillé des fromages de grande forme dans les fruitières. Le caillé est alors recuit, c'est-à-dire chauffé à une température maximale de 60 °C. Le bloc de metton blanc (0 à 1 % de matières grasses) ainsi obtenu est pressé, émietté et brassé, puis mis à fermenter lentement en cave chaude ou, comme autrefois, sous l'édredon, jusqu'à ce que ses grains soient jaunes et dégagent une odeur assez forte. On le fait alors fondre avec de l'eau, du sel et 30 % de son poids en beurre pour obtenir une pâte consistante, que l'on verse dans des bols. On y ajoute éventuellement du poivre, de l'ail, du cumin, du vin blanc, ou encore on remplace l'eau par du lait.

Vendue dans le commerce en pots de 200 à 400 g, la véritable cancoillotte, fabriquée exclusivement dans les départements du Doubs, du Jura, de la Haute-Saône et dans le territoire de Belfort, porte le label régional de Franche-Comté.

CHAMBARAND

RÉGION : Dauphiné
LAIT : de vache, cru et entier
PÂTE : molle, légèrement pressée
TENEUR EN MATIÈRES GRASSES : 45 %
CROÛTE : lavée
FORME : disque, à talon convexe
TAILLE : 9 cm de diamètre et 2 cm d'épaisseur ; 11 cm de diamètre et 3 cm d'épaisseur ; 19 cm de diamètre et 5 cm d'épaisseur
POIDS : 160 g, 300 g, 1,5 kg
SAVEUR : douce, noisetée, onctueuse
MEILLEURE PÉRIODE DE CONSOMMATION : été, automne
VINS D'ACCOMPAGNEMENT : les vins rouges légers et fruités des Côtes-du-Rhône (cornas, gigondas, hermitage)

SITUÉE À MI-CHEMIN entre Grenoble et Valence, l'abbaye Notre-Dame-de-la-Trappe de Chambarand s'élève à 600 m d'altitude au sud du Grésivaudan, riche pays d'agriculture et d'élevage. Fondée en 1868, elle abrite depuis 1932 une fromagerie où les moniales fabriquent le chambarand.

Collecté dans les fermes de la région, le lait cru et entier est traité chaque jour. Le caillé obtenu par présure est délicatement découpé, moulé et légèrement pressé. Une fois égoutté, le fromage est plongé dans un bain de saumure, puis placé en cave fraîche et humide où, pendant 3 à 4 semaines, il est lavé à l'eau salée, frotté et retourné soigneusement. Le chambarand présente alors, sous une croûte lisse ocre rosé, une pâte souple.

La fromagerie de l'abbaye de Chambarand

CHEVROTIN DES ARAVIS

RÉGION : Savoie	FORME : disque
LAIT : de chèvre	TAILLE : de 12 à 13 cm de diamètre ; 4 cm d'épaisseur
PÂTE : molle, légèrement pressée	POIDS : de 400 à 700 g
TENEUR EN MATIÈRES GRASSES : 45 %	SAVEUR : assez douce, mais nettement caprine
CROÛTE : naturelle, lavée	

MEILLEURE PÉRIODE DE CONSOMMATION : été, automne
VINS D'ACCOMPAGNEMENT : les vins frais et légers de Savoie, rouges ou blancs (roussette de Seyssel, apremont, abymes), le mâcon blanc

TRÈS PROCHE DU REBLOCHON par son aspect, ce fromage, appelé également chevrotin du Grand-Bornand, l'est aussi par sa patrie d'origine – la chaîne des Aravis, en Haute-Savoie. Il est fabriqué en chalet de montagne avec du pur lait de chèvre, très aromatique, car les bêtes se nourrissent durant l'estive de la flore odorante des alpages. Le caillé obtenu par présure est découpé, égoutté en faisselles, moulé dans des formes garnies de toile et légèrement pressé. Le fromage s'affine ensuite pendant 2 mois en cave humide, avec lavages réguliers. La croûte mince, jaune orangé, recouvre alors une pâte souple de couleur ivoire.

Les gratarons

Le grataron de Haute-Luce et celui d'Arèches, fromages savoyards au lait de chèvre de fabrication très locale, sont apparentés au chevrotin des Aravis.

Au cours de son affinage en cave de 2 à 3 mois, avec retournements fréquents, sa croûte naturelle se pique de points jaunes ou rouges en fonction de l'humidité.

CHEVROTIN DES BAUGES

RÉGION : Savoie	FORME : cylindre
LAIT : de chèvre	TAILLE : de 12 à 13 cm de diamètre ; de 5 à 6 cm d'épaisseur
PÂTE : sèche, légèrement pressée	
TENEUR EN MATIÈRES GRASSES : 45 %	POIDS : 400 g environ
CROÛTE : naturelle	SAVEUR : légèrement caprine, avec un léger goût d'amande

MEILLEURE PÉRIODE DE CONSOMMATION : été, automne
VINS D'ACCOMPAGNEMENT : les vins blancs de Savoie, le mondeuse rouge

LE MASSIF DES BAUGES se situe en demi-altitude (entre 1 000 et 2 800 mètres), dans le triangle Annecy-Chambéry-Albertville. Il est particulièrement réputé pour la qualité de ses prés et de ses alpages. Contrairement au chevrotin des Aravis qui s'inspire de la fabrication du reblochon, le chevrotin des Bauges ressemble beaucoup plus à la tomme de Savoie, et même à la tomme des Bauges.

COMTÉ

AOC	FORME : meule, à talon droit ou légèrement convexe
RÉGION : Franche-Comté	
LAIT : de vache, cru	TAILLE : de 40 à 70 cm de diamètre ; de 9 à 13 cm d'épaisseur
PÂTE : cuite, pressée	
TENEUR EN MATIÈRES GRASSES : 45 % au minimum	POIDS : de 35 à 55 kg
CROÛTE : naturelle, morgée	SAVEUR : franche, fruitée, au goût de noisette

MEILLEURE PÉRIODE DE CONSOMMATION : de l'automne au printemps
VINS D'ACCOMPAGNEMENT : les vins blancs secs et les vins jaunes du Jura (arbois, château-châlon), les vins rouges légers (bourgueil, saumur)

C'EST AU XIIIe SIÈCLE qu'apparaissent en Franche-Comté les premières fructeries, les actuelles fruitières, où les éleveurs apportaient chaque jour le fruit tout frais de la traite de leurs vaches ; ce lait était utilisé pour fabriquer un fromage de grande forme, appelé à l'origine vachelin, puis gruyère de comté et, de nos jours, comté. Dans cette contrée aux hivers longs et rudes, cette production permettait aux fermiers de constituer des réserves de nourriture pour la mauvaise saison.

Le lait du comté – un des premiers fromages à avoir bénéficié d'une AOC – doit provenir exclu-

La marque du comté

Comté

Avec ou sans trous ?

Pourquoi les fromages à pâte pressée cuite tels que l'emmental, le comté ou le beaufort présentent-ils des trous plus ou moins gros, plus ou moins nombreux, ou pas du tout ?

Les ferments nécessaires à la maturation produisent dans la pâte du gaz carbonique qui, en se dilatant, forme les trous. Plus la température de la cave est élevée, plus la fermentation augmente et plus les trous grossissent. Ainsi, l'emmental, affiné en milieu chaud (entre 22 et 25 °C), présente des trous variant de la taille d'une cerise à celle d'une noix, tandis que le comté, affiné à moins de 19 °C, en a peu, nettement plus petits. Quant au beaufort, mûri lentement en cave fraîche (10 °C), il ne présente que de fines lainures, simples ébauches de trous.

sivement de vaches de race montbéliarde ou pie-rouge de l'Est. Il est interdit de leur donner des aliments fermentés ; en hiver, elles sont donc nourries à l'étable de foin séché à l'air libre, et leur lait a ainsi toute l'année le goût naturel et fleuri des prairies jurassiennes. Les additifs et les colorants étant également proscrits, cette alimentation fait que la pâte du comté n'a pas toujours la même couleur : en été, elle est d'un jaune assez soutenu, avec une saveur fruitée, alors qu'en hiver elle est plutôt ivoire, avec un léger goût de noisette. Aujourd'hui encore, les fermiers mettent leur lait en commun : il en faut en effet de 350 à 500 litres pour faire une meule de comté. Le fromager ajoute au liquide chauffé à 33 °C la présure naturelle à la caillette de veau, qui va le faire coaguler en 30 minutes environ. Il découpe ensuite ce caillé en morceaux de la taille d'un grain de blé.

Ces grains de fromage sont chauffés à 55 °C pendant 45 minutes au moins, et brassés pour être répartis de façon homogène dans le petit-lait. Le fromager va alors tirer le caillé à l'aide d'une toile de lin (on en retrouvera l'empreinte sur la croûte) qu'il plonge dans la masse – opération autrefois manuelle, mais de plus en plus mécanisée –, puis le porter dans un cercle de bois, où il le pressera légèrement pendant 24 heures et le retournera régulièrement. Le lendemain, le caillé est transporté en cave de préaffinage (10 à 12 °C), où il restera au moins 3 semaines ; là, il est frotté tous les 2 jours avec un linge imprégné d'eau salée (la morge) et retourné. Il est enfin placé dans une cave tiède (moins de 19 °C) et humide (92 %).

Pendant la période d'affinage, qui varie de 3 à 10 mois, les meules sont régulièrement retournées et frottées avec de la morge. Lentement, le comté mûrit ; sa croûte de couleur jaune doré à brun devient épaisse et un peu rugueuse ; sa pâte, souple et onctueuse, acquiert sa délicieuse saveur.

Une bonne note pour le comté

Avant sa commercialisation, chaque meule de comté est notée par une commission composée de cinq membres, dont trois sont des professionnels représentant le CIGC, Comité interprofessionnel du gruyère de comté.

Le barême est le suivant :

- goût 9
- pâte 5
- ouverture* 3,5
- croûte 1,5
- forme 1

soit un total de 20 points.

Seules les meules ayant obtenu une note supérieure à 15/20 auront le droit d'arborer sur leur talon la bande de marquage de couleur verte portant la mention « comté extra » accompagnée d'une clochette. Si la note est comprise entre 12 et 15, la bande de marquage, brune, ne mentionnera que le mot « comté ». En-dessous de 12, le fromage sera déclassé et privé de l'appellation.

* L'ouverture est le nombre de trous rencontrés sur le trajet d'une sonde de 1 cm de diamètre enfoncée dans le fromage sur 10 cm de profondeur. De 1 à 3, ils doivent être sphériques, bien répartis, de la taille d'un pois à celle d'une cerise ; on dit également « œil de perdrix ».

Quelques chiffres

- 3 400 producteurs de lait
- 480 millions de litres de lait par an
- 230 fruitières
- 38 000 tonnes de comté par an
- 20 maisons d'affinage

VOIR PAGE 179

EMMENTAL

Région : Franche-Comté, des Vosges aux Savoies	**Forme** : meule ventrue, à talon convexe
Lait : de vache, cru ou pasteurisé	**Taille** : de 70 cm à 1 m de diamètre ; de 22 à 25 cm d'épaisseur
Pâte : pressée, cuite	
Teneur en matières grasses : 45 %	**Poids** : de 60 à 80 kg
Croûte : naturelle, brossée	**Saveur** : fruitée

Meilleure période de consommation : toute l'année, mais surtout d'octobre à janvier

Vins d'accompagnement : les vins fruités et légers du Jura (arbois pupillin rosé ou blanc)

Comme les autres fromages de type gruyère, l'emmental, le plus grand des fromages, est fabriqué dans le massif jurassien depuis le XIIIe siècle au moins. C'est à cette époque, comme en témoignent des documents écrits (*Histoire des communes de Levier et Deservillers*, 1264 et 1267), que les fermiers de la région se sont associés en fructeries afin de produire ces fromages de grande forme (il ne faut pas moins de 700 à 900 litres de lait pour fabriquer une meule). Au XIXe siècle, des fromagers de la vallée de l'Emme, en Suisse, venus s'installer de ce côté-ci du Jura, auraient donné son nom à l'emmental, dont la fabrication s'est peu à peu étendue depuis les Vosges jusqu'aux Savoies. Mais seuls sont vraiment reconnus deux labels de qualité : le « grand cru label rouge », exclusivement réservé aux fromages fabriqués au lait cru et affinés dans l'Est central, et le label « Savoie », attribué à ceux qui sont produits en Savoie et en Haute-Savoie, selon une réglementation précise.

Le lait produit par des vaches strictement sélectionnées, adaptées aux conditions géographiques et climatiques de l'Est central, tire de la diversité de la flore un goût très spécifique. Le régime vert – les pâturages d'été – et le régime d'or – le foin séché pour l'hiver – sont des impératifs d'alimentation de ces troupeaux, de même que l'interdiction de toute nourriture fermentée.

En outre, dans le cas du « grand cru », le lait n'est jamais réchauffé à plus de 32 °C avant l'emprésurage ; après coagulation, le caillé est tranché en grains fins qui se séparent du petit-lait. Le tout est alors brassé et réchauffé à 55 °C pendant 1 à 2 heures, recueilli dans une toile et mis sous presse dans un moule où il va s'égoutter pendant 20 heures environ. Après un salage de 24 à 48 heures dans un bain de saumure, les meules blanches commencent à mûrir en cave fraîche (13 °C) pendant 10 à 20 jours ; elles poursuivent leur maturation en cave plus chaude (22 à 25 °C), afin que les trous caractéristiques de l'emmental, de la taille d'une grosse cerise à celle d'une noix, puissent se développer (voir encadré p. 101). Après un affinage de 10 à 12 semaines, au cours desquelles il est régulièrement brossé, l'emmental présente une pâte fine sous une croûte lisse jaune doré portant, sur son talon, un cercle de caséine rouge.

L'emmental « grand cru label rouge »

Bien que l'emmental « grand cru » ne soit pas protégé par une AOC, il est soumis, comme son proche parent le comté, à un examen sévère au terme duquel il devra obtenir une note minimale de 16/20 pour pouvoir être commercialisé avec le label rouge.

Critère	Note
– forme : régulière	2
– croûte : propre, lisse, de couleur jaune doré clair	2
– pâte : ivoire, fine, souple et non collante	6
– goût et odeur : franc et fruitée	6
– ouvertures : de forme sphérique à ovale	4

La traite à l'alpage

L'origine du mot gruyère

Au Moyen Âge, le lait destiné à la fabrication des fromages de grande forme était chauffé au feu de bois. Il fallait donc des quantités importantes de combustible, et les fermiers traitaient avec les officiers gruyers, les agents qui géraient les forêts (jadis appelées grueries). Par extension, on a baptisé à tort gruyère ces fromages à pâte cuite. Aujourd'hui, ce nom est officiellement celui d'un fromage suisse, originaire de la ville du même nom, et appelé également fribourg (voir p. 149).

MONT-D'OR OU VACHERIN DU HAUT DOUBS

AOC
RÉGION : Doubs
LAIT : de vache, cru, entier
PÂTE : molle, légèrement pressée
TENEUR EN MATIÈRES GRASSES : 45 % au minimum
CROÛTE : lavée, fleurie
FORME : disque
TAILLE : 15, 24 ou 32 cm de diamètre ; de 4 à 5 cm d'épaisseur
POIDS : de 500 g à 1 kg (fromage individuel), de 1,8 à 3 kg (à la coupe)
SAVEUR : douce, crémeuse, légèrement balsamique
MEILLEURE PÉRIODE DE CONSOMMATION : fin de l'automne et hiver
VINS D'ACCOMPAGNEMENT : les vins fruités blancs ou rouges d'Arbois, le côtes-du-jura blanc ou rosé, les vins blancs secs de Savoie (seyssel, ripaille, marignan)

PRÉSENTÉ DEPUIS TOUJOURS dans sa boîte en bois d'épicéa, le mont-d'or ou vacherin du haut Doubs – qu'il ne faut pas confondre avec le vacherin mont-d'or, suisse – a longtemps été appelé fromage de boëtte, fromage de bois, fromage gras ou fromage de crème. Son origine est mal connue, mais on en trouve trace vers 1800 dans une lettre d'Eugène Droz, historien à Pontarlier, adressée à Antoine Parmentier : « On fait dans un genre opposé [au septmoncel] des fromages dits de crème. Une de mes parentes en a introduit l'usage il y a soixante ans à Bonnevaux [...] [soit vers 1740] [...] et ils se sont étendus dans la terre de Mouthe et du mont d'Or. » Hélas, Eugène Droz ne précise pas l'origine de sa fabrication. Mais, déjà à cette époque, Brillat-Savarin le tenait pour le plus grand fromage français.

Mont-d'or

Le mont-d'or est encore exclusivement fabriqué sur les plateaux du massif jurassien situés entre 700 et 1 400 m d'altitude, le long de la frontière suisse, depuis la source du Doubs jusqu'au saut du Doubs, respectivement au sud et au nord de Pontarlier. Sa fabrication ne permet pas une mécanisation poussée ; elle est donc restée très artisanale.

Les vacherins

Il existe d'autres vacherins, très proches du mont-d'or : le vacherin des Aillons, fabriqué à Aillon-le-Jeune et à Aillon-le-Vieux, en Savoie, le vacherin des Bauges, originaire de la même région et lavé au vin blanc, et le vacherin d'Abondance, de Haute-Savoie. Ils présentent tous la particularité unique de se déguster à la petite cuiller.

À l'automne, lorsque les bêtes regagnent l'étable, elles ne produisent plus suffisamment de lait pour permettre la production des fromages de grande forme tels que le comté ou l'emmental. Du 15 août au 31 mars, les fruitières se consacrent à la préparation des « petits » fromages.

Le mont-d'or est fabriqué uniquement avec le lait cru, riche et parfumé, des vaches montbéliardes et pie-rouge de l'Est. Le caillé obtenu par emprésurage est découpé en cubes de 4 cm. Après deux à quatre brassages séparés par des temps de repos, il est moulé au seau dans de gros tubes de 15 cm de diamètre et de 30 cm de haut. Au cours de l'égouttage, qui dure 1 h 30 environ, il est retourné deux à trois fois. Démoulé, il est découpé en cylindres plats qui sont ensuite cerclés d'une sangle en aubier d'épicéa.

Une fois pressé et salé, soit par saupoudrage de sel sur les deux faces, soit par saumurage, le fromage est placé sur des planches du même bois, les foncets, dans une cave tempérée (moins de 15 °C). Après 3 semaines de retournements et de frottages quotidiens à l'eau salée, il termine son affinage dans sa boîte traditionnelle en épicéa, d'un diamètre légèrement inférieur afin de le compresser, ce qui lui donne une croûte plissée. Une semaine après la mise en boîte, le mont-d'or peut être commercialisé.

Les sangliers

Ils ne sont plus qu'une dizaine, ces spécialistes héritiers d'une technique très ancienne, qui préparent les sangles d'épicéa. L'écorce, débarrassée du «noir» à l'aide d'une « cuiller » ou « poussette », est débitée en bandelettes. Celles-ci sont roulées par paquets de dix et mises à sécher, puis à tremper, soit pendant 24 à 48 heures dans de l'eau salée à 15-20 °C, soit pendant 1 à 2 heures dans de l'eau bouillante, puis dans de l'eau salée à 15-20 °C. (Le sel limite le développement des micro-organismes indésirables.) Elles sont ensuite placées autour du fromage et maintenues par une cheville en bois.

VOIR PAGE 185

MORBIER

RÉGION : Franche-Comté
LAIT : de vache, cru
PÂTE : pressée, non cuite
TENEUR EN MATIÈRES GRASSES : 45 % au minimum
CROÛTE : morgée
FORME : disque épais, à talon légèrement convexe
TAILLE : de 30 à 40 cm de diamètre ; de 6 à 8 cm d'épaisseur
POIDS : de 5 à 9 kg
SAVEUR : franche, fruitée
MEILLEURE PÉRIODE DE CONSOMMATION : de mars à octobre
VINS D'ACCOMPAGNEMENT : les arbois rouge ou blanc, le sancerre, le muscadet, le pouilly-sur-loire

LES FERMIERS DE MORBIER, village jurassien proche de Morez, ont inventé ce fromage au XIXe siècle, quand ils protégeaient jusqu'au lendemain matin le reste de caillé de la cuve de comté en le recouvrant d'une couche de cendre de bois. Une nouvelle épaisseur de caillé venait alors coiffer la première. L'ensemble était ensuite pressé, puis placé en cave humide et fraîche (de 12 à 14 °C). Après un affinage de 2 à 3 mois, pendant lesquels la croûte est brossée à l'eau salée – morgée – deux fois par semaine, le fromage présente, sous une fine croûte gris clair à beige, une pâte traversée par une ligne horizontale noire. Celle-ci ne s'obtient traditionnellement que si le caillé est chauffé sur un vrai feu de bois ; le fermier

frotte ses mains sur la suie du chaudron et en enduit la première couche du fromage.

Le morbier est aujourd'hui fabriqué par des fruitières ou des coopératives fromagères du Doubs et du Jura. Mais le plus authentique, au lait cru, savoureux et fruité, est protégé par le label régional de Franche-Comté et fait actuellement l'objet d'une demande d'AOC.

Le mamirolle

Ce fromage en forme de brique, à pâte pressée non cuite sous une croûte lavée jaune orangé ou rougeâtre, a une saveur assez douce ou plus prononcée. Il est fabriqué à la fromagerie de l'École nationale d'industrie laitière, établie à Mamirolle, dans le Doubs, à l'est de Besançon.

PICODON DE L'ARDÈCHE, PICODON DE LA DRÔME

AOC
RÉGION : Dauphiné, Vivarais
LAIT : de chèvre, entier
PÂTE : molle
TENEUR EN MATIÈRES GRASSES : 45 %
CROÛTE : naturelle, fleurie
FORME : petit palet rond
TAILLE : de 4 à 7 cm de diamètre ; de 1,8 à 2,5 cm d'épaisseur
POIDS : 60 g en moyenne
SAVEUR : caprine, franche, plus ou moins prononcée selon le degré d'affinage
MEILLEURE PÉRIODE DE CONSOMMATION : fin de l'été, automne
VINS D'ACCOMPAGNEMENT : les vins des Côtes-du-Rhône rouges, rosés ou blancs, les vins blancs de Touraine

NÉ DANS LES MONTAGNES DE L'ARDÈCHE et de la Drôme, le picodon, protégé par une AOC, est fabriqué au pur lait de chèvre. Son terroir comprend les départements de l'Ardèche et de la Drôme, ainsi que les cantons de Barjac, dans le Gard, et de Valréas, dans le Vaucluse.

Picodons

Le lait entier est d'abord additionné d'une faible quantité de présure animale et, une fois caillé, versé à la louche dans des moules perforés.

Après égouttage, salage en deux temps au sel sec, fin ou demi-gros, et séchage sur grille, les fromages vont subir un affinage de 12 jours, et pour le picodon Dieulefit AOC, de 1 mois entrecoupé d'au moins deux lavages.

VOIR PAGE 179

REBLOCHON

AOC
RÉGION : Savoie et Haute-Savoie
LAIT : de vache, cru, entier
PÂTE : légèrement pressée, non cuite
TENEUR EN MATIÈRES GRASSES : 45 % au minimum
CROÛTE : lavée
FORME : disque
TAILLE : de 13 à 14 cm de diamètre et 3,5 cm d'épaisseur ; 9 cm de diamètre et 3 cm d'épaisseur pour le petit format
POIDS : entre 450 et 550 g ; de 240 à 280 g pour le petit format
SAVEUR : délicate, à l'arrière-goût de noisette
MEILLEURE PÉRIODE DE CONSOMMATION : toute l'année, mais surtout en été et en automne
VINS D'ACCOMPAGNEMENT : les vins blancs de Savoie, fruités et secs (crépy, seyssel, roussette, marestel), les vins rouges légers et fruités du Beaujolais (fleurie, chenas, brouilly)

LE REBLOCHON est le premier fromage savoyard à pâte pressée non cuite qui ait bénéficié d'une AOC. Le lait cru et entier provenant des trois seules races autorisées – abondance, tarine et montbéliarde – est emprésuré immédiatement après la traite, matin et soir. Le caillé, tranché et égoutté, est versé dans des moules garnis de toile puis légèrement pressé, mais il ne subit aucune fermentation.

Après le saumurage et le séchage en hâloir, il va s'affiner pendant 2 à 5 semaines en cave fraîche (moins de 16 °C). Lavé au petit-lait et retourné tous les 2 jours, il se pare peu à peu d'une croûte jaune safran recouverte d'une fine mousse blanche.

Fabriqué et affiné dans les fromageries ou fruitières d'une grande partie de la Haute-Savoie et de quelques communes de Savoie, le reblochon fruitier ou laitier porte sur une de ses faces une plaque de caséine rouge, tandis que le fermier,

Reblochon

produit uniquement dans les fermes du pays de Thônes ou en alpage durant l'été, se reconnaît à sa plaque de caséine verte apposée sur son talon. Avant d'être emballé, le reblochon est placé sur un faux fond d'épicéa tranché.

Fruit de la fraude

Apparu au XIVe siècle dans la vallée de Thônes, en Haute-Savoie, le reblochon est né de la fraude. À cette époque, les fermiers devaient acquitter, pour la location d'un alpage, une redevance en fromages proportionnelle à la quantité de lait fournie par leurs troupeaux. Aussi ne trayaient-ils pas complètement leurs vaches le jour où le propriétaire venait mais, dès son départ, ils terminaient leur ouvrage : ils « re-blochaient », pinçaient le pis de la vache une seconde fois. Ce lait très gras servait aussitôt à la fabrication des reblochons.

Plus tard, au XVIIe siècle, après que les moines chartreux eurent défriché la combe du Reposoir, berceau de ces fromages, les paysans leur demandaient chaque année de venir bénir leurs chalets, et les remerciaient en leur offrant des reblochons. De fromage de fraude, le reblochon devint fromage d'actions de grâces.

Le retournement des reblochons

Le colombière

Très proche du reblochon, quoique plus gros (de 15 à 16 cm de diamètre et de 3 à 4 cm d'épaisseur pour un poids de 600 à 750 g), le colombière est un fromage local, qui porte le nom d'un col proche de la combe du Reposoir.

VOIR PAGE 184

SAINT-MARCELLIN

Région : vallée de l'Isère
Lait : de vache, pasteurisé
Pâte : molle
Teneur en matières grasses : 50 %
Croûte : naturelle
Forme : petit palet
Taille : de 7 à 8 cm de diamètre ; 2 cm d'épaisseur
Poids : 80 g environ
Saveur : douce, légèrement acide
Meilleure période de consommation : toute l'année, mais surtout d'avril à septembre
Vins d'accompagnement : les vins rouges légers et fruités (beaujolais, côtes-du-rhône, côtes-de-provence), les vins blancs de Savoie, les vins blancs des Côtes-du-Rhône (condrieu, château-grillet)

Fabriqué tout d'abord au pur lait de chèvre, puis à partir de 1876 aux laits de chèvre et de vache mélangés, le saint-marcellin est défini par un décret comme fromage au lait de vache emprésuré. À l'origine, les paysans de la région de Saint-Marcellin le fabriquaient à la ferme pour leur propre consommation et en vendaient l'excédent au marché de la petite ville. À partir de 1870, des tournées de ramassage furent organisées pour approvisionner les grands centres voisins comme Lyon, Grenoble, Saint-Étienne ou Avignon. Le succès venant, les fromageries s'installèrent sur place vers 1925 et en reprirent la fabrication. Sacha Guitry dirait bientôt : « Saint Marcellin, comme je comprends qu'on l'ait canonisé ! »

Le lendemain de l'emprésurage, le caillé est moulé à la louche dans des faisselles où il s'égoutte pendant 3 heures. Il est alors salé sur une face et retourné, puis, 2 jours après, démoulé et salé sur l'autre face. Après une semaine de séchage, les petits palets sont couchés sur des paillons et placés pendant 1 mois en cave humide et tempérée. Toutefois, selon Renée Richard, célèbre fromagère lyonnaise, il faut prolonger l'affinage de 2 semaines, au cours desquelles les fromages sont ventilés pour mieux sécher, salés de nouveau et retournés matin et soir sur des palettes humides. Ils acquièrent ainsi une belle couleur dorée et leur pâte devient fondante, presque coulante. Il faut regretter que les habitants des autres grandes villes, et notamment les Parisiens, le mangent plutôt blanc.

Petite histoire du saint-marcellin

Le futur Louis XI, chassant le loup dans le Vercors, aurait été sauvé des griffes d'un ours de taille imposante par deux bûcherons qui lui offrirent, pour le revigorer, du fromage de la vallée. Le dauphin le trouva délicieux et, pour les remercier, leur accorda un titre de noblesse et la promesse de 10 000 écus… qu'ils ne reçurent jamais. Mais le saint-marcellin figura bientôt sur la table du roi, à Plessis-lès-Tours. Son succès était assuré.

TAMIÉ

Région : Savoie (massif des Bauges)
Lait : de vache, cru et entier
Pâte : pressée, non cuite
Teneur en matières grasses : 50 %
Croûte : lavée
Taille : de 12 à 13 cm de diamètre et 4 cm d'épaisseur ; 18 cm de diamètre et de 4,5 à 5 cm d'épaisseur
Poids : 600 g environ ; de 1,2 à 1,4 kg
Saveur : douce, un peu amère
Meilleure période de consommation : été, automne
Vins d'accompagnement : les vins blancs légers et frais de Savoie (abymes), les vins rouges fruités (mondeuse)

Fondée en 1132, l'abbaye cistercienne de Notre-Dame-de-Tamié se dresse à 900 m d'altitude sur le flanc est du massif des Bauges. Sans doute influencée par la proximité du pays de Thônes, berceau du reblochon, la communauté franc-comtoise qui s'installa à la fin du XIXe siècle dans l'abbaye, fermée depuis la Révolution, entreprit de fabriquer un fromage proche du célèbre savoyard, mais à la saveur plus rustique et plus amère.

Chaque jour, les trappistes récoltent le lait des vaches qui paissent dans les riches pâturages entourant le monastère. Le caillé obtenu par présure est découpé, soigneusement brassé, moulé dans des formes cylindriques puis pressé.

Après le démoulage, les fromages sont immergés dans la saumure et rejoignent enfin les caves où, régulièrement lavés, ils vont mûrir durant 3 à 4 semaines et former une croûte couleur safran recouverte d'un léger duvet blanc, garantie de leur parfait affinage.

TOMME DE SAVOIE

Région : Savoie
Lait : de vache, cru ou pasteurisé, partiellement écrémé
Pâte : pressée, non cuite
Teneur en matières grasses : de 20 à 40 %
Croûte : naturelle, brossée
Forme : cylindre assez épais
Taille : 20 cm de diamètre ; de 6 à 12 cm d'épaisseur
Poids : de 1,8 kg à 3,5 kg
Saveur : douce, noisetée, avec parfois un léger goût de moisissure
Meilleure période de consommation : toute l'année, surtout en automne
Vins d'accompagnement : les vins de Savoie rouges ou blancs, légers et fruités (seyssel, ripaille, marignan, crépy)

Produit de Savoie et de Haute-Savoie, la tomme (ou tome) était à l'origine un fromage de consommation familiale. Elle se prépare surtout en hiver, lorsque les vaches ont regagné l'étable et qu'elles ne produisent plus assez de lait pour que l'on puisse faire des fromages de grande forme. La tomme correspond bien aux actuels soucis diététiques, car elle est relativement pauvre en matières grasses. La crème du lait est en effet consommée telle quelle ou transformée en beurre.

Le caillé obtenu par présure est découpé, brassé dans la cuve, moulé, pressé puis salé. Les fromages sont ensuite placés pour 1 mois en cave tempérée, où ils sont régulièrement retournés, puis en cave fraîche (7 à 8 °C) et humide. L'affinage peut alors se prolonger plusieurs mois. Peu à peu, la croûte s'épaissit, prend un aspect rustique et une couleur grise pigmentée de jaune ou de rouge.

Le saint-félicien

Ce petit disque mince de 150 g environ, fabriqué industriellement avec du lait de vache pasteurisé, ressemble au saint-marcellin mais n'en a pas la légère acidité. Il est plus gras (60 % de matières grasses) et plus fondant. Comme le saint-marcellin, on le trouve encore parfois fabriqué au lait cru et moulé à la louche. Il subit le même affinage que lui.

Fabrication de la tomme en montagne

Une grande variété de tommes

La tomme de Savoie, dont la fabrication est soumise à des contrôles rigoureux, se reconnaît à son label régional orné de quatre petits cœurs rouges (marque Savoie). Il existe cependant dans cette région une grande variété de tommes, portant chacune le nom du village ou de la vallée où elles sont produites. Ainsi, la tomme des Allues, la tomme des Bauges, la tomme boudane, la tomme du Revard ou celle du Pelvoux sont des fromages alpagers au lait de vache, qui restent très locaux. D'autres, comme la tomme du Vercors, celles de Courchevel et de Crest, sont faites avec du lait de chèvre, ou encore, telle la tomme de Bersan, avec du lait de brebis.

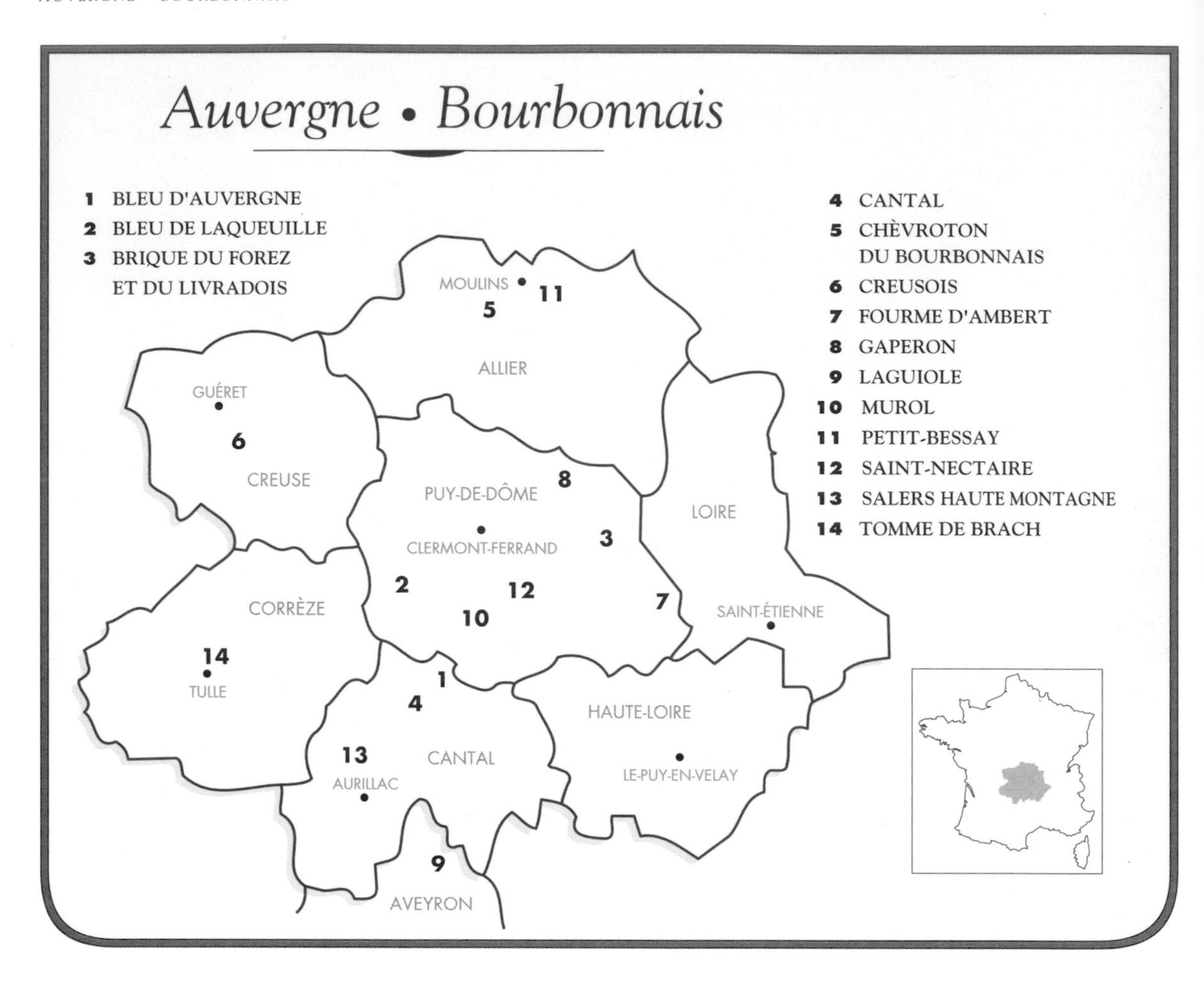

BLEU D'AUVERGNE

AOC
Région : monts du Cantal
Lait : de vache, cru, entier
Pâte : persillée
Teneur en matières grasses : 50 % au minimum
Croûte : fleurie
Forme : cylindre
Taille : de 18 à 20 cm de diamètre ; de 8 à 10 cm de haut
Poids : de 2,2 à 2,5 kg
Saveur : franche, légèrement piquante
Meilleure période de consommation : toute l'année, surtout d'avril à novembre
Vins d'accompagnement : les vins rouges charpentés (madiran, cahors, côte-rôtie, saint-pourçain)

Ce n'est que vers 1845 qu'un fermier auvergnat imagina d'ensemencer son lait caillé avec la moisissure bleue qui se formait sur le pain de seigle et de le percer avec une aiguille pour que l'air pénétrant par les trous lui permette de se développer. Il fut bientôt imité par ses voisins : le bleu d'Auvergne était né. Son terroir correspond aux deux départements du Cantal et du Puy-de-Dôme, et les dépasse même parfois.

Le lait des vaches de Salers et de l'Aubrac est d'abord emprésuré pour donner un caillé qui est ensuite tranché et brassé manuellement pour en éliminer le petit-lait. Il est alors placé dans des moules où il s'égoutte. Il est salé deux fois dans la masse, retourné et mis à sécher pour 48 heures dans un local aéré à 20 °C. C'est alors que les fromages

Bleu d'Auvergne

Moisissures destinées à l'ensemencement

sont piqués au *Penicillium glaucum*, au moyen de longues aiguilles qui les transpercent de part en part et qui permettront aux moisissures de se développer à l'intérieur. Un premier affinage a lieu en

Les différents bleus d'Auvergne

Selon sa provenance, le bleu d'Auvergne peut porter diverses appellations. Il existe ainsi un bleu de Costaros, originaire de la région du Puy-en-Velay, un bleu de Cayres, au caillé parsemé de mie de pain, salé et affiné en cave fraîche, un bleu de Loudès, comparable mais à pâte légèrement pressée, dure et cassante, un bleu de la Planèze, près de Saint-Flour, des bleus de Brissac, de Pontgibaud, de Tulle, de Brach, du Velay... Quant au bleu de Thiézac, il se distingue de ses voisins par le salage à chaud du caillé, qui lui confère un goût particulier.

cave humide, fraîche (10 °C) et aérée. Il faut 3 semaines environ pour que le bleu se développe et marque la pâte de son persillage caractéristique. Au bout de 2 mois, les fromages sont emballés dans du papier d'étain à la marque du producteur, dans lequel ils continueront de mûrir.

L'affinage minimal prévu par la loi est de 4 semaines pour les fromages de plus de 1 kg, de 3 semaines pour les plus petits. Le goût remarquablement franc du bleu d'Auvergne est volontiers qualifié de sauvage. Il est également commercialisé en formats plus petits.

VOIR PAGE 185

Les monts d'Auvergne

BLEU DE LAQUEUILLE

Région : Auvergne
Lait : de vache, cru, entier
Pâte : persillée
Teneur en matières grasses : 45 %
Croûte : naturelle
Forme : cylindre
Taille : de 20 à 22 cm de diamètre ; 10 cm de haut
Poids : 2,250 kg
Saveur : de relevée à forte
Meilleure période de consommation : été, automne
Vins d'accompagnement : les vins rouges vigoureux et tanniques

Moins gras et un peu plus grand que le bleu d'Auvergne, le bleu de Laqueuille semble être son contemporain. Dans son cas aussi, un fermier imagina un jour d'ensemencer avec de la moisissure de pain de seigle les petites tommes blanches – les fourmes de Rochefort – que l'on fabriquait dans la région. Un certain comte de Pontgibaud préconisa diverses modifications dans la forme du nouveau produit, dont la qualité s'améliora sensiblement, et qui ne tarda pas à jouir d'une grande renommée.

La technique de fabrication du bleu de Laqueuille est identique à celle du bleu d'Auvergne (voir p. 108).

BRIQUE DU FOREZ ET DU LIVRADOIS

Région : Forez et Livradois
Lait : de chèvre, ou de chèvre et de vache mélangés, crus
Pâte : molle
Teneur en matières grasses : 45 % au minimum
Croûte : naturelle
Forme : rectangle
Taille : de 12 à 15 cm de long ; de 4 à 6 cm de large ; de 2 à 3 cm d'épaisseur
Poids : de 250 à 350 g
Saveur : de noisetée à forte
Meilleure période de consommation : de juin à novembre
Vins d'accompagnement : les vins blancs, rosés ou rouges de la région (côtes d'Auvergne, côtes-roannaises)

Peu commercialisé, car de fabrication exclusivement fermière, cette brique est un fromage au lait de chèvre, ou de chèvre et de vache mélangés dans des proportions variables.

Chaque fabricant possède en effet sa propre recette. La teneur en matières grasses sur extrait sec varie ainsi selon la quantité de lait de chèvre, de même que la couleur de la croûte : dans un pur-chèvre, elle sera blanche et mince avec des moisissures bleutées ; si le lait de vache domine, elle sera plus grise. Élaborée de façon très naturelle et rustique, la brique du Forez et du Livradois est affinée à sec en cave humide de 2 à 3 semaines sur un lit de paille de seigle. Elle est aussi connue localement sous le nom de cabrion. La brique de Jussac, de fabrication comparable, lui ressemble beaucoup.

La galette de La Chaise-Dieu

Apparentée à la brique du Forez, la galette de La Chaise-Dieu, de diffusion très locale, est un fromage exclusivement fermier préparé lui aussi au lait de chèvre, ou aux laits de vache et de chèvre mélangés. Il est comme sa cousine affiné à sec 3 semaines en cave humide, durant lesquelles sa pâte au goût noiseté se pare d'une croûte mince et bleutée.

CANTAL

AOC
Région : Auvergne
Lait : de vache, cru, entier
Pâte : pressée, non cuite
Teneur en matières grasses : 45 % au minimum
Croûte : naturelle, brossée
Forme : cylindre
Taille : de 36 à 40 cm de diamètre ; de 30 à 35 cm de haut
Poids : de 35 à 45 kg
Saveur : de lactique à noisetée, légèrement acidulée
Meilleure période de consommation : toute l'année, mais surtout en été
Vins d'accompagnement : les vins blancs secs de la région (saint-pourçain), les vins rouges fruités (côtes d'Auvergne, corbières, beaujolais)

Le cantal est sans doute le plus connu des fromages auvergnats. Déjà apprécié des Romains, il n'est pourtant officiellement mentionné qu'en 1600 par Olivier de Serres dans son *Théâtre d'agriculture et mesnage des champs*. Au début de ce siècle encore, les familles de la région achetaient des meules entières qu'elles consommaient comme aliment de base, au même titre que le pain.

Le découpage du caillé de cantal

La montée à l'estive

Cantal

Le cantal est produit dans une zone bien délimitée des monts d'Auvergne – département du Cantal et quelques communes alentour –, sur un terroir d'anciens volcans situés entre 700 et 1 000 m d'altitude.

Le lait tout frais de la journée est emprésuré, toujours selon la technique ancestrale. Une fois coagulé, le caillé est tranché et brassé en cuve, puis pressé pour égoutter. Quand il a commencé sa maturation, il est broyé, puis salé dans la masse, avant d'être moulé – traditionnellement dans des feuilles de hêtre maintenues par des cercles, les factures – et à nouveau mis sous presse 48 heures pour égoutter davantage.

Une fois démoulés, les fromages, les fourmes – du nom, dit-on, des tambours qui accompagnaient la bourrée –, partent affiner en caves profondes et humides, avec brossages réguliers de la croûte, qui vont la rendre peu à peu épaisse, pleine de bosses et de cratères.

Selon la durée de maturation – de 1 à 6 mois –, le cantal sera commercialisé jeune, avec une fine saveur lactique et noisetée, ou entre-deux, avec une croûte légèrement colorée et un parfum d'herbages plus prononcé, ou vieux, avec un semis de fleurs jaune orangé et des trous ambrés s'enfonçant dans la pâte.

Il sera devenu un « fromage monumental ».

VOIR PAGE 179

CHÈVROTON DU BOURBONNAIS

RÉGION : Bourbonnais
LAIT : de chèvre, ou de chèvre et de vache mélangés
PÂTE : molle
TENEUR EN MATIÈRES GRASSES : de 40 à 45 %
CROÛTE : naturelle
FORME : cylindre
TAILLE : de 6 à 8 cm de diamètre ; de 5 à 6 cm de haut
POIDS : de 100 à 120 g
SAVEUR : douce, légèrement acide
MEILLEURE PÉRIODE DE CONSOMMATION : été, automne
VINS D'ACCOMPAGNEMENT : le sancerre blanc, le saint-pourçain rouge

LE TERME DE CHÈVROTON désigne globalement dans le Bourbonnais de petits fromages presque frais ou mi-secs apparentés à tous ceux du Mâconnais, du Nivernais ou du Charolais (voir p. 82 à 91). Ils sont affinés à sec de 1 à 2 semaines seulement, juste le temps nécessaire pour que la pâte, très légèrement granuleuse, se solidifie et prenne sa délicate acidité. La croûte se trouve alors parfois spontanément fleurie de quelques traces bleues.

On trouve aussi des chèvrotons de Cosne-d'Allier, de Moulins, de Souvigny, d'Ygrande, qui se ressemblent tous beaucoup. Certains amateurs préfèrent les consommer secs.

CREUSOIS

RÉGION : Marche
LAIT : de vache, écrémé
PÂTE : molle
TENEUR EN MATIÈRES GRASSES : 10 %
CROÛTE : naturelle
FORME : boule aplatie
TAILLE : de 12 à 15 cm de diamètre ; de 3 à 5 cm d'épaisseur
POIDS : de 350 à 500 g, ou plus
SAVEUR : de douce à prononcée
MEILLEURE PÉRIODE DE CONSOMMATION : été, automne et hiver
VINS D'ACCOMPAGNEMENT : les vins rouges fruités (bergerac)

FROMAGE EXCLUSIVEMENT FERMIER de consommation locale, le creusois, que l'on regroupe avec le guéret, son frère jumeau, est un fromage de garde qui se prépare en été avec les laits abondants, en prévision de l'automne et de l'hiver.

Élaboré avec du lait de vache totalement écrémé, parfois additionné de 20 % de lait de chèvre, il s'apparente à tous les fromages maigres à pâte translucide. Son affinage dure 6 mois environ, en milieu clos tiède et sec, dans des pots soigneusement fermés. En fait, comme certains fromages italiens du type grana (voir p. 158), il peut maturer beaucoup plus longtemps, jusqu'à devenir très sec et cassant. C'est alors qu'on le râpe, pour enrichir les soupes, les pâtes et surtout, traditionnellement, les pommes de terre. On en fait même une fondue locale.

FOURME D'AMBERT

AOC
RÉGION : monts du Forez
LAIT : de vache, cru, entier
PÂTE : persillée
TENEUR EN MATIÈRES GRASSES : de 45 à 50 %
CROÛTE : naturelle
FORME : cylindre
TAILLE : 13 cm de diamètre ; 19 cm de haut
POIDS : 2 kg environ
SAVEUR : prononcée, sans être forte
MEILLEURE PÉRIODE DE CONSOMMATION : de la fin de l'été au début du printemps
VINS D'ACCOMPAGNEMENT : les vins blancs moelleux (jurançon, monbazillac), les vins rouges ou rosés d'Auvergne

LE FROMAGE PERSILLÉ, connu semble-t-il depuis l'époque des Romains, est, selon certains gastronomes, le meilleur de France, en raison de son authenticité rustique. Jadis ensemencée naturellement de *Penicillium glaucum* dans les grottes et les anfractuosités de rocher, la fourme est traditionnellement produite dans les jasseries, à la fois maisons d'habitation et laiteries, ou dans les estives, chalets de montagne occupés par les bergers durant la transhumance. Cependant, elle est de plus en plus couramment élaborée dans les laiteries du Forez et du Livradois.

Le lait des vaches est encore tiré à la main sur un terroir situé entre 500 et 1 500 m d'altitude. Il est aussitôt emprésuré à chaud. Le matériel de fabrication reste rudimentaire : le caillé est mis

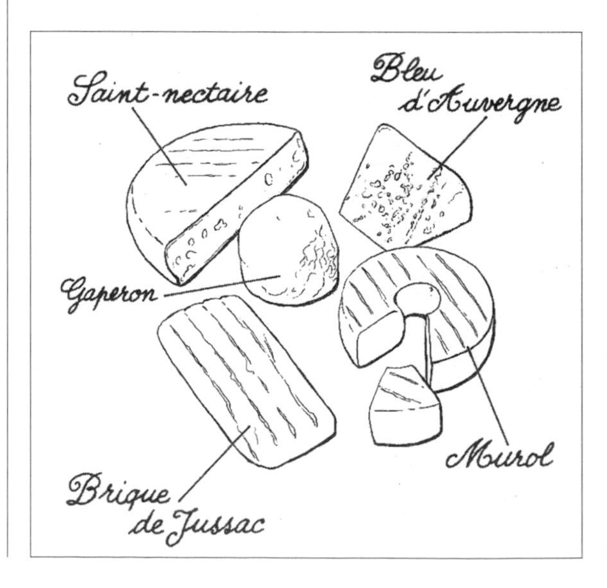

dans des récipients en bois en forme de cône tronqué, les bottes, où il est rassemblé à l'aide d'une planche appelée ménale. Il est ensuite tranché et brassé avant d'être salé, puis égoutté, séché grâce à des retournements réguliers, et éventuellement ensemencé par piquage. Au cours de l'affinage de 2 à 5 mois en cave humide et fraîche (10 °C), la croûte est régulièrement brossée jusqu'à devenir grise et fleurie.

La découpe de la fourme est particulière : elle est en effet toujours taillée horizontalement puis, à table, en parts triangulaires. Certains amateurs préfèrent la déguster comme le font les Anglais avec le stilton, en creusant la pâte pour y verser un peu de porto ou d'un autre vin muté à l'alcool, et en la mangeant alors à la cuiller.

La fourme de Montbrison, une localité proche, fabriquée de la même façon, est aussi excellente, avec sa pâte plus jaune et sa saveur plus noisetée.

VOIR PAGE 187

Fourme d'Ambert

La fête de la transhumance en Aubrac

GAPERON

Région : Limagne, haute Auvergne	Croûte : naturelle
Lait : de vache, pasteurisé, écrémé, ou babeurre	Forme : boule aplatie sur sa base
Pâte : pressée, non cuite, aromatisée	Taille : 9 cm de diamètre ; de 6 à 8 cm d'épaisseur
Teneur en matières grasses : 40 % en moyenne	Poids : de 350 à 500 g
	Saveur : prononcée, fortement aillée

Meilleure période de consommation : d'octobre à mars

Vins d'accompagnement : les vins de la région, rouges (côtes d'Auvergne, côtes-du-lignon) ou blancs (saint-pourçain), les côtes-du-rhône

Ce fromage très ancien présente l'originalité, qu'il partage notamment avec le broccio (voir p. 123), d'être fabriqué traditionnellement avec du babeurre, la gape en patois. Le caillé obtenu à partir de lait écrémé est d'abord fortement égoutté dans de vieux draps de chanvre – souvenir du temps où l'on filait et tissait à la maison. Il est ensuite arrosé de babeurre, qui le ramollit, puis salé, poivré et enrichi de gousses d'ail pilées. Il est alors pressé et façonné en forme de boules aplaties sur le dessus, qui vont affiner 2 mois environ en cave humide (autrefois, elles séchaient suspendues par un lien en paille de seigle aux poutres de la salle commune).

Jadis, pour estimer la dot d'une jeune fille à marier, il suffisait de compter le nombre de gaperons que son père avait fabriqués !

LAGUIOLE

AOC	Forme : gros cylindre
Région : monts d'Aubrac	Taille : 40 cm de diamètre ; 40 cm de haut
Lait : de vache, cru, entier	Poids : de 45 à 48 kg
Pâte : pressée, non cuite	Saveur : franche, rustique, légèrement aigrelette
Teneur en matières grasses : 45 %	
Croûte : naturelle, brossée	

Meilleure période de consommation : toute l'année, mais surtout de janvier à avril

Vins d'accompagnement : tous les vins rouges fruités de la région (côtes-roannaises), le costières-de-nîmes, le gewurztraminer

Petite ville du nord de l'Aveyron, Laguiole (on prononce Laïole) a donné son nom à ce gros fromage très proche du cantal et du salers haute montagne. Dans la seconde

La tomme fraîche

C'est le caillé pressé, non salé et légèrement fermenté qui s'obtient au premier stade de la fabrication du laguiole. Mélangée à une purée de pommes de terre, la tomme fraîche donne l'aligot, plat traditionnel de l'Aubrac ; elle entre également dans de nombreuses autres préparations culinaires régionales à base de féculents, comme la truffade ou la patranque.

Laguiole

moitié du Ier siècle après J.-C., Pline l'Ancien écrivait : « À Rome, on trouve sur le forum les fromages des provinces [les Gaules] provenant du pays des Gabales et du Gévaudan.» Dès le XIIe siècle, les moines des abbayes d'Aubrac et de Bonneval en fixent les règles de fabrication ; ils désirent conserver, sous une forme solide, la production laitière de l'été afin de nourrir en hiver les pèlerins qui font étape sur la route de Saint-Jacques-de-Compostelle.

Au XVIIe siècle, ils transmettent leur savoir-faire aux bergers qui vivent pendant la période de transhumance dans les burons des monts d'Aubrac, petites habitations faites de branches et de mottes de terre. Aujourd'hui, avec la disparition progressive de ces abris, construits en pierre depuis la Révolution, le laguiole est de plus en plus produit dans les laiteries d'une quarantaine de communes de la région de l'Aubrac ; celles-ci respectent cependant le savoir-faire ancestral des cantalès, les fromagers artisans.

Après emprésurage du lait de vache, cru et entier, produit pendant l'estive, de fin mai à mi-octobre, sur ce haut plateau basaltique situé entre 800 et 1 400 m d'altitude, le caillé, égoutté et pressé, fermente spontanément pour former un bloc appelé tomme. Celle-ci est broyée, salée dans la masse et déposée dans un moule garni d'une toile. Le laguiole

Un fromage de valeur

Dès le XIIIe siècle, le laguiole servait de monnaie d'échange ; en effet, les muletiers qui apportaient du vin, des fruits et du sel en provenance du Midi repartaient avec un chargement des précieux fromages, recouverts de paille et disposés dans des paniers d'osier qui les protégeaient des chocs, de la chaleur ou de la pluie.

.a fabrication du laguiole en buron

Préparation traditionnelle de l'aligot

L'aligot

Au XIIe siècle, les pèlerins affamés qui se présentaient à la dômerie d'Aubrac souhaitaient souvent *aliquid*, en latin manger « quelque chose » ; le mot est devenu *aliquot*, puis *aligot* en occitan. Les moines leurs servaient alors un plat unique composé de pain et de fromage fondu. Aujourd'hui, la purée de pommes de terre a remplacé la mie de pain dans la préparation de l'aligot (voir p. 185).

étant un fromage de grande forme, un peu plus haut que le cantal, il faut employer plusieurs tommes ainsi traitées, qui vont donc se souder les unes aux autres, pour constituer une fourme.

Celle-ci est alors lentement pressée pendant 48 heures, fréquemment retournée, puis affinée pendant 4 mois au moins, et parfois jusqu'à 12, en cave froide et humide. En vieillissant, la croûte devient brune avec des reflets orangés, et la pâte lisse et souple prend une couleur jaune paille. Sur la fourme, un taureau et le mot Laguiole sont imprimés à même la croûte.

VOIR PAGE 185

MUROL

Région : Auvergne
Lait : de vache, pasteurisé
Pâte : pressée, non cuite
Teneur en matières grasses : 45 %
Croûte : lavée
Forme : disque, percé d'un trou circulaire
Taille : 16 cm de diamètre ; 4 cm d'épaisseur
Poids : 450 g
Saveur : douce
Meilleure période de consommation : toute l'année
Vins d'accompagnement : les vins rouges fruités des Côtes-du-Rhône (cornas, gigondas)

Le murol, à l'origine un frère jumeau du saint-nectaire, à l'exception du trou qui le perce, a peu à peu évolué pour prendre sa propre personnalité.

Préparé avec du lait pasteurisé emprésuré, le caillé est pressé et s'égoutte rapidement de son petit-lait pour devenir une pâte demi-dure et sans acidité. Une fois démoulés, les fromages sont percés – ce trou, de 1 à 1,5 cm de diamètre, que le créateur imagina pour distinguer son produit, accélère en outre la maturation – avant d'être affinés pendant 6 semaines. Les morceaux ainsi retirés à l'emporte-pièce sont vendus sous le nom de murolaits ou de trous du murol, enveloppés de paraffine rouge.

Le beau rouge orangé de la croûte du murol ne tient pas, comme celui du saint-nectaire, à des lavages à l'eau additionnée de rocou, mais à la présence d'un colorant chimique contenant des oxydes de fer.

Une amputation volontaire

Ce sont les habitants de Murols eux-mêmes qui, il y a quelques dizaines d'années, ont demandé qu'on les débarrasse de ce *s* final qui, affirmaient-ils, n'était pas étymologique. Et ils ont obtenu gain de cause !

PETIT-BESSAY

Région : Bourbonnais
Lait : de vache, cru, entier
Pâte : molle
Teneur en matières grasses : de 40 à 45 %
Croûte : naturelle
Forme : disque
Taille : de 8 à 10 cm de diamètre ; de 2 à 3 cm d'épaisseur
Poids : 200 à 250 g
Saveur : fruitée, légèrement acide
Meilleure période de consommation : été, automne
Vins d'accompagnement : les vins rouges et rosés d'Auvergne (saint-pourçain, côtes-roannaises)

Ce petit fromage n'est plus aujourd'hui produit que dans les fermes de la région de Moulins. De fabrication comparable à celle de l'olivet bleu (voir p. 76), il se couvre, au terme d'un affinage qui demeure partiel mais dure

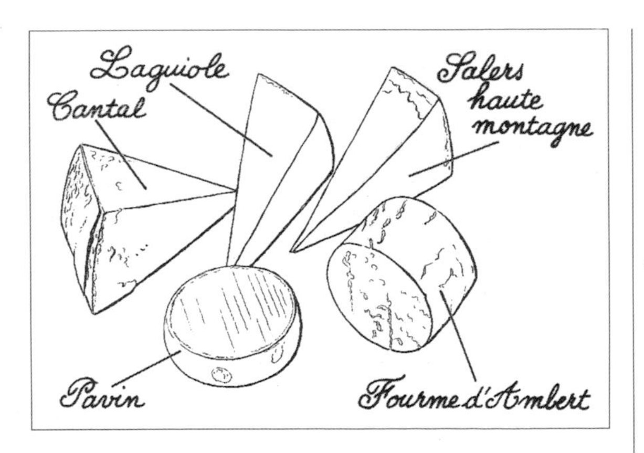

néanmoins 2 mois en cave tiède et humide, d'une fine croûte fleurie spontanément de bleu. Il offre alors une odeur de terroir assez puissante et régale les paysans bourbonnais, dont on dit qu'ils sont « gueux, glorieux et gourmands ».

Le chambérat

Ce fromage fermier au lait de vache est encore vendu à la foire aux chevaux de Montluçon, le dimanche qui suit le 15 août. Sa pâte pressée se couvre peu à peu d'une belle croûte dorée grâce à de nombreux brossages et lavages au cours de son affinage de 2 mois en cave humide.

SAINT-NECTAIRE

AOC
Région : pays des Dore
Lait : de vache, cru, entier
Pâte : pressée, non cuite, demi-dure
Teneur en matières grasses : 45 %
Croûte : naturelle
Forme : cylindre
Taille : 20 cm de diamètre ; 4 cm de haut
Poids : 1,5 kg au maximum
Saveur : prononcée de terroir
Meilleure période de consommation : de juin à décembre
Vins d'accompagnement : les vins rouges légers et fruités de la région (côtes d'Auvergne, côtes-roannaises), les vins blancs fruités (pouilly)

Célèbre depuis le XVIIe siècle, le saint-nectaire doit son nom à un certain Henri de Senneterre ou de Sennecterre, maréchal de La Ferté et seigneur local, qui le fit servir à sa table vers 1655, en imposa la mode et le fit découvrir à Louis XIV, qui le déclara fort bon. Son aire de production s'étend à une altitude moyenne de 1 100 m, dans une région volcanique particulièrement riche en herbes aromatiques.

Il est fabriqué deux fois par jour, dès la fin de la traite des vaches, de race salers uniquement. Le lait encore chaud – il en faut en moyenne 15 litres pour obtenir un fromage – est emprésuré et coagule en 1 heure environ dans un récipient en bois ou en aluminium appelé baste dans le Puy-de-Dôme et gerle dans le Cantal. Le caillé est tranché en grains de la taille d'un petit pois à l'aide d'un tranche-caillé métallique, la menove ; il s'égoutte ainsi rapidement de son petit-lait, ou mergue, avant d'être rassemblé. Débité en cubes, il est alors placé dans des moules, jadis en bois, aujourd'hui souvent en plastique ou en aluminium. Il est ensuite lentement pressé, selon un procédé qui combine chaleur et poids.

Une fois démoulé, le fromage reçoit sa marque de caséine verte, ovale s'il est fermier, rectangulaire s'il est laitier. Il est ensuite salé sur les deux faces, entouré d'une toile et remis sous presse pour 24 heures ; il sera retourné une fois. Puis il est lavé et essuyé, et mis à sécher de 2 à 3 jours, en caisses clayonnées, dans un hâloir ou à l'air libre, dans l'idéal au soleil.

Les tommes de saint-nectaire sont affinées de 1 à 2 mois sur un lit de paille de seigle, dans des caves creusées dans le tuf volcanique, humides et fraîches (10 °C) – souvent d'anciennes caves à vin. Là, elles sont lavées et raclées plusieurs fois jusqu'à ce qu'apparaissent sur la croûte très fine des fleurs jaunâtres ou rougeâtres. La pâte onctueuse a alors perdu son acidité et pris sa légère odeur de champignon. Dès lors, le saint-nectaire « ne le cède point en bonté à ceux de l'Europe qui ont le plus de renommée » (Pierre Audigier, *Histoire d'Auvergne*). Le pavin lui est comparable.

Une cave d'affinage du saint-nectaire

Saint-nectaire

Le vachard

Le vachard est sans doute l'ancêtre du saint-nectaire. Plus rustique, il est encore fabriqué dans les fermes de la région. D'un poids de 1 kg environ, il est préparé avec du lait partiellement écrémé – la matière grasse qui remonte à la surface servant à faire du beurre – et présente une croûte grise à peine fleurie.

VOIR PAGE 180

SALERS HAUTE MONTAGNE

AOC
RÉGION : Auvergne
LAIT : de vache, cru, entier
PÂTE : pressée, non cuite, demi-dure
TENEUR EN MATIÈRES GRASSES : 45 % au minimum
CROÛTE : sèche, brossée
FORME : cylindre
TAILLE : de 38 à 48 cm de diamètre ; 45 cm de haut
POIDS : de 35 à 50 kg
SAVEUR : de fruitée à légèrement piquante
MEILLEURE PÉRIODE DE CONSOMMATION : toute l'année, mais surtout en hiver
VINS D'ACCOMPAGNEMENT : les vins rouges fruités (sancerre, saumur-champigny, côtes d'Auvergne)

LE SALERS HAUTE MONTAGNE présente la particularité d'être fabriqué uniquement, « selon les usages locaux, loyaux et constants », avec le lait tiré pendant la période de « mise à l'herbe » du bétail, c'est-à-dire au maximum du 1er mai au 31 octobre.

Les troupeaux, qui ne se composent que de vaches de race salers, broutent, dans des pâturages du Cantal situés à plus de 850 m d'altitude, les fameuses réglisses et autres plantes aromatiques qui donneront au salers tout son goût. Le climat rude de la région a conduit tout naturellement les habitants à transformer leur lait en fromages de garde, qu'ils consommeraient durant l'hiver et ce depuis très longtemps, puisqu'il est déjà sûrement cité par Pline l'Ancien, au Ier siècle de notre ère, dans son Histoire naturelle.

Dans les chalets de montagne, les burons, aussitôt après la traite du matin et du soir, le lait est emprésuré ; le caillé est ensuite tranché pour en faciliter l'égouttage, puis regroupé et pressé une première fois.

Salers haute montagne

Quand il a commencé sa maturation, le fromage est à nouveau broyé et salé dans la masse, et mis sous presse une seconde fois pour égoutter pendant encore 48 heures.

L'affinage durera au moins 3 mois, et souvent jusqu'à 1 an, en caves profondes, fraîches et humides, au sol de terre battue. Les salers haute montagne présenteront alors une pâte jaune bien liée, à la franche saveur de terroir, sous une croûte épaisse fleurie de taches rouges.

VOIR PAGE 185

La pesée des cantals au marché aux fromages d'Aurillac

TOMME DE BRACH

RÉGION : Limousin (canton de Tulle)	CROÛTE : naturelle
	FORME : cylindre
LAIT : de brebis, cru	TAILLE : 10 cm de diamètre ; 8 cm de haut
PÂTE : pressée, non cuite	
TENEUR EN MATIÈRES GRASSES : 45 %	POIDS : de 600 à 800 g
	SAVEUR : prononcée

MEILLEURE PÉRIODE DE CONSOMMATION : hiver, printemps, été
VINS D'ACCOMPAGNEMENT : les côtes-du-rhône, les vins rouges de Loire

DE FABRICATION FERMIÈRE, la tomme de Brach est devenue rare, mais on peut encore la trouver sur les marchés locaux en mai et juin. Originaire de Saint-Priest-de-Gimel, dans le canton de Tulle, ce fromage persillé au lait de brebis pourrait se comparer à un roquefort (voir p. 129) rustique.

Il est coagulé, salé et ensemencé selon des méthodes voisines, et affiné de 2 à 4 mois à sec, en cave humide. Il aura alors pris sa saveur caractéristique de suint.

Il porte aussi le nom de caillada de Vouillos, le premier terme signifiant caillé ; mais on ignore l'origine du second.

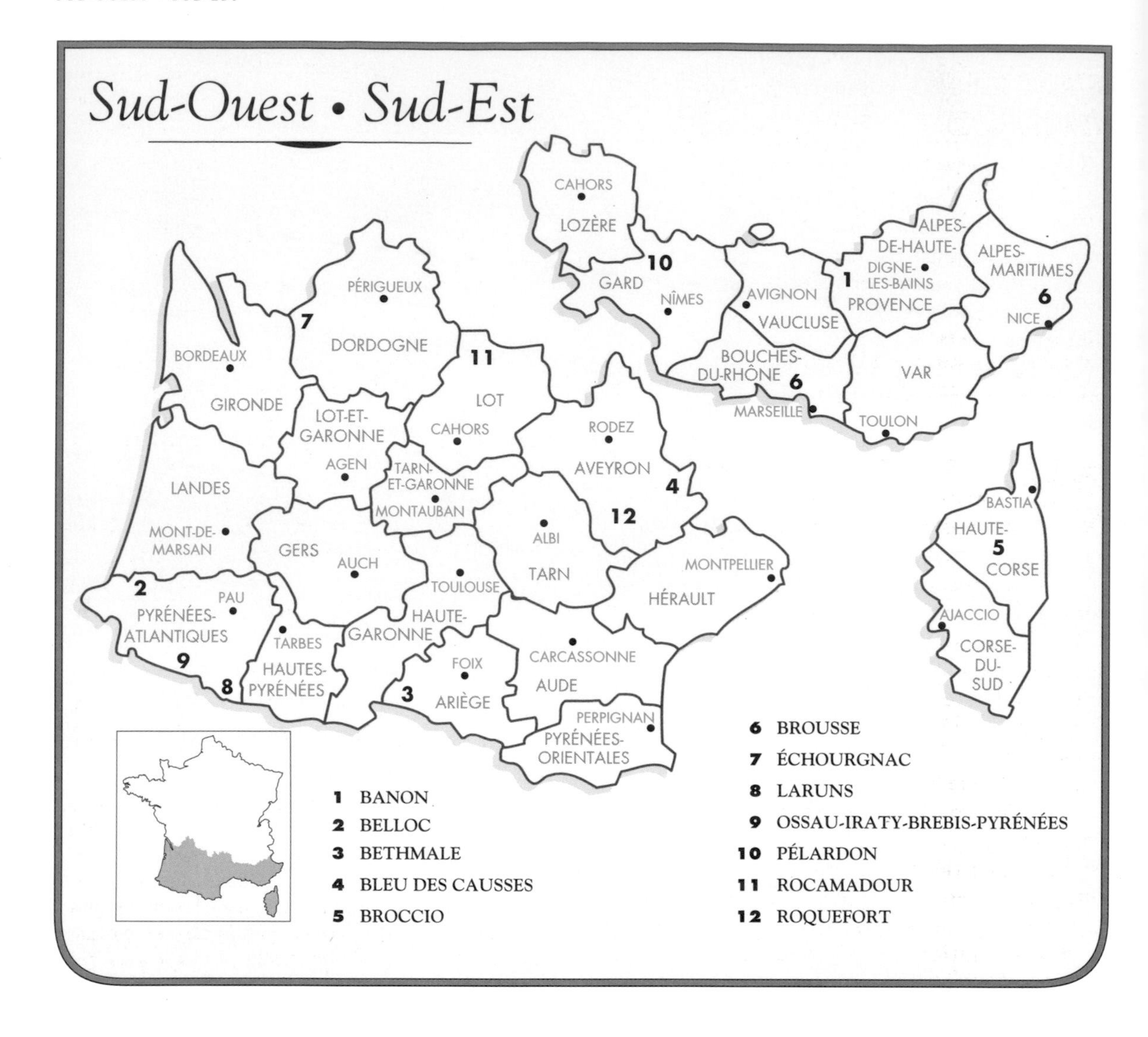

BANON

Région : Provence
Lait : de brebis et de vache en hiver, de chèvre ou de vache au printemps et en été
Pâte : molle
Teneur en matières grasses : de 45 à 50 %
Croûte : naturelle
Forme : petit disque, légèrement bombé
Taille : de 7 à 8 cm de diamètre ; de 2,5 à 3 cm d'épaisseur
Poids : de 100 à 130 g
Saveur : acidulée à prononcée, parfumée
Meilleure période de consommation : toute l'année
Vins d'accompagnement : les vins rouges de Provence, le côtes-du-ventoux

Le banon tire son nom d'un village proche de Forcalquier, dans les Alpes-de-Haute-Provence. Il est fait avec du lait de brebis en hiver, de chèvre en été ou de vache dans les intersaisons, qui paissent toutes sur les contreforts de la montagne de Lure. Ce fromage présente donc des saveurs différentes selon les époques de l'année, mais il fleure toujours bon les senteurs provençales.

Autrefois, le caillé, une fois égoutté et moulé, était enveloppé dans des feuilles de châtaignier séchées, liées avec des brins de raphia, et placé dans de grands pots en terre hermétiques, où il macérait dans de l'eau-de-vie avec du thym, du poivre, des clous de girofle et du laurier. Devenus très piquants et aromatiques, les fromages étaient consommés au moment des fêtes de fin d'année. Aujourd'hui, le banon, frais, blanc et crémeux, est commercialisé à nu ou dans un habit de feuilles de châtaignier vertes ; il peut aussi être proposé après un affinage de 2 à 3 semaines en hâloir, bien enveloppé dans les mêmes feuilles, mais séchées, fermées par du raphia.

Le banon *pebre d'aï*

Ce banon frais est roulé, avant d'être affiné, dans de la sarriette. Cette herbe, que l'on appelle aussi poivre d'âne, ou *pebre d'aï* en provençal, lui donne toute son originalité aromatique. Le banon est parfois aussi enrobé de grains de poivre.

BELLOC

Région : Pays basque
Lait : de brebis, cru
Pâte : pressée, non cuite, demi-dure
Teneur en matières grasses : 45 % en moyenne
Croûte : lavée, grattée, légèrement fleurie
Forme : meule plate
Taille : 35 cm de diamètre ; 8 cm d'épaisseur
Poids : 5 kg environ
Saveur : fruitée, noisetée
Meilleure période de consommation : hiver, printemps, été
Vins d'accompagnement : irouléguy, madiran

En 1875, cinq moines bénédictins arrivent à Belloc, près de Labastide-Clairence, aux confins des Landes, du Béarn et du Pays basque, pour fonder une abbaye dans ce qui n'est alors qu'une métairie au sol de terre battue recouverte de fougère fraîche. Au cœur de cette région à vocation pastorale, et pour être fidèle à la règle de saint Benoît qui prône une vie de travail et de prières, la petite communauté de l'abbaye Notre-Dame, qui se développe peu à peu, s'oriente vers la fabrication d'un fromage de brebis, le belloc, élaboré selon la tradition monastique.

Aussitôt après la traite, le lait de brebis encore tiède est chauffé à 32 °C et emprésuré. Le caillé est à son tour tiédi pour être séparé de son petit-lait, puis mis en moules. Après 3 à 4 mois d'affinage en cave fraîche et humide, avec lavages et grattages réguliers, le belloc présente une pâte onctueuse et fine, d'un blanc crémeux, et une croûte ocrée, légèrement fleurie.

BETHMALE

Région : Midi-Pyrénées (comté de Foix)
Lait : de vache, cru
Pâte : pressée, non cuite
Teneur en matières grasses : 50 %
Croûte : naturelle, frottée
Forme : disque épais, à talon convexe
Taille : de 30 à 40 cm de diamètre ; 10 cm d'épaisseur
Poids : de 4,5 à 7 kg
Saveur : plus ou moins prononcée, toujours fruitée
Meilleure période de consommation : d'octobre à mai
Vins d'accompagnement : les vins rouges charnus, généreux, ou puissants et capiteux (madiran, fitou, caramany...), les vins du Roussillon

Le bethmale, ou pyrénées au lait de vache, doit son nom à une petite commune de la région du Couserans, dans l'Ariège. D'après des écrits datant du XIIIe siècle, on le trouvait à cette époque sur le marché de Pamiers sous le nom de fromage gras de Saint-Girons. C'est au XIXe siècle qu'il connaîtra sa plus grande vogue.

La famille du bethmale

Selon les communes où il est produit, le bethmale est au lait de vache ou de brebis, et prend les noms d'aulus, castillon, cierp de Luchon, ercé, oust, oustet ou saint-lizier. Le bamalou, un fromage de longue tradition ariégeoise, lui ressemble beaucoup, mais il est un peu plus affiné, et il a donc une saveur plus prononcée, presque piquante. Elle est aussi plus acidulée, car on lui conserve tout son petit-lait. Enfin, le massipou, un autre de ses proches cousins, plus rustique, est également affiné dans les caves de Bethmale, pendant 12 semaines au moins.

Des moutons et des brebis en vallée d'Aspe

Des formes à Bethmale

Sa fabrication, de plus en plus rare, demeure artisanale. Le lait est emprésuré chaque matin, juste après la traite. Le caillé est alors tranché pour éliminer la moitié de son petit-lait, qui sera remplacé par de l'eau, puis délicatement moulé à la main dans des formes cylindriques. Tout au long de la journée, le fromage est retourné plusieurs fois. Le soir venu, il est démoulé et salé, d'abord manuellement au sel fin. Il commence ensuite son affinage, pendant lequel il sera chaque jour retourné et frotté à l'eau salée.

Après un séjour de 5 à 8 semaines en cave humide, il présente une fine croûte naturelle, jaune orangé, et une pâte d'une agréable saveur, souple, onctueuse, parsemée de petits trous.

BLEU DES CAUSSES

AOC
Région : Languedoc, Rouergue
Lait : de vache, cru, entier
Pâte : persillée
Teneur en matières grasses : 45 % au minimum
Croûte : naturelle
Forme : cylindre
Taille : 20 cm de diamètre ; de 8 à 10 cm de haut
Poids : de 2,3 à 3 kg
Saveur : douce en été, très goûteuse en hiver
Meilleure période de consommation : toute l'année
Vins d'accompagnement : vins de terroir charpentés et nerveux (givry, cornas, mercurey, pomerol, madiran, fitou)

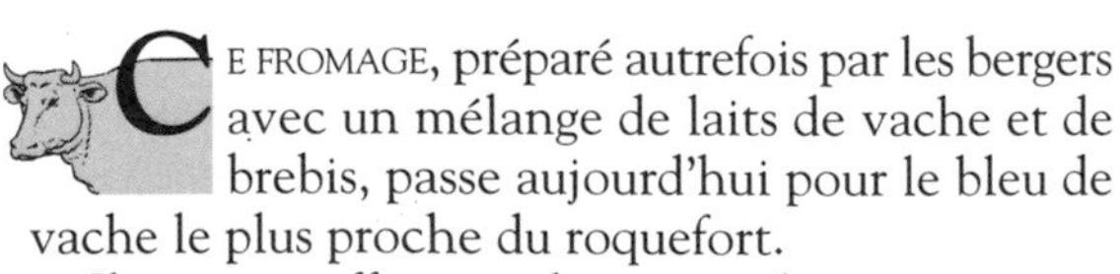

Ce fromage, préparé autrefois par les bergers avec un mélange de laits de vache et de brebis, passe aujourd'hui pour le bleu de vache le plus proche du roquefort.

Ils sont en effet tous deux issus du même terroir – les Causses –, et fabriqués et affinés dans les mêmes conditions. Le lait, parfumé par les plantes sauvages qui poussent dans ce pays de landes et de rocailles au climat rude et contrasté, donne au bleu des Causses son caractère original. Sa zone de production couvre la majeure partie de l'Aveyron et quelques communes du Gard, de l'Hérault, du Lot et de la Lozère.

Le bleu du Quercy

Fabriqué dans les Causses du Quercy – département du Lot –, ce bleu est très proche, par ses dimensions et son aspect, du bleu des Causses, bien qu'il ait un goût un peu moins prononcé. Il s'agit, comme lui, d'un cousin au lait de vache du roquefort.

Bleu des Causses

Le caillé obtenu par emprésurage est tranché, délicatement brassé et mis dans des moules perforés où il est ensemencé de *Penicillium roqueforti*. Après avoir égoutté pendant 3 jours, il est salé au gros sel, deux fois en 5 jours, puis brossé pour en enlever l'excès, et piqué une première fois afin que les moisissures puissent se développer. Le fromage est alors placé de chant dans des caves naturelles creusées dans les flancs calcaires des gorges du Tarn. Exposées au nord, ces caves bénéficient, comme le rocher du Combalou où est affiné le roquefort, d'une forte ventilation créée par les fleurines, ces cheminées naturelles formées dans la falaise ; c'est elle qui fait venir la fleur du fromage et lui donne son bouquet délicat et sa saveur sapide.

Environ 3 mois plus tard, le fromage est piqué une seconde fois et poursuit son affinage. Celui-ci peut durer jusqu'à 6 mois, au terme desquels le bleu des Causses présente, sous une croûte fine et fleurie, une pâte ivoire et luisante moyennement persillée en été, plus blanche et moins humide en hiver, mais au goût plus prononcé.

VOIR PAGE 180

BROCCIO

AOC	FORME : variable, mais généralement boule aplatie
RÉGION : Corse	
LAIT : de brebis ou de chèvre	TAILLE : celle du moule utilisé
PÂTE : molle ou dure	POIDS : variable, 1 kg en moyenne
TENEUR EN MATIÈRES GRASSES : 45 %	
CROÛTE : inexistante	SAVEUR : douce

MEILLEURE PÉRIODE DE CONSOMMATION : début du printemps pour le brebis, été et automne pour le chèvre

VINS D'ACCOMPAGNEMENT : les vins rosés ou blancs, légers et frais

LE BROCCIO (ou brocciu, ou brucciu), fabriqué depuis très longtemps sur l'île de Beauté, fait figure d'exception parmi les fromages AOC. Il est en effet le seul à être élaboré exclusivement à partir de petit-lait recuit de brebis ou de chèvre. Son nom vient de brousse, brousser signifiant en langue corse battre, fouetter, action essentielle dans sa préparation.

Lors de l'égouttage du caillé des tommes de brebis ou de chèvre, le petit-lait est récupéré. Il va être travaillé frais à la ferme. Une fois filtré, il est versé dans des chaudrons de 50 litres (qui peuvent contenir dans les laiteries industrielles de 1 000 à 1 500 litres). Là, il est doucement chauffé jusqu'à 65 °C ; on lui ajoute alors environ 10 % de lait frais afin qu'il se tienne mieux et qu'il soit plus fondant. Durant la cuisson, qui va se poursuivre 1 heure à 70-75 °C, le mélange est régulièrement fouetté, à la main ou par une hélice fixée au fond de la cuve. Il est ensuite moulé dans des corbeilles en jonc, les canestres, où il s'égoutte pendant 24 heures. Frais, il doit être consommé dans les 48 heures, nature ou dans des préparations salées

La transhumance en Corse

Les fromages corses

Ils sont pour la plupart au lait de brebis ou de chèvre. Il en existe une grande variété sur l'île, plus ou moins répandus, mais ils ne traversent guère la Méditerranée. Le brindamour, ou fleur du maquis, est un fromage de brebis, à la saveur douce et à la pâte tendre, qu'un fromager du continent eut l'idée de rouler dans de la sarriette et du romarin. Le bleu de Corse est fabriqué selon les mêmes techniques que le roquefort ; une partie de la production est affinée sur l'île, en caves naturelles – ces fromages « blancs » sont les vrais bleus de Corse –, l'autre partie est envoyée à Roquefort-sur-Soulzon, où, après un séjour dans les caves du Combalou, elle reçoit l'appellation roquefort (voir p. 129).

Dans le nord de l'île, l'appignato, l'asco ou le calenzana sont des productions fermières à pâte molle, fraîche ou fermentée. On y trouve également le niolo, un fromage au lait de chèvre, à pâte molle et à croûte lavée, de saveur assez forte et piquante. Après un affinage de 2 semaines, il macère dans de la saumure, avant d'être affiné plus longtemps.

Sartène est la patrie du sarteno, à pâte pressée et à croûte lavée, qui rappelle les pâtes filées italiennes. Dans le sud de l'île, une tomme de brebis s'est inspirée d'un fromage sarde ; cette pâte pressée (dont le petit-lait sert, avec d'autres, à l'élaboration du broccio), à croûte naturelle et salée en saumure, est affinée 2 mois en cave.

Broccio

La mise en moules du broccio

ou sucrées. Cependant, il est parfois salé en surface, mis à sécher 15 jours en cave fraîche, puis enrobé de feuilles sèches d'asphodèle ou roulé dans du poivre ou des herbes. Il a alors pris un goût relevé et piquant et se gardera très longtemps.

VOIR PAGE 189

BROUSSE

Région : Provence (comté de Nice)	Croûte : inexistante
Lait : de brebis ou de chèvre	Forme : variable
Pâte : fraîche	Taille : variable
Teneur en matières grasses : 45 %	Poids : variable
	Saveur : douce, crémeuse

Meilleure période de consommation : hiver, printemps, été

Vins d'accompagnement : les vins légers de Provence (côteaux-d'aix)

La brousse, spécialité provençale, est fabriquée principalement dans la région du Rove, près de Marseille, et dans l'arrière-pays niçois où coule la Vésubie, affluent du Var. Ce fromage frais, battu – brousser signifie battre, remuer –, parfumé des arômes des plantes de la garrigue, est fait généralement au lait de brebis, parfois complété de lait de chèvre. Contrairement au broccio, à base de petit-lait recuit, la brousse de Provence est préparée avec la partie caséeuse du lait, que l'on porte à ébullition en la remuant vivement au fouet. Le caillé est alors versé dans une assiette en terre vernissée creuse, perforée, qui, garnie d'une mousseline, est posée sur un autre récipient dans lequel il s'égoutte. Il est ensuite transvasé dans des moules métalliques hauts et étroits, également percés de trous, mais plus fins.

Autrefois, la brousse était ainsi vendue sur le marché, pour être démoulée sur un plat qu'apportait la cliente. Aujourd'hui, elle est souvent commercialisée dans des boîtes en plastique qui en facilitent le transport.

Elle peut se déguster accompagnée de fines herbes, d'oignons hachés et d'ail.

ÉCHOURGNAC

Région : Périgord	Taille : 19 cm de diamètre ; 6 cm environ d'épaisseur ; un petit format de 10 cm de diamètre et 4 cm d'épaisseur
Lait : de vache, cru	Poids : 1,9 kg ; 300 g pour le petit format
Pâte : pressée, non cuite	Saveur : douce, bouquetée
Teneur en matières grasses : 50 %	
Croûte : lavée	
Forme : disque à bords arrondis	

Meilleure période de consommation : toute l'année

Vins d'accompagnement : les cahors et les bergeracs rouges

En 1868, les moines trappistes de l'abbaye du Port-du-Salut, en Mayenne, fondent à Échourgnac, au cœur de la forêt de la Double, l'abbaye de Notre-Dame-de-Bonne-Espérance, afin d'aider les habitants de la région à assécher les marais et à mettre les terres en culture. Les paysans commencent alors à faire de l'élevage et, pour utiliser le lait, les moines ouvrent une fromagerie où ils reprennent les méthodes de fabrication mises au point dans l'abbaye mère. En 1923, des trappistines remplacent les moines et, dans le silence de leur cloître, poursuivent la tradition ; elles ont su conserver à la pâte douce et fine de l'échourgnac toutes ses qualités d'origine. Quant

Des tommes à différents stades d'affinage

aux moines, ils continuent de produire du fromage, sous le nom d'entrammes (voir p. 60).

Fabriqué exclusivement avec du lait cru de vache – d'égale qualité toute l'année car les bêtes paissent en liberté en été et sont affouragées à l'étable en hiver –, l'échourgnac a gardé sa saveur de terroir.

Le caillé est d'abord brassé et mis dans des moules garnis de toile, puis il passe sous des presses hydrauliques qui en extraient le petit-lait. Les fromages sont alors plongés quelques heures dans la saumure, avant d'être salés à sec, plusieurs fois, pendant 1 semaine. Ils se couvrent peu à peu d'une croûte ocre, peu morgée, qui va être lavée et brossée tous les jours au début de l'affinage dans les caves voûtées de l'abbaye, puis de moins en moins souvent.

Au bout de 3 à 4 semaines, leur pâte est tendre et élastique et ils sont prêts pour la commercialisation, très locale.

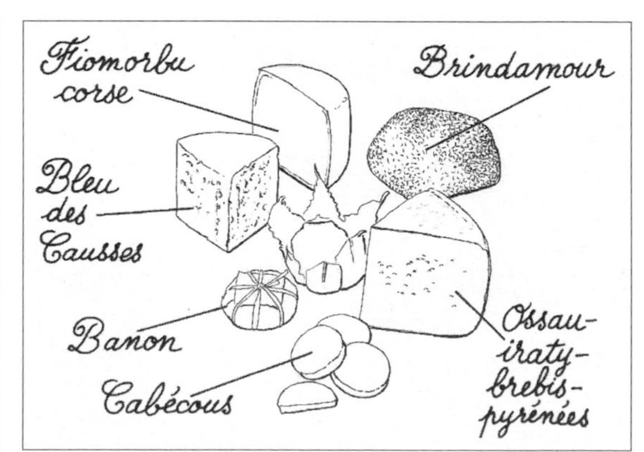

Le saint-héblon

En avril 1990, un nouveau fromage est né dans l'enceinte de l'abbaye d'Échourgnac : le saint-héblon. Le lait de vache chauffé et emprésuré est mis en faisselles où il va s'égoutter spontanément. Au bout d'une vingtaine d'heures, les fromages – 14 cm de diamètre sur 3 cm d'épaisseur, et pesant 600 g environ – sont plongés dans de la saumure, puis vaporisés de ferments lactiques. Après 2 semaines d'affinage dans les caves de l'abbaye, ils présentent une pâte onctueuse (50 % de matières grasses), d'une très bonne tenue, recouverte d'une croûte fleurie.

LARUNS

Région : Pays basque
Lait : de brebis, cru
Pâte : pressée, non cuite
Teneur en matières grasses : 50 % en moyenne
Croûte : naturelle
Forme : cylindre
Taille : de 25 à 30 cm de diamètre ; de 8 à 9 cm d'épaisseur
Poids : de 4 à 5 kg
Saveur : douce à prononcée, rustique
Meilleure période de consommation : d'avril à octobre
Vins d'accompagnement : les vins charnus rouges ou blancs des Pyrénées (irouléguy, madiran), les côtes-du-rhône rouges

Le laruns, comme l'oloron, tous deux originaires de la vallée d'Ossau, dans le Béarn, sont de proches parents de l'ossau-iraty-brebis-pyrénées (voir page de droite). On les rencontre parfois sous le nom de fromages de la vallée d'Ossau.

Fabriqués depuis très longtemps par les bergers, dans les cayolars basques et les cujalas béarnais, pendant l'estive, ces fromages de brebis développent de délicieux arômes dus à la flore des vallées pyrénéennes.

Juste après la traite, le lait chauffé à 32 °C est emprésuré et, une fois coagulé, à nouveau tiédi. Le caillé est brisé à l'aide d'un fouet, séparé du petit-lait, moulé, puis légèrement pressé. Il est salé au gros sel sec avant d'être placé en cave humide et fraîche (moins de 12 °C), pour 3 à 6 mois. Sous une croûte sèche, jaune orangé avec des reflets gris, la pâte ferme mais souple a une légère odeur ovine.

La famille du laruns

Au Pays basque, on trouve ce fromage sous diverses appellations locales : arnéguy, ardi-gasna (terme basque signifiant fromage du pays), ou encore esterencuby. Autre pâte pressée au lait cru de brebis, l'esbareich, ou tardets, est encore fabriqué en chalet de montagne, et garde ainsi tous les arômes et les parfums du Béarn. Quant à l'etorki, bien qu'il soit de fabrication industrielle, il a une agréable saveur et présente l'avantage d'être largement disponible hors de sa région d'origine.

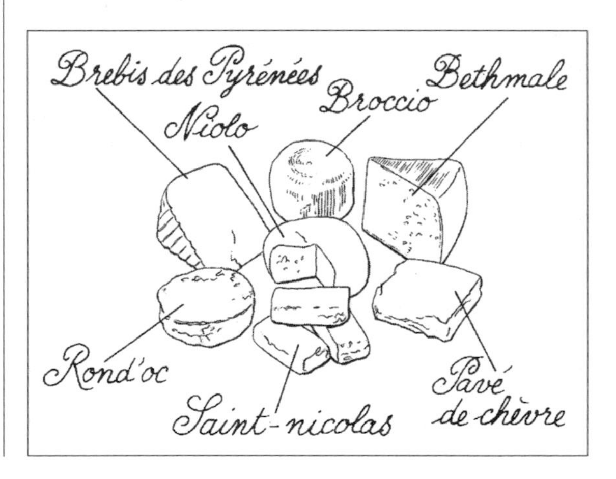

OSSAU-IRATY-BREBIS-PYRÉNÉES

AOC
RÉGION : Pays basque, Béarn
LAIT : de brebis, cru, entier
PÂTE : pressée, non cuite
TENEUR EN MATIÈRES GRASSES : 50 % au minimum
CROÛTE : naturelle
FORME : cylindre, à talon droit ou légèrement convexe
TAILLE : 26 cm de diamètre ; 12 à 14 cm de haut ; un petit format de 18 à 20 cm de diamètre et 10 à 12 cm de haut
POIDS : de 4 à 5 kg ; de 2 à 3 kg pour le petit format
SAVEUR : riche de terroir, noisetée
MEILLEURE PÉRIODE DE CONSOMMATION : fin du printemps, été, automne
VINS D'ACCOMPAGNEMENT : les vins rouges charpentés et les vins blancs corsés des vignobles pyrénéens (irouléguy, madiran, jurançon)

Ossau-iraty-brebis-pyrénées

LE NOM DE CE FROMAGE évoque ses deux provinces d'origine et de production : la vallée d'Ossau, dans le Béarn, et le plateau d'Iraty, au Pays basque. Ses origines sont sans doute très anciennes.

Dès le Ier siècle après J.-C., le poète latin Martial signale la présence de fromages des Pyrénées sur le marché de Toulouse. Au XIVe siècle, ils constituent la principale source de revenus des bergers et des propriétaires de troupeaux et sont déjà reconnus comme monnaie d'échange.

Au XIXe siècle, les religieux qui s'installent dans l'abbaye de Belloc (voir p. 121) en fixent définitivement les règles de fabrication.

Aujourd'hui, pendant la période d'estive, de juin à septembre, les bergers produisent toujours l'ossau-iraty-brebis-pyrénées dans les cayolars basques ou les cujalas béarnais – cabanes de pierres construites en montagne – et redescendent à l'automne dans la vallée pour y vendre leurs fromages. Le lait produit par trois races locales de brebis (basco-béarnaise, manech tête noire et manech tête rousse), toutes excellentes laitières, est emprésuré à chaud (28 à 35 °C). Le caillé obtenu est brassé au fouet, puis moulé et légèrement pressé, parfois encore manuellement. Après un égouttage pouvant varier de 3 à 24 heures, l'ossau-iraty est salé au gros sel ou en saumure, puis affiné 3 mois au moins en cave humide, à une température inférieure à 12 °C, où il sera régulièrement brossé. La croûte épaisse, de couleur jaune orangé à gris, recouvre alors une pâte ivoire et souple.

Le brossage en cave de l'ossau-iraty

VOIR PAGE 186

PÉLARDON

Région : Languedoc
Lait : de chèvre, cru, entier
Pâte : molle
Teneur en matières grasses : 45 %
Croûte : naturelle
Forme : petit palet
Taille : de 6 à 7 cm de diamètre ; de 2,5 à 3 cm d'épaisseur
Poids : de 60 à 100 g, selon le degré d'affinage
Saveur : noisetée
Meilleure période de consommation : printemps, été, automne
Vins d'accompagnement : les vins rouges fruités ou corsés tels que les côtes-du-rhône, le costières-du-gard, le salavès, le graves ou le saint-péray

Le terme générique de pélardon, mot cévenol, désigne plusieurs variétés de petits fromages de chèvre provenant de différents secteurs du Languedoc : pélardon des Cévennes, d'Altier, d'Anduze.

Comme hier, le pélardon est fabriqué à la ferme avec du lait de chèvre, cru et entier, emprésuré juste après la traite, et ensemencé de petit-lait de la veille. Le caillé est moulé à la louche dans des faisselles. Retourné plusieurs fois, il s'égoutte spontanément, puis il est salé et démoulé à la main. Pendant 2 à 3 semaines, les fromages, disposés sur des claies, vont être régulièrement retournés, dans des caves ensemencées de moisissures nobles qui leur donneront toute leur saveur. De fabrication strictement contrôlée, le pélardon des Cévennes fait actuellement l'objet d'une demande d'AOC.

ROCAMADOUR

Région : Quercy
Lait : de chèvre ou de brebis, cru, entier
Pâte : molle
Teneur en matières grasses : 45 % en moyenne
Croûte : naturelle
Forme : petit palet
Taille : de 5 à 6 cm de diamètre ; 1,5 cm d'épaisseur
Poids : de 30 à 40 g, selon le degré d'affinage
Saveur : légèrement lactique, noisetée
Meilleure période de consommation : d'avril à novembre
Vins d'accompagnement : les vins rouges fruités de Marcillac, de Cahors ou du Béarn

Ce délicieux petit fromage dont le nom évoque le magnifique site de Rocamadour est fabriqué à la ferme avec du pur lait de chèvre ou de brebis. Ce lait tire toute sa richesse et son parfum de la végétation naturelle et variée du causse, composée d'aubépines, de genévriers, de mûriers et de diverses autres plantes odoriférantes. Après emprésurage, le caillé est délicatement moulé en petits palets qui s'égouttent spontanément, avant d'être disposés sur des claies en cave humide. Là, les fromages vont être quotidiennement retournés à la main pendant 5 à 8 jours. Tendres et crémeux, ils sont alors commercialisés à nu sur paillon.

D'autres vont poursuivre leur affinage jusqu'à 15 jours ; leur croûte fine et blanche se couvre alors de bleuissures de plus en plus marquées. Quand ils sont très vieux, ils ont durci au point qu'il faut les casser au marteau et les sucer comme des bonbons. On peut même les déguster après les avoir enveloppés dans des feuilles de vigne et les avoir arrosés de marc, puis les avoir conservés dans des pots ventrus, les oules.

Les cabécous

Le rocamadour a longtemps été connu sous le nom de cabécou de Rocamadour, cabécou signifiant en langue d'oc petite chèvre. Il a de nombreux cousins, notamment les cabécous d'Entraygues, de Cahors ou du Béarn, qui sont fabriqués de la même façon, mais ont des goûts légèrement différents en fonction de l'alimentation des bêtes laitières, chèvres, brebis, ou parfois vaches. Il a aussi des parents un peu plus lointains, tous au lait de chèvre, comme le rond'oc du Tarn, le saint-nicolas de l'Hérault ou le pavé de chèvre. Le rocamadour, qui fait l'objet d'une demande d'AOC, a dû abandonner l'appellation de cabécou, trop générique.

Le démoulage des cabécous

Le picadou ou cabécou confit

Le picadou est un cabécou qui a été enveloppé dans une feuille de noyer et mis à macérer dans de l'huile d'olive ou de l'eau-de-vie de prune du Quercy jusqu'au début de l'hiver, ou davantage si on le souhaite très parfumé.

VOIR PAGE 180

ROQUEFORT

AOC
RÉGION : Rouergue
LAIT : de brebis, cru, entier
PÂTE : persillée
TENEUR EN MATIÈRES GRASSES : 52 % au minimum
CROÛTE : naturelle, humide, raclée
FORME : cylindre
TAILLE : de 19 à 20 cm de diamètre ; de 8,5 à 10,5 cm de haut
POIDS : de 2,5 à 2,9 kg
SAVEUR : fine et prononcée
MEILLEURE PÉRIODE DE CONSOMMATION : toute l'année, mais surtout en automne et en hiver
VINS D'ACCOMPAGNEMENT : les grands vins rouges fortement charpentés (châteauneuf-du-pape, madiran, cahors), les vins blancs (sauternes, monbazillac, vin jaune, jurançon moelleux, gewurztraminer corsé), le vieux banyuls

LE ROQUEFORT est fabriqué au pur lait de brebis, de race lacaune – un lait rare (la brebis n'en donne qu'un litre par jour environ), mais plus riche et plus parfumé que les autres laits utilisés en fromagerie. La légende veut que le roquefort soit né des amours d'un pâtre et d'une bergère. Le jeune homme, qui gardait son troupeau près d'une grotte du Combalou, voyant

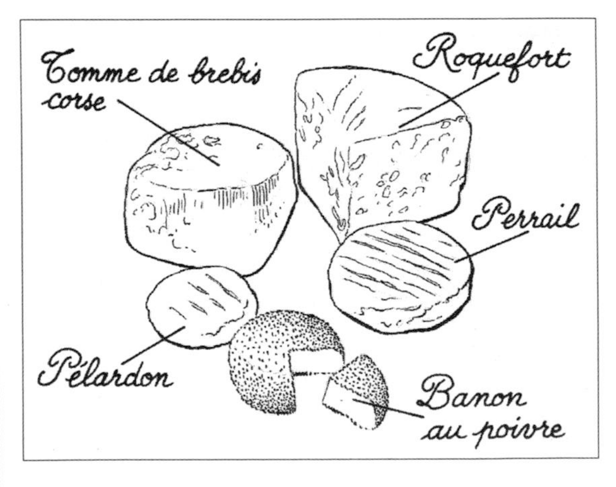

passer une jeune et jolie bergère, posa dans un coin de la grotte le pain de seigle et le fromage du lait de ses brebis dont il déjeunait, et alla lui conter fleurette. Quelques jours plus tard, il retrouva le pain moisi et le fromage bleui à son contact, mais décida, malgré tout, de goûter ce dernier... qu'il trouva fort bon. Il commença à développer sa petite production, qu'il fit connaître autour de lui. Les bergers voisins aménagèrent à leur tour des grottes, dont ils fermèrent les issues par des cabanes, d'où le nom de cabaniers et de cabanières que portent

Le perrail

Ce fromage de brebis à pâte molle et à croûte naturelle se présente sous la forme d'un disque de 6 à 7 cm de diamètre, de 1,5 à 2 cm d'épaisseur, pesant de 80 à 100 g. Il est préparé par les cabaniers lorsque les brebis ne produisent plus suffisamment de lait pour permettre la fabrication des roqueforts.

Roquefort

encore de nos jours les artisans des caves de Roquefort.

Limité pendant des siècles aux causses environnants, le terroir du roquefort s'est peu à peu étendu et couvre aujourd'hui le rayon – zone traditionnelle de collecte du lait –, qui comprend une grande partie de l'Aveyron, le causse du Larzac et quelques communes des départements limitrophes. Vers 1900, les Pyrénées-Atlantiques et la Corse devinrent également fournisseurs de lait et de fromages « blancs », non mûris (départements hors rayon). Mais l'affinage se fait exclusivement à Roquefort-sur-Soulzon, dans des conditions biologiques très particulières.

Aménagées dans un éboulis au lieu-dit rocher du Combalou, les caves couvrent une superficie deux fois plus étendue que le village lui-même et se superposent sur quatre à onze étages. Mais si ce lieu est unique, il le doit aux fleurines, ces failles naturelles pouvant atteindre 100 m de hauteur, par lesquelles arrive un courant d'air frais, à la température constante de 8 °C et au taux d'hygrométrie de 95 %. Les courants d'air sont soufflants ou aspirants en fonction de l'orientation de l'air extérieur.

La brebis rouge

Outre son AOC qui date de 1925, le roquefort est également protégé par le label Brebis rouge, marque collective créée en 1930 par la Confédération générale des producteurs de lait de brebis et des industriels de Roquefort et déposée depuis dans plus de 40 pays.

L'affinage dans les caves du rocher du Combalou

Les brebis viennent boire dans les lavognes du causse.

Chaque jour, durant 7 à 8 mois, et surtout en avril et en mai, le lait, cru et entier, est chauffé à 31 °C et emprésuré. L'ensemencement en *Penicillium roqueforti* peut se faire à ce stade de la préparation, sous forme de liquide, ou plus tard, au moment du moulage, sous forme de poudre. Le caillé est ensuite découpé en petits cubes, brassé puis déposé dans des moules percés. Après un égouttage de 3 jours avec retournements réguliers, les pains sont démoulés et salés sur leurs deux faces et leur pourtour, plusieurs fois pendant 6 jours.

Ils sont alors transportés dans les caves de Roquefort, où ils sont brossés et piqués de grosses aiguilles qui aèrent la pâte, permettant ainsi à l'humidité et aux spores du champignon véhiculées par le courant d'air d'y développer les moisissures. Placés de chant sur des travées de chêne, ils subissent un premier affinage de 3 à 4 semaines : on dit qu'ils prennent du montant. À ce stade, ils sont enveloppés dans une feuille d'étain pur qui épouse parfaitement leur forme, et poursuivent ainsi leur lente maturation pendant 2 à 3 mois.

Ils sont alors débarrassés de leur habit de métal, revirés (raclés) pour en enlever l'excès de morge, et enfin emballés dans du papier d'aluminium à leur marque. À terme, le roquefort présente une pâte beurreuse, souple, blanche veinée de bleu, bien persillée dans la masse jusqu'au talon, de saveur prononcée sans être piquante. La croûte est blanche et légèrement luisante.

Petite histoire du roquefort

Pline l'Ancien en faisait déjà l'éloge au Ier siècle après J.-C., Charlemagne s'en faisait expédier deux charges de mulet à Aix-la-Chapelle pour les fêtes de Noël, mais c'est en 1411 que le roquefort gagne ses lettres de noblesse lorsqu'une charte royale, signée par Charles VI, accorde aux habitants de Roquefort le monopole de l'affinage du fromage « tel qu'il est pratiqué de temps immémorial dans les caves dudit village » – la première appellation d'origine, pourrait-on dire.

Ce privilège est par la suite garanti par de nombreux arrêts du parlement de Toulouse, qui le protègent des imitations «qu'elles défendent d'appeler roquefort à peine de mille livres d'amende et d'être enquis » et confirment les droits accordés pour la défense de « cette roche moult forte » où « murissent » les fromages. Au XVIIIe siècle, dans leur *Encyclopédie*, Diderot et d'Alembert le sacrent « roi des fromages ».

Mais c'est à l'aventurier et grand séducteur italien Casanova que l'on doit, dans ses *Mémoires*, la célèbre formule : « Oh, que le chambertin et le roquefort sont d'excellents mets pour restaurer l'amour et pour porter à plus prompte maturité un amour naissant ! »

VOIR PAGE 186

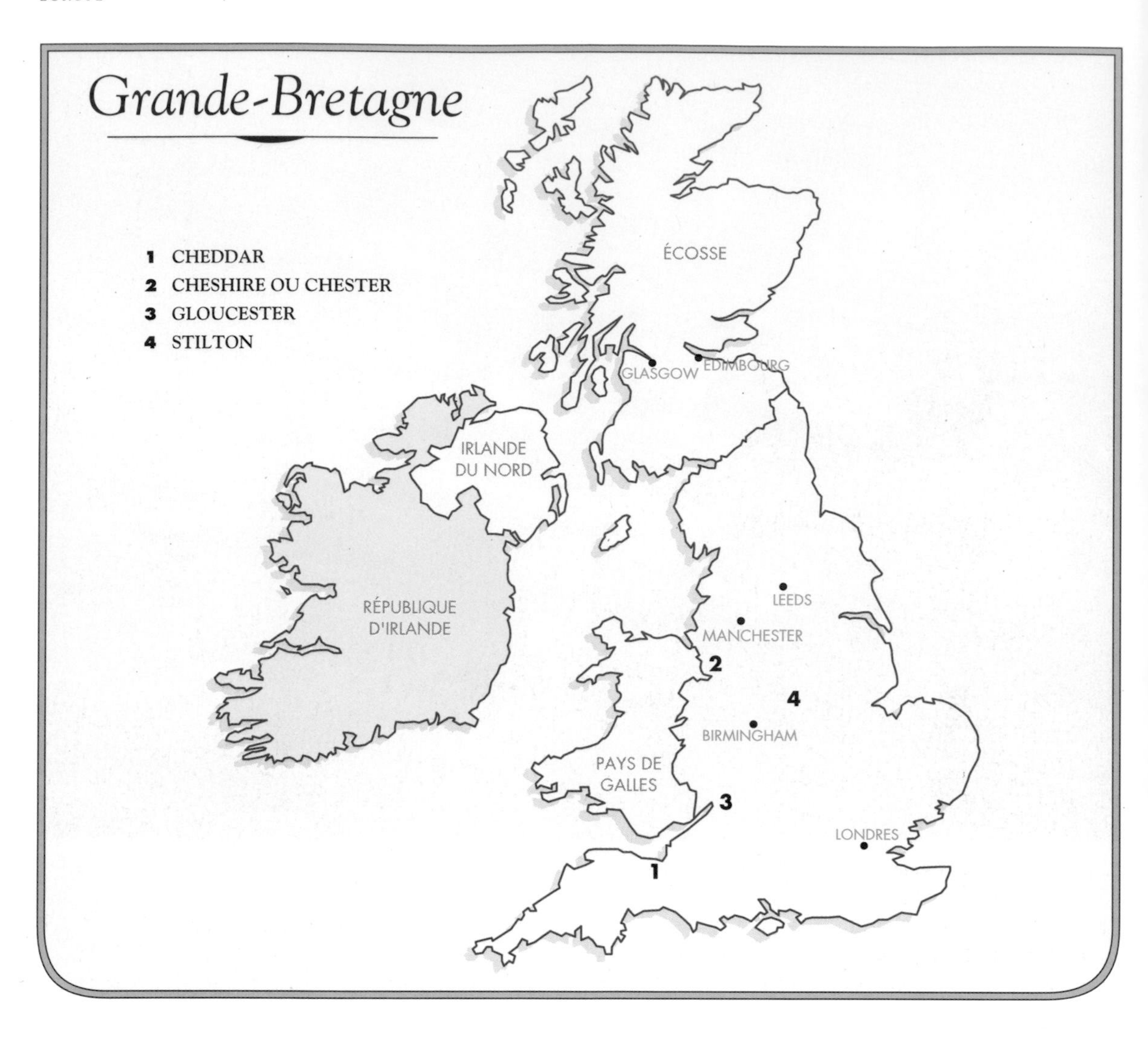

CHEDDAR

Région : comté de Somerset
Lait : de vache, cru ou pasteurisé
Pâte : pressée, non cuite
Teneur en matières grasses : 50 % au minimum
Croûte : naturelle, ou toilée pour le fermier, ou cirée pour le laitier
Forme : cylindre haut
Taille : de 35 à 40 cm de diamètre ; de 35 à 40 cm d'épaisseur
Poids : 27 kg, souvent débités en portions de 2 à 7 kg
Saveur : de douce, tendre et aromatisée à prononcée, suivant l'âge
Meilleure période de consommation : toute l'année
Boissons d'accompagnement : les bières brunes, le porto, le xérès, certains grands vins blancs de Bourgogne

Le cheddar, l'un des plus anciens fromages de Grande-Bretagne, est fabriqué depuis le XVe siècle au moins, et tire son nom des gorges du Cheddar, dans le Somerset, à l'ouest de l'Angleterre. En 1600, William Camden cite la ville de Cheddar pour « les fromages excellents et prodigieux que l'on y fait dont certains nécessitent une force peu commune pour être placés sur la table ».

Comme tous les fromages réputés – et peut-être parce qu'il ne porte pas l'appellation d'un comté –, il a suscité de nombreuses imitations à l'étranger, notamment aux États-Unis, où il arriva avec les premiers colons anglais.

Avec sa pâte naturellement blanche, compacte, ferme et lisse, il constitue aujourd'hui le fromage préféré par la moitié du monde anglo-saxon – quand il est fabriqué hors du Royaume-Uni, il est toujours *red*, coloré en rouge.

Un fromage royal

Lorsque la toute jeune reine Victoria épousa le prince Albert de Saxe-Cobourg-et-Gotha, ses sujets du Somersetshire lui offrirent un cheddar géant de 500 kg, dont la fabrication avait englouti le lait de 750 vaches.

Ce succès tient en partie à ses nombreuses variétés, toutes issues du même type de fabrication. Le lait, cru ou plus souvent pasteurisé, est chauffé dans de grandes cuves et emprésuré : le caillé est tranché et réchauffé à feu doux, avec augmentation d'acide lactique. Après égouttage, il est découpé,

Un paysage du Derbyshire

et les blocs sont empilés, broyés et moulés : ce procédé porte le nom de cheddarisation. Le lendemain, les fromages sont démoulés et entament leur affinage. Au bout de 3 à 5 mois, ils seront doux (*mild*) et pâles. Après 9 mois, ils seront vieux (*old*), avec une belle couleur dorée et une saveur prononcée. S'ils mûrissent 2 ans, ils développeront des marbrures bleues qui leur vaudront le nom de *blue cheddar*.

Quand le cheddar est vraiment fermier et au lait entier, il est plus piquant ; fabriqué dans le sud-ouest de l'Angleterre, il est toilé avant l'affinage. Pendant 6 mois au moins, il mûrira à Wells, au Mendip Foods, le plus grand centre d'affinage d'Angleterre.

Au bout de 2 mois, il est vérifié. S'il est de toute première qualité, il reçoit le label « Farmhouse English Cheese », représenté par trois cylindres de fromage symbolisant les trois sources du village de Wells.

Le cheddar, jeune ou affiné, est rarement vendu entier ; il est généralement débité en morceaux (fréquemment de 2,5 kg pour le fermier), et conditionné sous des emballages divers.

Cheddar

Un héritage romain

La ressemblance entre le cheddar et le cantal, souvent considéré comme l'ancêtre des fromages français, est telle que l'on suppose que les Romains en ont fait connaître la technique de fabrication aux Bretons d'Outre-Manche – peut-être par le biais des Gaulois enrôlés pour construire le mur d'Hadrien. Cependant, malgré de nombreuses études, on ignore encore aujourd'hui le secret du délicieux goût de noisette du cheddar.

Un faux bleu

Le derby, de la famille du cheddar, affiné de 2 à 10 mois, présente parfois des marbrures vert vif ; elles ne sont pas dues à des moisissures, mais à l'addition de sauge au caillé, qui donne le *sage derby*, traditonnellement consommé à Noël.

Le cheddar laitier est parfois recouvert de cire de différentes couleurs (ainsi, le Top hat est rouge ou orange). Il peut même, dans certaines fabrications industrielles, être coloré en orange par de l'annatto.

VOIR PAGE 189

Le contrôle du cheddar en cave d'affinage

Le brassage du cheddar

CHESHIRE OU CHESTER

RÉGION : comté de Cheshire
LAIT : de vache, cru ou pasteurisé
PÂTE : pressée, non cuite, colorée en rouge
TENEUR EN MATIÈRES GRASSES : 45 % en moyenne
CROÛTE : naturelle, cireuse, entoilée
FORME : cylindre
TAILLE : 35 cm de diamètre ; 40 cm d'épaisseur
POIDS : de 35 à 40 kg
SAVEUR : assez prononcée, mais non relevée
MEILLEURE PÉRIODE DE CONSOMMATION : été
BOISSONS D'ACCOMPAGNEMENT : les vins fruités, le porto, le xérès, les bières anglaises

LE CHESHIRE, enveloppé dans sa toile, est très ancien et représente à lui seul une grande part de la production fromagère anglaise. Il est appelé chester en France et en Belgique, du nom de la capitale du comté. Il doit son goût de sel au fait que les vaches qui fournissent le lait nécessaire à sa fabrication paissent dans des prés salés. Un fromage comparable est déjà mentionné sous Guillaume le Conquérant, au XIe siècle, et il semblerait même qu'à l'époque romaine il ait été connu sur les marchés de la capitale de l'empire. En tant que tel, il est attesté sous le règne d'Élisabeth Ire, et la légende voudrait que sa forme actuelle ait été inspirée par le *Cheshire Cat*, le gentil chat d'*Alice au pays des merveilles*.

Produit à l'origine dans toute la région, il est aujourd'hui limité au Cheshire, depuis que le Derbyshire et le Leicestershire ont créé leurs propres fromages (sage derby, stilton...).

Le lait mélangé du soir et du matin est d'abord additionné d'un colorant, puis de ferments lactiques et de présure à 30 °C. Le caillé est ensuite tranché et brassé pour s'égoutter d'une partie de son petit-lait. De nouveau brassé et chauffé, il est légèrement pressé et découpé en gros morceaux puis, quelques heures plus tard, en petits cubes, avant d'être broyé et salé. Il perd ainsi progressivement le reste de son petit-lait. Il est alors mis en moules et étuvé toute la nuit. Il est enfin pressé de plus en plus fort pendant 4 jours, puis mis à affiner en cave tiède (18 °C).

Le derby

Le derby, très ancien, disparut peu à peu avec le développement du réseau ferré anglais ; le lait n'était plus exploité sur place, il partait directement vers Londres. Sa production industrielle reprit pourtant en 1870. Aujourd'hui, il est commercialisé sous forme de meules de 14 kg (38 cm de diamètre et 12 cm d'épaisseur), qui ont été affinées de 1 à 4 mois. Mais le derby est surtout connu sous sa forme à la sauge (voir p. 134).

La marque CCC

Lorsqu'il est fabriqué au lait cru, le cheshire vieillit différemment suivant les saisons de traite, les amateurs préférant celui de l'été. Les fromages fermiers portent la marque CCC de la Cheshire Cheese Federation, assortie de notes totalisant 100 points, les barèmes étant de 40 pour la saveur, 20 pour la pâte, 20 pour la stabilité, 10 pour la couleur et 10 pour la finition.

Selon son degré de maturation, il revêt trois identités, correspondant aux trois couleurs de l'Union Jack. Le cheshire blanc, le plus répandu, affiné en 6 semaines, a une pâte jaune pâle souple et friable. Le cheshire rouge, prêt lui aussi en 6 semaines, a été coloré par de l'annatto. Quant au bleu, *Old Blue*, plus rare et apprécié des gastronomes, lui aussi rouge au début de l'affinage, il s'est enrichi après 6 mois en cave sèche de moisissures bleues de *Penicillium glaucum*.

Le cheshire possède une texture grasse et friable et une croûte brillante, entourée de toile ou de cire, qui lui gardent sa forme pendant qu'il mûrit.

VOIR PAGE 181

GLOUCESTER

RÉGION : comté de Gloucester
LAIT : de vache, cru
PÂTE : pressée, non cuite
TENEUR EN MATIÈRES GRASSES : de 48 à 50 % et plus
CROÛTE : naturelle, souvent cirée
FORME : disque épais pour le simple ; cylindre pour le double
TAILLE : de 25 à 30 cm de diamètre ; de 10 à 15 cm d'épaisseur pour le simple et de 20 à 35 cm pour le double
POIDS : de 4 à 15 kg
SAVEUR : riche et moelleuse
MEILLEURE PÉRIODE DE CONSOMMATION : été
BOISSONS D'ACCOMPAGNEMENT : les bières fruitées, les vins rouges de Loire (chinon, bourgueil)

LES ARCHIVES du comté de Gloucester mentionnent l'existence de fromageries dès le VIIIe siècle. Au XVIe siècle, le fromage de ce comté, le gloucester, commença à se faire connaître de bouche à oreille et franchir ses frontières d'origine.

À cette époque, les fermiers le fabriquaient avec le lait des vaches gloucester, mais elles avaient pratiquement disparu deux siècles plus tard ; elles sont aujourd'hui remplacées par les longhorn et les shorthorn.

Quand les meules de gloucester étaient prêtes, elles descendaient en roulant les pentes des vertes collines des Cotswolds, jusque dans la vallée. Cette coutume est toujours pratiquée à Coopers Hill, entre Gloucester et Cheltenham, et à Randwick,

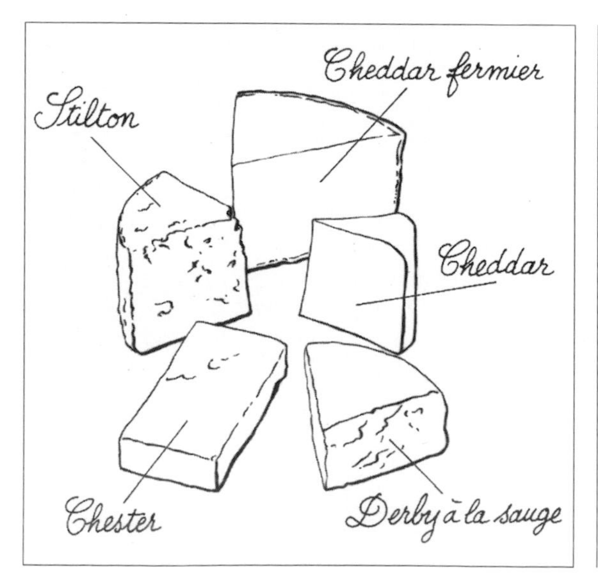

près de Stroud. Elle témoigne de l'importance que garde ce fromage dans la vie locale.

Le gloucester simple *(single)* est rare. Il est cependant encore produit dans quelques fermes avec le lait entier des vaches old gloucester (lait entier de la traite du matin et reste du lait légèrement écrémé de la veille au soir). Sa pâte blanche demi-ferme, au goût crémeux légèrement piquant, est affinée pendant 2 mois.

Le gloucester double *(double)*, beaucoup plus épais et plus lourd, dont la pâte est souvent colorée en orange par de l'annatto, se prépare avec le lait entier de la veille et du matin ; il doit s'affiner au moins 4 mois, et mieux 6, pour développer toute sa saveur.

Simple ou double, ce fromage est généralement enduit de cire, sous laquelle peut se développer une légère moisissure bleue, signe de qualité.

Un cheptel qui se repeuple

En 1974, l'Angleterre ne comptait plus que 45 vaches gloucester. Un certain Charles Martell fonda alors la Gloucester Cattle Society pour donner un nouvel essor à cette race et, en 1979, le troupeau réunissait déjà 100 femelles.

STILTON

Région : comtés de Leicester, de Derby, de Nottingham	**Croûte** : naturelle, sèche
Lait : de vache, pasteurisé, enrichi	**Forme** : cylindre
Pâte : persillée	**Taille** : 15 cm environ de diamètre ; 25 cm d'épaisseur
Teneur en matières grasses : 50 % au minimum	**Poids** : de 4 à 4,5 kg (jusqu'à 8 kg pour le grand format)
	Saveur : très prononcée, relevée

Meilleure période de consommation : de mi-septembre à mi-mars

Boissons d'accompagnement : les vins charpentés, le xérès, le porto jeune, le vieux banyuls

Le stilton, « roi des fromages anglais », qui peut rivaliser avec les meilleurs fromages français, se présente drapé dans son papier d'étain, ou en tranches, ou macéré avec du porto, du madère ou du xérès dans un pot en grès. Sa croûte ferme à moisissures grises ou dorées cache une pâte friable et crémeuse, abondamment garnie de veines bleues.

Toujours fabriqué à la ferme selon une recette antérieure au règne de Charles II (1630-1685) et transmise de père en fils, il serait originaire de Quenby Hall, dans le comté de Leicester, et fut d'abord connu sous le nom de fromage de lady Beaumont.

Au XVIIIe siècle, une fermière du Leicestershire venait vendre ce fromage aux clients de l'auberge Bell Inn que tenait son beau-frère à Stilton, dans le Cambridgeshire. Les voyageurs qui empruntaient en diligence la grand-route reliant Londres à York furent séduits par ce bleu et le baptisèrent naturellement stilton ; le nom lui est resté. Dès la fin du XIXe siècle, son succès était assuré, et il était fabriqué à grande échelle.

Le lait pasteurisé des vaches de race shorthorn, très gras ou enrichi, est ensemencé de *Penicillium glaucum* et emprésuré. Le caillé est tranché, égoutté, finement broyé et salé, puis mis dans des moules qui sont quotidiennement retournés pendant une semaine. Après démoulage, les fromages sont lissés et grattés avec un couteau pour favoriser la formation de la croûte.

Puis ils partent vers la cave d'affinage, où ils sont d'abord retournés chaque jour pendant 7 jours, puis où ils se reposent pendant 6 semaines. Ils sont alors parfois percés d'une aiguille, mais, généralement, la texture écailleuse de la pâte suffit pour que les moisissures bleu-vert se développent. Une semaine plus tard, chaque cylindre est sondé pour évaluer son degré de maturité et son onctuosité. Si la maturation se fait correctement, l'affinage se poursuit ; il durera au total de 4 à 9 mois, et jusqu'à 12 mois, en cave humide et fraîche.

Les consommateurs ont le choix entre différents stades d'affinage. Les hauts cylindres sont en général débités en roues, elles-mêmes découpées en parts régulières.

Le stilton est au sommet de sa qualité en hiver, et les achats se concentrent sur les deux derniers mois de l'année.

VOIR PAGE 180

Six membres pour un fromage

Depuis 1969, devant son succès, le stilton est protégé et défini par la loi : « fromage à pâte blanche ou à pâte persillée, au lait entier, à la croûte naturelle, de forme cylindrique ; le lait doit venir de vaches laitières anglaises du district de Melton Mowbray et de ses alentours ». Le véritable stilton est en outre protégé par le certificat de garantie de la marque déposée Stilton Cheese Makers Assoc, et ne peut être fabriqué que dans trois comtés, par les six membres de l'association des fromagers-affineurs de stilton, fondée en 1936, les seuls à pouvoir y apposer cette marque.

Stilton

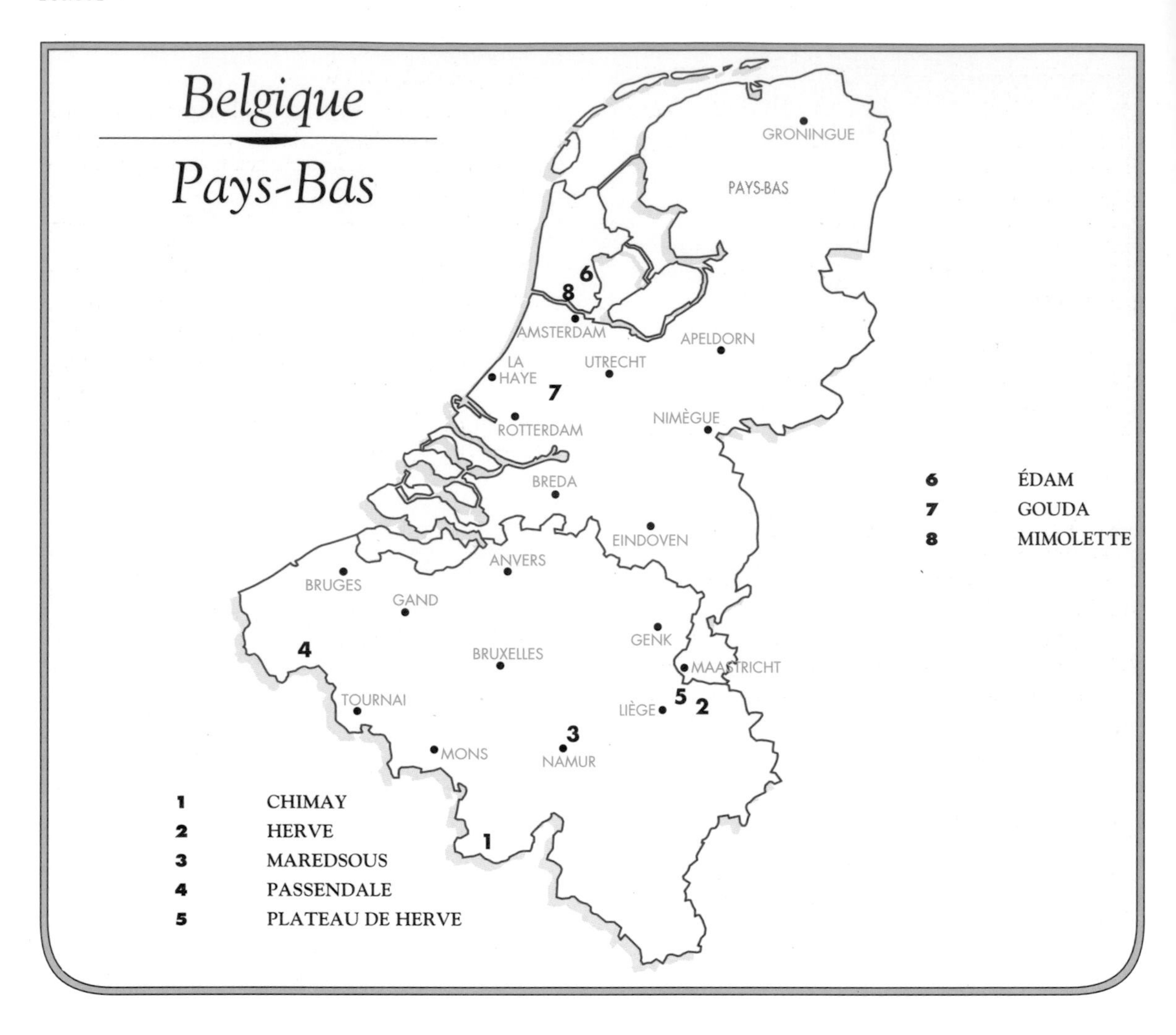

CHIMAY

Région : Wallonie (Entre-Sambre-et-Meuse)	**Croûte** : naturelle, légèrement fleurie
Lait : de vache, cru ou pasteurisé	**Forme** : disque épais
Pâte : pressée, non cuite	**Taille** : de 11 à 20 cm de diamètre ; de 4 à 6 cm d'épaisseur
Teneur en matières grasses : 45 % au minimum	**Poids** : de 0,4 à 2 kg
	Saveur : de terroir, onctueuse

Meilleure période de consommation : toute l'année
Boissons d'accompagnement : bière des trappistes de Chimay

Dans l'Entre-Sambre-et-Meuse, région proche de la frontière française, on pratique depuis très longtemps l'élevage bovin, et on fabrique des fromages. Si certains restent très rares, comme la cassette de Beaumont ou la boulette de Cul-des-Sarts, d'autres connaissent un bel essor ; c'est le cas du chimay.

En 1876, les moines trappistes de l'abbaye de Scourmont, près de Chimay, retrouvent le secret de fabrication d'un fromage à pâte demi-dure. Ils commencent à le produire avec le lait de leur ferme, pour leur consommation personnelle. Ne suffisant plus à la tâche, ils s'associent avec la laiterie locale, tout en continuant d'assurer l'affinage dans les caves de l'abbaye. Plus tard, ils montent une coopérative laitière, puis, en 1980, une seconde, en association avec les fermiers de la région.

La tradition ancestrale n'en est pas moins respectée. Le lait, récolté dans 300 fermes de la région (il en faut 10 litres pour fabriquer 1 kg de fromage), est ensemencé à chaud et emprésuré. Le caillé est ensuite brassé, lavé et découpé en blocs de 400 g ou de 1 et 2 kg. Quel que soit leur format, les fromages sont placés sur une étamine, puis moulés et pressés pendant 4 à 5 heures, avant d'être plongés dans une saumure. Durant leur séjour en cave humide à 15 °C, ils sont retournés tous les jours et lavés trois fois par semaine. Le chimay grand classique, le plus répandu, est ainsi affiné 3 semaines, le chimay au lait cru, 6 semaines, comme le chimay à la bière, lavé avec de la bière trappiste. Quant au chimay au lait de brebis et au vieux chimay, ils ont besoin de vieillir 5 mois. Le chimay peut aussi se déguster frais (70 % de matières grasses), enrobé de fines herbes, salé et poivré.

HERVE

RÉGION : province de Liège (plateau de Herve)	CROÛTE : lavée
LAIT : de vache, cru	FORME : pain rectangulaire ou carré
PÂTE : molle	TAILLE : variable ; de 6 à 7 cm de côté pour le carré
TENEUR EN MATIÈRES GRASSES : 45 % au minimum	POIDS : de 200 à 400 g
	SAVEUR : relevée à assez forte

MEILLEURE PÉRIODE DE CONSOMMATION : fin juin à fin novembre
BOISSONS D'ACCOMPAGNEMENT : les vins rouges charpentés des Côtes-du-Rhône, la bière d'Orval, le café noir

En Wallonie, le plateau de Herve, situé à 200 m d'altitude entre les vallées de la Meuse et de la Vesdre, regroupe une quarantaine de villages.

Là, près des roseaux, les vaches à robe pie, au lait particulièrement gras et riche en protéines, se nourrissent d'une flore parfumée née du sous-sol humide, argileux et calcaire, proche de celui du terroir normand.

Vers 1230, le *Roman de la rose* évoque les « fromages gras et sains de la rivière de Clermont » (sur Berwinne, en plein cœur du plateau). À cette époque, les Hervulins produisaient sans doute un fromage frais, la maquée traditionnelle. C'est en la faisant fermenter qu'ils créèrent le herve, qui leur permit de conserver la production laitière de l'été jusqu'à l'hiver.

Du fromage au fond

Au siècle dernier, les pains de caillé se gardaient jusqu'à l'hiver. Devenus fermes, il se conservaient bien et ils servaient souvent de déjeuner aux hommes qui descendaient au fond de la mine.

La maquée ne disparut pas pour autant : au début du XXe siècle, des marchandes, accompagnées d'un chien de charrette ou d'un cheval, parcouraient les routes pour aller vendre leur maquée fraîche à Liège.

La fabrication du herve est toujours assurée par les fermiers de la région. Le lait encore tiède est déversé dans la tine, une cuve à parois obliques, et

Herve

Un paysage de Flandre occidentale

empresuré (13 à 17 ml de présure pour 100 litres de lait). Le caillé est partagé en quatre morceaux, découpé en grosses noisettes, puis égoutté à l'aide du fraiseu, passoire par où s'écoule le petit-lait. Quand il a durci, il est disposé sur la table de dressage, inclinée et divisée en longueur par des planches verticales, les filières, entre lesquelles il prend forme.

Les bandes sont alors pressées et retournées quatre à cinq fois par jour pendant 2 jours, puis découpées en pains qui sont remis entre les planches et salés avant de commencr quelques jours plus tard leur affinage.

Le remoudou

Le remoudou, ou piquant, gros herve de 600 g environ et de 8 cm de côté, qui remonterait à Charles Quint, présente une pâte jaune sous une croûte brique foncé. Son nom a la même origine que celui du reblochon (voir p. 105) : il était en effet fabriqué avec le lait très gras resté dans le pis des vaches, le lait re-trait (moude signifie traire en langue alémanique). Affiné de 3 à 4 mois au moins, et lavé chaque semaine à l'eau salée, à la bière ou au schiedam (genièvre), il dégage une odeur très puissante qui rappelle celle du vieux maroilles. Apprécié des connaisseurs surtout de mi-septembre à mi-mars, il est généralement affiné à Battice, où siège une célèbre confrérie du remoudou.

Celui-ci se fait dans des fermes, souvent de style mosan, bâties en pierres bleues, disposant de caves voûtées, taillées en partie dans la roche, et dont les parois ruissellent, le pays regorgeant de sources. Il y règne une température et une humidité particulièrement propices au développement des bactéries et des levures.

Les pains de caillé sont alignés sur des planches et régulièrement lavés, deux ou trois fois par semaine durant les 15 premiers jours, une fois par semaine ensuite.

Sous l'action des micro-organismes, cousins des ferments qui rougissent le maroilles (voir p. 38), ils se couvrent d'une belle croûte brune légèrement rosée, luisante.

La pâte tendre perd de son acidité. Un herve doux est affiné pendant 5 à 6 semaines, un piquant pendant 2 mois.

Pâte de foin ou pâte d'herbe

Le commerce du herve vivait et vit encore au rythme des saisons. Pendant l'hiver, lorsque les vaches doivent être nourries à l'étable, souvent de fourrages ensilés, et que les caves d'affinage sont parfois plus humides et plus froides, on le baptise pâte de foin. Au printemps, quand les bêtes retournent au pâturage et qu'elles donnent de nouveau un lait abondant, on parle alors de pâte d'herbe, ou pâte de mai.

MAREDSOUS

Région : province de Namur
Lait : de vache, pasteurisé
Pâte : pressée, non cuite
Teneur en matières grasses : 45 % au minimum
Croûte : naturelle
Forme : pain ou carré
Taille : variable
Poids : de 0,5 à 2,5 kg
Saveur : franche et relevée
Meilleure période de consommation : toute l'année
Vins d'accompagnement : les vins rouges légers et fruités (bourgueil)

Les moines de l'abbaye de Maredsous fabriquaient depuis longtemps le fromage du même nom pour leur consommation personnelle. En 1953, ils décidèrent de le produire à plus grande échelle ; aujourd'hui, ils en ont cédé la fabrication à une laiterie industrielle.

Le lait de vache – qui vient en général de France – est ensemencé de spores et emprésuré. Le caillé est ensuite tranché, lavé, moulé, pressé, plongé dans un bain de saumure, et mis à sécher en hâloir. Les petits maredsous (0,5 kg environ), les carrés de 1 kg ou les pains de 2,5 kg sont alors disposés sur des planches en sapin, dans les caves fraîches et humides de l'abbaye, où leur affinage va durer de 3 à 4 semaines, durant lesquelles ils seront retournés et lavés tous les deux jours à l'eau salée.

Quand ils sont enfin enveloppés dans leur papier paraffiné, ils présentent une croûte mince, humide et lisse, et une pâte homogène de type saint-paulin.

VOIR PAGE 186

PASSENDALE

Région : Flandre occidentale
Lait : de vache, cru
Pâte : pressée, non cuite
Teneur en matières grasses : 40 % au minimum
Croûte : naturelle
Forme : miche
Taille : 23 cm de diamètre ; 11 cm d'épaisseur
Poids : 3,5 kg
Saveur : douce
Meilleure période de consommation : toute l'année
Boissons d'accompagnement : beaujolais, sancerre rouge, bières (gueuze, rodenbach, abbaye de Maredsous)

En 1978 apparaît un fromage baptisé *'t groot hof*, c'est-à-dire grand-ferme. En décembre de la même année, il n'en a été vendu que quarante.

1980 marque la première (médaille d'or de l'année au Concours belge du fromage) des nombreuses distinctions qui vont couronner ce fromage appelé désormais passendale, du nom de son village d'origine. En 1983, on en vendra 2 000 par mois, chiffre

La fête du fromage à Passendale

qui témoigne de son étonnant succès ; on envisage dès lors de l'exporter, notamment vers la France et l'Allemagne, ce qui est aujourd'hui une réalité.

Les traditions fromagères locales, notamment celle des trappistes, ont présidé à la naissance de ce fromage produit selon une méthode artisanale, mais avec des moyens techniques modernes. Sa croûte, de couleur gris-blanc à grisâtre, se forme lentement sur le bois de hêtre des caves d'affinage. Durant cette maturation, qui se fait de 4 à 5 semaines, la masse se tasse progressivement sur elle-même jusqu'à adopter la forme d'une miche de pain de campagne, tandis qu'apparaît en surface un fin duvet blanc, qui sera enlevé avec un chiffon juste avant l'emballage.

Le passendale possède une pâte ferme, à la texture aérée, aux petits trous irréguliers, qui rappelle celle du tilsit (voir p. 153) et des fromages hollandais (voir pp. 142 à 145).

VOIR PAGE 189

PLATEAU DE HERVE

Région : pays de Herve
Lait : de vache, pasteurisé
Pâte : pressée, non cuite
Teneur en matières grasses : 45 % en moyenne
Croûte : naturelle
Forme : petit disque
Taille : 16 cm de diamètre ; 6 cm d'épaisseur
Poids : 1,5 kg
Saveur : franche de terroir, noisetée
Meilleure période de consommation : toute l'année
Boissons d'accompagnement : les bières de trappiste

Le plateau de Herve, produit réputé à fine croûte, lisse et souple, de type saint-paulin, a un délicat goût de noisette qui rappelle celui du herve, plus petit. Leur fabrication est proche, mais dans le cas du premier, le caillé est délactosé, et s'il a un goût un peu corsé, il a une odeur moins puissante que son petit aîné.

Née en 1934, la laiterie régionale de Herve, qui les produit tous les deux, se lança d'abord dans la fabrication de lait en poudre pour nourrissons, avant d'investir avec bonheur, après la guerre, dans le secteur fromager.

Au pied des moulins traditionnels

ÉDAM

Région : Noord Holland (Hollande septentrionale)	**Forme** : boule
Lait : de vache, pasteurisé	**Taille** : de 12 à 18 cm de diamètre
Pâte : pressée, non cuite	**Poids** : de 1,7 à 2,5 kg
Teneur en matières grasses : 40 %	**Saveur** : douce, accentuée avec l'âge
Croûte : naturelle	

Meilleure période de consommation : toute l'année
Boissons d'accompagnement : les bières légères, les bordeaux

L'édam, comme la plupart des fromages de Hollande, est produit à l'échelle industrielle dans l'ensemble du pays, bien qu'on en trouve encore parfois de fabrication artisanale. Très ancien, il est exporté depuis fort longtemps ; dès le XVIIe siècle, Colbert, en bon financier, en limite les achats pour alléger les frais nationaux d'importation.

À cette époque, les vins de Bordeaux (aujourd'hui encore, on les déguste dans les chais de la ville avec de petits cubes d'édam) étaient convoyés vers les ports d'Europe par des navires hollandais, qui s'arrêtaient notamment dans le petit port d'Édam, d'où ils repartaient avec un chargement de fromages locaux. Pour empêcher les boules de se heurter pendant le transport, on les calait dans les barriques vides. À l'arrivée, le tanin les avait colorées en rouge. C'est en souvenir de cet avatar que la croûte naturelle jaune de l'édam est recouverte d'une couche plastifiée transparente qui préserve sa couleur naturelle, tandis que, pour l'exportation, elle est enduite de paraffine rouge, ce qui respecte la tradition, mais évite surtout une maturation trop importante, peu appréciée à l'étranger.

Alkmaar

Tous les vendredis, de mai à septembre, Alkmaar, ville du nord des Pays-Bas, avec ses riches façades aux fenêtres encadrées de blanc et ses ponts enjambant l'étroit canal, s'anime au rythme du séculaire marché aux fromages. Édam, gouda et mimolette, empilés sur le sol, sont évalués, testés, puis achetés. Ce commerce est encadré par vingt-huit porteurs vêtus de blanc, appartenant à quatre corporations dont ils portent la couleur (vert, bleu, rouge et jaune) sur leur chapeau. Chaque équipe est constituée de six porteurs – dont deux sont chargés du *berrie*, brancard en bois peint sur lequel sont placés les fromages – et du *tasman*, qui place les poids sur la balance et perçoit les droits de pesée.

L'édam est une pâte pressée cuite typique. Autrefois préparée avec du lait entier, elle l'est désormais avec du lait partiellement écrémé, et sa teneur en matières grasses varie. Elle présente exceptionnellement des petits trous irréguliers ou ronds bien répartis.

La durée de l'affinage en cave sèche détermine trois qualités différentes. L'édam jeune a mûri pendant 4 à 6 semaines et garde une saveur douce et franche. Demi-étuvé, plus sec, il a vieilli 6 mois environ ; son goût est plus marqué, fruité mais non piquant, et sa pâte assez ferme est parfaite pour la table. Étuvé, piquant, affiné de 12 mois à 18 mois, il a une pâte dure et s'utilise, râpé, dans la cuisine.

Trois types d'édam ont une forme de boule, ce qui lui a valu le surnom de tête de mort : le simple édam *(edamer)*, le plus courant, pèse de 1,7 à 2,5 kg ; le double édam, appelé en français mimolette (voir p. 39), est un édam teinté au rocou, qui lui donne sa couleur orange ; le triple édam *(meddlekaas)*, de 6,5 kg au maximum, est aussi baptisé *meddelbare kaas*. Le quatrième *(broodkaas)* a la forme d'un pain (voir encadré).

Le broodkass

L'édam est plus spécialement produit sous la forme d'un pain, ou *broodkass*, littéralement pain de fromage, pesant jusqu'à 5 kg, pour les collectivités qui le débitent en tranches (« toastinettes »). Également paraffiné en rouge lorsqu'il est exporté, il mesure de 20 à 25 cm de long pour 10 cm de large et 10 cm d'épaisseur, et pèse de 2 à 5 kg. Il lui faut 8 semaines d'affinage en cave sèche pour prendre sa belle pâte jaune orangé, parsemée de petits trous, à la saveur douce et laiteuse.

Les Antilles à l'heure hollandaise

À Curaçao, île néerlandaise de la mer des Antilles, l'édam est à la base d'un délicieux plat typique, le *keshy yena* : la boule est évidée, remplie d'un ragoût de bœuf haché, d'olives, de tomates, d'oignons et de dés du fromage, et le tout est longuement passé au four.

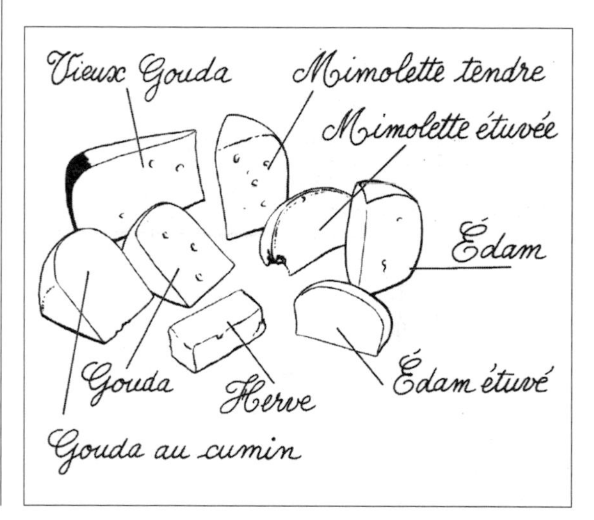

GOUDA

Région : Zuid Holland (Hollande méridionale)
Lait : de vache, cru ou pasteurisé
Pâte : pressée, non cuite
Teneur en matières grasses : 48 % au minimum
Croûte : naturelle, paraffinée
Forme : petite meule, à talon convexe
Taille : de 12 à 35 cm de diamètre ; de 6 à 10 cm d'épaisseur
Poids : de 4 à 16 kg ; 20 kg pour le fermier
Saveur : douce et fine
Meilleure période de consommation : toute l'année
Boissons d'accompagnement : les vins rouges légers, les bières légères

Depuis 1668, la place du marché de Gouda abrite le bâtiment du Poids public, ou hôtel des Balances, dont la remarquable façade porte les armoiries de la ville. Ce petit port, situé près de Rotterdam, a su conserver ses traditions ancestrales, comme d'ailleurs de nombreuses cités hollandaises.

Tous les jeudis s'y déroulent, de juin à la fin août, la pesée du gouda, et, dès le début de mai et pendant l'été, le marché du *boerenkaas*, le gouda de ferme ; le dernier jeudi d'août a lieu la grande foire au bétail et au fromage.

Le salage en saumure du gouda fermier

Quand les enfants font la fête… du fromage

Le gouda (*goudse* en néerlandais), reconnaissable à sa croûte jaune recouverte d'une fine couche de paraffine, est très apprécié des Hollandais : il représente plus de la moitié de la production fromagère des Pays-Bas.

Autrefois, il n'était fabriqué que par les fermiers de la région. Aujourd'hui, ils sont sept cents à perpétuer ce savoir-faire. Le lait cru et entier (le vrai gouda fermier est *volvet*, c'est-à-dire qu'il titre au moins 48 % de matières grasses) est ensemencé de ferments lactiques et emprésuré.

Le caillé, découpé en grains, est brassé et lavé, puis partagé en blocs qui sont moulés, pressés et retournés régulièrement. Un bain de saumure permet à la croûte de se former.

Puis les meules sont mises à affiner sur des planches, après avoir été enrobées d'une couche de paraffine qui les préserve des moisissures tout en leur permettant de respirer et de perdre une partie de leur humidité.

Un gouda se teste d'un coup d'index replié ; si sa « voix » est sèche, il est bon ; si elle est creuse, il renferme du gaz.

En vieillissant, la croûte – élastique, brillante et lisse – et la forme restent régulières, mais la pâte – jaune paille, parsemée de petits trous irréguliers ou ronds uniformément répartis – devient progressivement ocre jaune.

Un gouda 1/4 étuvé, jeune, demande 4 à 6 semaines de maturation. De 2 à 4 mois sont nécessaires pour obtenir un gouda demi-étuvé. Affiné de 5 à 12 mois, voire de 18 à 24 pour le fermier, le gouda étuvé, très sec, s'est paré d'une croûte plus jaune. Le « fruité » porte une étiquette tricolore – sorte de label de garantie ; elle est la marque de son goût et d'un affinage de 6 mois.

Le gouda peut prendre différentes autres formes : pain, carré, grande meule fermière ou petit format (*baby* de 200 à 900 g, affiné 3 semaines), ou être aromatisé, notamment au cumin.

Quant au gouda de mai, qui se signale par une étiquette figurant des tulipes jaunes, préparé uniquement avec le lait de ce mois, il est onctueux et parfumé, riche en vitamines diverses, et ne se consomme que durant 6 semaines, de mi-juin à fin juillet.

VOIR PAGE 181

MIMOLETTE

Région : Hollande	**Forme** : boule
Lait : de vache, pasteurisé	**Taille** : de 12 à 18 cm de diamètre
Pâte : pressée, non cuite	
Teneur en matières grasses : 40 %	**Poids** : de 3 à 4 kg
Croûte : naturelle, brossée	**Saveur** : douce, fine, noisetée

Meilleure période de consommation : toute l'année
Vins d'accompagnement : les bières blondes, les vins légers, le porto

Un document datant de 1808 mentionne que, dans la province de Noord-Holland, est fabriqué « sur commande » un fromage appelé *commissiekaas*, c'est-à-dire fromage de commission. Il s'agissait de la mimolette, qui est bien d'origine hollandaise, même si elle est produite dans de nombreux pays, dont la France.

De fabrication similaire à celle de l'édam, mais deux fois plus grosse, cette boule est teintée en orange par le rocou, colorant naturel utilisé aussi pour le maroilles. Cette couleur se retrouve sur la croûte, d'aspect ciré, et dans la pâte, ferme, d'une grande finesse, parsemée de petits trous ovales.

Jeune, âgée de 4 à 6 semaines, cette pâte dégage une saveur fine et délicate. Mi-vieille, affinée de 4 à 12 mois, elle a un goût plus prononcé. Extra-vieille, mûrie pendant 12 mois au moins et jusqu'à 24 mois, elle est plus ferme et friable.

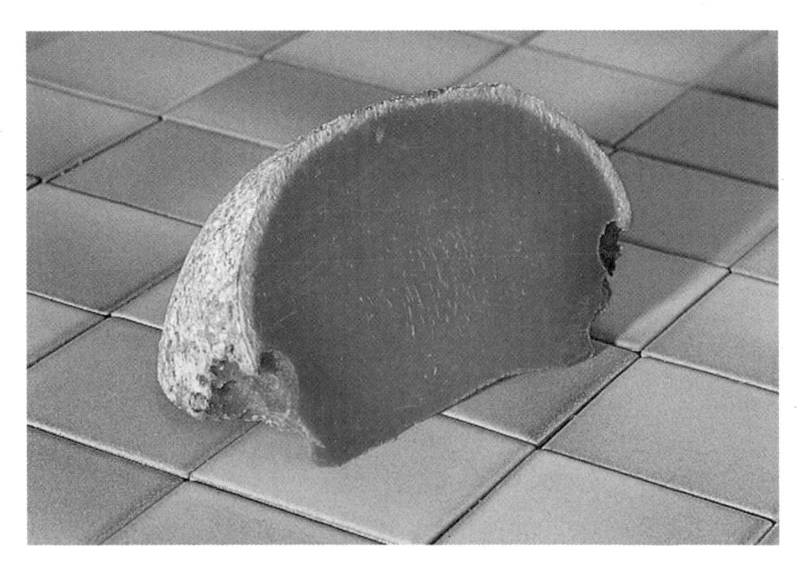
Mimolette

Suisse

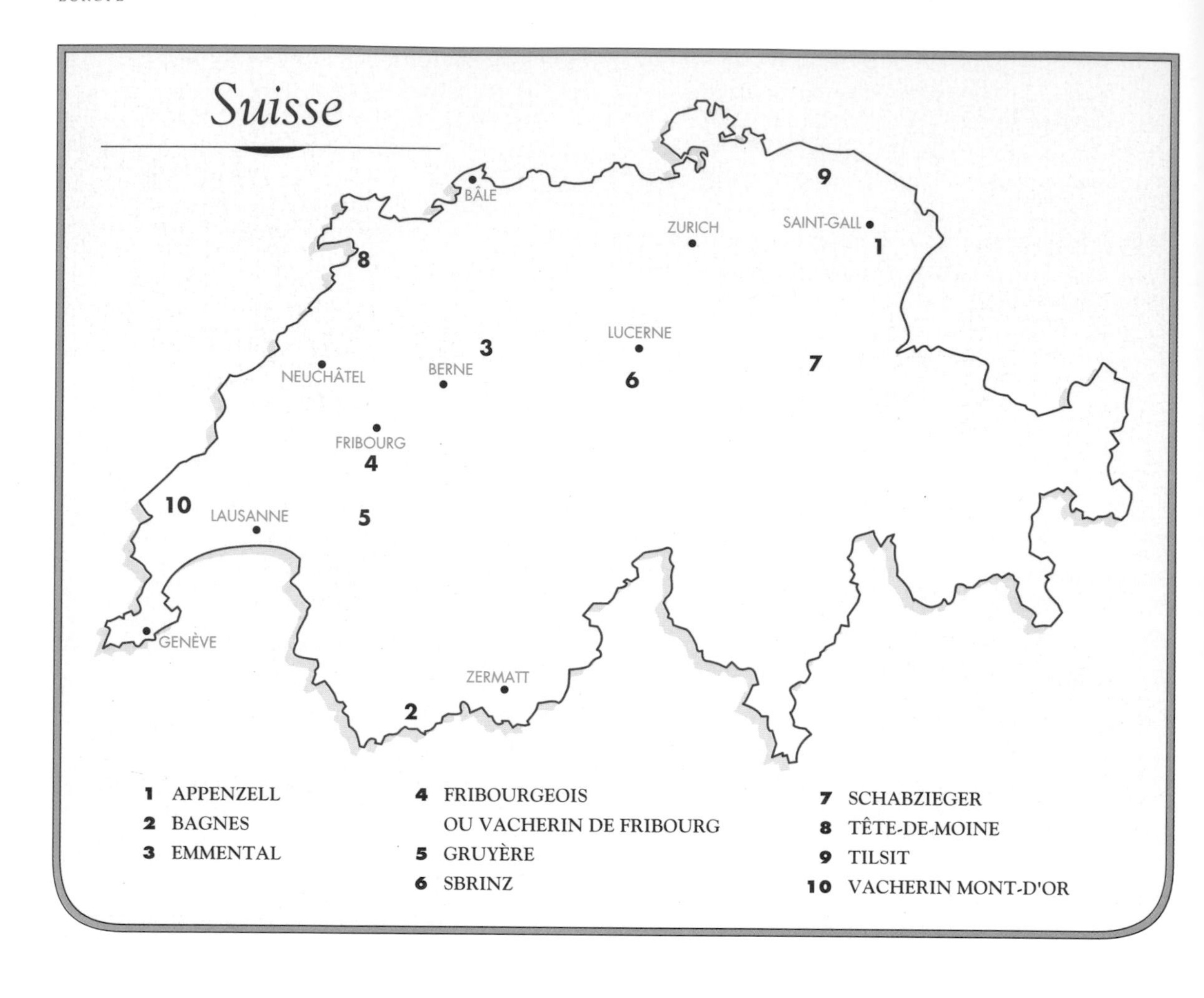

APPENZELL

RÉGION : cantons d'Appenzell, de Saint-Gall, de Thurgovie
LAIT : de vache, entier ou écrémé
PÂTE : pressée, cuite
TENEUR EN MATIÈRES GRASSES : 50 % au minimum
CROÛTE : naturelle, brossée
FORME : petit meule, à talon légèrement convexe
TAILLE : de 30 à 33 cm de diamètre ; de 7 à 9 cm d'épaisseur
POIDS : de 8 à 12 kg
SAVEUR : fruitée, légèrement âcre, pouvant devenir forte et corsée
MEILLEURE PÉRIODE DE CONSOMMATION : été, automne, hiver
VINS D'ACOMPAGNEMENT : les vins fruités de Suisse, d'Argovie et de Zürich

EN 1547, le canton d'Appenzell, région vallonnée qui s'étend du lac de Constance au massif de l'Alpstein, fut divisé en deux : d'un côté, les Rhodes-Extérieures, protestantes, de l'autre les Rhodes-Intérieures, catholiques. Cette scission n'a pas empêché les Appenzellois de conserver jalousement leurs traditions communes.

Du Moyen Âge jusqu'au début de notre siècle, l'appenzell a été exclusivement produit par les montagnards ; il était descendu dans les vallées par les colporteurs. Les moines du couvent de Saint-Gall en recevaient alors de grosses quantités à titre de redevance, et le consommaient eux-mêmes ou l'offraient à leurs hôtes de marque.

Au village

Le mercredi est le jour de repos des paysans appenzellois. Ils se rendent au village, sac au dos, coiffés d'un bonnet de coton noir, pour faire leurs emplettes, discuter autour de la table commune du café, manger une saucisse et jouer au *jass* (jeu de cartes), en fumant la pipe courbe du pays.

Sa fabrication n'a guère changé. Le lait de la traite du matin est chauffé, ensemencé et emprésuré. Le caillé est ensuite tranché, chauffé et brassé, et se sépare en grains qui sont disposés sur une toile et pressés. Ils sont ensuite mis en moules. Les fromages sont alors marqués du numéro de la fromagerie et de la date de fabrication, garantie de leur origine. Après le salage en saumure, la croûte apparaît et se renforce ; elle devient peu à peu jaune brunâtre pendant un séjour de 3 à 4 semaines en cave humide, durant lesquelles elle est régulièrement brossée et lavée à l'eau salée.

Au bout de 6 semaines, les fromages sont classés en 1er, 2e ou 3e choix, et traités avec une saumure au vin blanc et aux herbes, dont la composition reste secrète. 4 semaines plus tard, ils sont à

Dans la vallée de Tourtemagne (Valais)

La montée vers l'alpage

Deux semaines après la Pentecôte, les vaches de race brune montent vers l'alpage où elles resteront jusqu'à l'automne. Elles sont conduites par un fermier – accompagné de son chien de berger appenzellois – vêtu d'une culotte de cuir jaune, d'un gilet rouge, d'une chemise blanche et d'un chapeau noir. En été, les montagnards organiseront une fête, où l'on dansera des rondes au son du violoncelle, de la contrebasse, de deux violons et d'une sorte de cymbalum.

nouveau testés et notés. Seuls ceux qui obtiennent 18,5 points sur 20 sont retenus pour poursuivre leur affinage de 4 à 6 mois (les autres n'auront pas droit à l'appellation). À pleine maturité, ils ont une pâte ferme qui présente des trous bien ronds, gros comme des lentilles, et ils peuvent être commercialisés, marqués de l'étiquette argentée d'origine – appenzeller Switzerland –, garantie de qualité, sur laquelle figure l'ours roulant du tambour, emblème du canton.

BAGNES

Région : canton du Valais
Lait : de vache
Pâte : pressée, cuite
Teneur en matières grasses : 45 %
Croûte : naturelle, brossée
Forme : petite meule
Taille : de 35 à 40 cm de diamètre ; de 7 à 8 cm d'épaisseur
Poids : de 7 à 8 kg
Saveur : fruitée, aromatique
Meilleure période de consommation : toute l'année
Vins d'acccompagnement : les vins du Valais (fendant blanc, dôle rouge léger), les vins de Savoie (marin, roussette)

Au cœur des Alpes, le canton du Valais produit de nombreux fromages, tous originaires d'un lieu précis (Simplon, Les Haudères, Gomser, Conches, Orsières...). Le bagnes, qui porte le nom de sa vallée, baignée par la Drance, possède une belle croûte lisse, et une pâte ferme et aromatique. Comme pour les autres fromages valaisans, le caillé, une fois formé, est tranché et pressé, puis le bagnes est régulièrement brossé durant son affinage en cave fraîche et humide. La durée de la maturation varie selon sa destination. De 10 à 12 semaines le destinent à la coupe. De 16 à 18 semaines en font le fromage idéal pour la raclette. Affiné plus de 32 semaines, il se déguste détaillé en rebibes, ou fleurons, comme le sbrinz, ou râpé, en cuisine.

EMMENTAL

Région : canton de Berne, vallée de l'Emme
Lait : de vache, cru, entier
Pâte : pressée, cuite
Teneur en matières grasses : 45 % au minimum
Croûte : naturelle, brossée
Forme : meule, à talon convexe
Taille : de 70 à 90 cm de diamètre ; de 13 à 25 cm d'épaisseur
Poids : 85 kg en moyenne
Saveur : douce, noisetée
Meilleure période de consommation : toute l'année
Vins d'accompagnement : les vins fruités blancs de Suisse ou de Savoie

Dans le canton de Berne, l'emmental est officiellement cité pour la première fois en 1542, alors que sa fabrication se limitait aux alpages où paissaient les vaches en été. Depuis le XIXe siècle, il est produit dans les laiteries de la vallée de l'Emme et sur le plateau bernois, en Suisse alémanique.

En 1815, le colonel Rudolf Emmanuel von Effinger installa à Kiesen, au nord du lac de Thoune, la première fromagerie suisse d'emmental, qui abrite aujourd'hui le musée national de l'industrie laitière.

Ce fromage, dont la production est trois à quatre fois supérieure à celle du gruyère, se caractérise par sa croûte lisse et dure, au grain serré. Sa pâte ferme présente des trous ronds, réguliers et espacés, de la grosseur d'une cerise à celle d'une noix, où perle parfois une larme de sel.

Une vache fleurie pour fêter le printemps

Le lait (il en faut 1 000 litres pour fabriquer une meule de 85 kg) est collecté deux fois par jour. Celui du matin, tout frais, est mélangé avec celui de la veille au soir, qui a été conservé au froid ; il est chauffé, ensemencé et emprésuré. Le caillé est ensuite tranché, puis brassé, chauffé, moulé et pressé, avant que la marque soit apposée à sa surface. Après un bain de saumure, le fromage passe de 10 à 14 jours au frais, et de 10 à 14 jours entre 18 et 20 °C ; avec le temps, sa pâte luisante devient jaune doré. Au cours des 4 à 6 semaines suivantes en cave chaude, la fermentation produit du gaz carbonique qui formera des trous. C'est alors qu'intervient le premier contrôle.

La différence suisse

L'emmental suisse se distingue de l'emmental français de Savoie et de Franche-Comté. On le reconnaît au mot Switzerland, estampillé en rouge, et à son label, qui garantissent sa provenance exclusivement suisse. Cette marque, représentant un joueur de cor des Alpes, est apposée sur sa croûte.

Si celui-ci est satisfaisant, l'emmental va poursuivre son affinage pendant 4 à 10 mois en cave fraîche. Il y sera régulièrement retourné et frotté avec une brosse et un torchon. Au quatrième mois, il est à nouveau contrôlé par l'Union suisse du commerce du fromage et des fabricants de fromage. Un échantillon permet d'apprécier son goût, sa consistance, son aspect, et de lui attribuer une note, un fromage exceptionnel obtenant 18 sur 20.

FRIBOURGEOIS OU VACHERIN DE FRIBOURG

Région : canton de Fribourg
Lait : de vache, entier, très gras ou enrichi
Pâte : molle, légèrement pressée
Teneur en matières grasses : 45% au minimum
Croûte : lavée
Forme : petite meule
Taille : 33 cm de diamètre ; de 6 à 9 cm d'épaisseur
Poids : de 6 à 8 kg
Saveur : délicate, fruitée, légèrement acidulée
Meilleure période de consommation : toute l'année (autrefois de mi-mars à mi-septembre)
Vins d'accompagnement : les vins légers et fruités des cantons de Vaud, de Neuchâtel et du Valais

En 1907, L. Gauchat écrit, dans le *Bulletin du glossaire des patois de la Suisse romande*, que le mot vacherin proviendrait de *vaccarinus*, ou petit vacher, obéissant au *vaccarius*, le chef vacher s'occupant de la traite et du soin des

La fabrication du gruyère en chalet de montagne

vaccae, les vaches. Jadis, le vacherin devait être un petit fromage fabriqué uniquement pour les besoins de la ferme, et consommé tout de suite. En 1448, les archives de l'État de Fribourg mentionnent l'achat de vacherins pour la réception donnée en l'honneur d'Éléonore, fille du roi d'Écosse et femme de Sigismond, duc d'Autriche. On a dès lors trace de sa fabrication dans tout le pays de Fribourg et notamment dans la région des Préalpes. À cette époque, il était cerclé d'une écorce d'épicéa, qui lui donnait un parfum résineux. La fabrication se déroulait de la fin de l'été à la fin de l'hiver. Aujourd'hui, la production est assurée toute l'année dans près de 90 laiteries artisanales ou plus mécanisées, et le vacherin de Fribourg s'appelle désormais fribourgeois.

Le lait provient de vaches de race pie noire, nourries exclusivement d'herbe ou de fourrages naturels. La pâte est affinée 3 mois environ en cave fraîche et humide, et la croûte, lavée chaque semaine à l'eau salée, prend une belle couleur rosée ou jaune-brun. Le talon de la meule est entouré d'une bande de gaze qui l'empêche de s'affaisser durant la maturation.

GRUYÈRE

Région : canton de Fribourg
Lait : de vache, cru
Pâte : pressée, cuite
Teneur en matières grasses : 45 % au minimum
Croûte : naturelle, morgée
Forme : meule
Taille : de 40 à 65 cm de diamètre ; de 9 à 13 cm d'épaisseur
Poids : de 30 à 40 kg
Saveur : fine, noisetée
Meilleure période de consommation : de septembre à février
Vins d'accompagnement : les vins blancs de Savoie, le fendant du Valais, les beaujolais

En Suisse romande règne un roi pas comme les autres... le gruyère, « le fromage qui ne lasse jamais ». Les Suisses en revendiquent à juste titre l'invention ; son origine remonterait à l'an 1115, date à laquelle un savoureux produit des alpages est mentionné par un comte, dont le château, propriété de sa famille depuis le IXe siècle, domine une petite cité construite sur une colline du canton de Fribourg : Gruyères. Le blason de cette noble lignée porte l'image d'une grue, d'où le nom de gruyère, que le fromage ne prendra d'ailleurs qu'en 1602, après

que le gouvernement de Fribourg en aura offert quatorze meules à des représentants de l'ambassade de France.

Pour les Français, en revanche, qui produisent un fromage comparable sur leur propre versant du Jura, le mot viendrait des officiers gruyers qui, au Moyen Âge, géraient les forêts (voir p. 102).

Pendant longtemps, la fabrication du gruyère suisse resta concentrée dans sa petite ville d'origine. Plusieurs siècles de tradition ont permis de préciser les normes de production. Depuis 1969, Prigny, situé au pied de Gruyères, abrite une fromagerie modèle qui les respecte scrupuleusement.

Pour obtenir une meule de 35 kg, il faut 400 litres de lait. On mélange celui de la traite du matin et celui de la veille au soir ; ils sont ensuite chauffés, puis ensemencés et emprésurés. Le caillé se découpe en morceaux de la taille d'un grain de blé. Ceux-ci sont à leur tour chauffés et brassés jusqu'à ce qu'ils aient rejeté leur petit-lait et commencent à sécher, puis ils sont répartis en portions, les futures meules, dans des toiles de chanvre ; celles-ci sont accrochées à un moufle (jeu de poulies) pour finir d'égoutter, avant d'être pressées, puis retournées et pressées de nouveau,

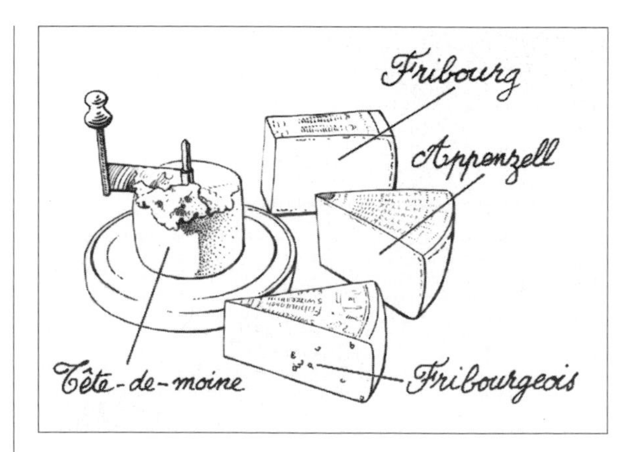

les toiles étant changées à chaque opération. Le soir même, ils ont éliminé tout leur petit-lait.

Le lendemain, le fromage est saupoudré de sel. Après une vingtaine d'heures, il est démoulé et plongé dans un bain de saumure. La croûte va durcir et préserver la forme de la meule. Celle-ci est ensuite entreposée pendant 10 jours sur des plateaux ronds en bois sec. Pendant l'affinage en cave fraîche et humide (12 à 18 °C), elle est retournée deux ou trois fois par semaine et sa croûte est morgée, c'est-à-dire frottée avec de l'eau salée, ce qui entraîne une fermentation qui se propage de l'extérieur vers l'intérieur du fromage, et la formation de gaz carbonique. En 8 à 12 semaines, ce gaz va créer dans la pâte tendre et grasse des petits trous peu nombreux et dispersés. Ces yeux sont plus gros et plus nombreux si la température de la cave est plus élevée, comme pour l'emmental (voir p. 101). La croûte brun à jaune gris, peu rugueuse, reste parfaitement propre et humide.

Après 6 mois de maturation, le gruyère, encore doux, peut être commercialisé. Mais il atteint la perfection après 10 à 12 mois d'affinage. Le gruyère d'origine porte la marque Switzerland imprimée en rouge sur sa croûte. Cette garantie exigée par les lois internationales le met à l'abri des imitations. Le mot « réserve » atteste un affinage de 8 mois au minimum en cave humide.

Pour les Suisses, le meilleur gruyère est sans conteste le fribourg, présenté en meule plus petite, et portant le nom de cette ville, située au bord de la Sarine. D'autres fromages comparables, produits dans le Jura vaudois et dans le Jura neuchâtelois, se différencient par l'appellation Jura.

Des cousins étrangers

Le gruyère a fait des émules. En Suisse, il en existe une variante plus salée ; le groveria italien, lui, est fabriqué en Lombardie et dans le Piémont, tandis que la Grèce possède l'agrafa, au lait de brebis, et le graviera, dont la variété crétoise est au lait de chèvre.

SBRINZ

Région : cantons de Lucerne, d'Unterwald, de Schwyz, d'Uri, d'Argovie
Lait : de vache, cru
Pâte : pressée, cuite
Teneur en matières grasses : 45 %
Croûte : naturelle, grattée
Forme : meule, à talon droit
Taille : de 50 à 70 cm de diamètre ; de 10 à 14 cm d'épaisseur
Poids : de 25 à 60 kg
Saveur : très prononcée à corsée
Meilleure période de consommation : toute l'année
Vins d'accompagnement : les vins charpentés suisses (dôle, merlot)

Pline parlait déjà du *caseus helveticus*, qui est vraisemblablement l'ancêtre du sbrinz, le doyen des fromages suisses. Il y a quatre siècles, le sbrinz partait de Brienz, dont il tient son nom, situé dans l'Oberland entre la vallée de l'Aar et le lac de Brienz, vers les régions voisines. Plus tard, au XVIIe siècle, les meules commencèrent à traverser à dos de mulet (d'où leur nom italien de *sulle spalle*, « sur les épaules ») le Tessin, la Suisse italienne, qui continue d'ailleurs de l'apprécier, avant de franchir le pont du Diable et le Saint-Gothard, pour être échangées en Italie contre du riz, des châtaignes et du vin.

Aujourd'hui, le sbrinz est exclusivement produit, selon les méthodes de fabrication ancestrales, dans la région de Lucerne, en Suisse centrale. Ce pays entoure le lac des Quatre-Cantons et s'étend à ses montagnes escarpées.

Le retour à l'étable dans le village de Simplon

La descente de l'alpage dans le canton de Vaud

Sa croûte ferme et sèche, très joliment décorée en surface, cache une pâte très dure et cassante, parfaitement lisse ou percée de très petits trous isolés. Cette meule pressée cuite – dont l'élaboration demande 500 litres de lait environ – doit sa spécificité à son affinage en cave sèche. Après avoir passé 2 semaines dans un bain de saumure, elle est d'abord entreposée à 18 °C pendant 2 mois pour éliminer une partie de son humidité et de sa graisse. Elle passe ensuite 6 mois sur une planche, posée de chant – ce qui facilite la circulation de l'air –, où elle est lavée et frottée avec un linge sec tous les 15 jours. Durant les 10 à 24 mois suivants, la pâte fondante et friable s'assèche, durcit et prend sa saveur corsée, subtile.

VOIR PAGE 181

SCHABZIEGER

RÉGION : canton de Glaris
LAIT : de vache, pasteurisé, écrémé
PÂTE : pressée, dure
TENEUR EN MATIÈRES GRASSES : de 0 à 5 %
CROÛTE : inexistante
FORME : petit cône
TAILLE : pour le 100 g, 4,5 cm de diamètre à la base, 3,5 cm au sommet ; 7 cm d'épaisseur
POIDS : 100 ou 200 g
SAVEUR : corsée, rustique, très aromatisée
MEILLEURE PÉRIODE DE CONSOMMATION : toute l'année
VINS D'ACCOMPAGNEMENT : aucun, car sa saveur trop forte tue le vin

Au Moyen Âge, les Glaronnais vivent sous la tutelle du couvent de Sakingen, situé près de Bâle. En s'y rendant pour acquitter la dîme, ils constatent que les religieuses cultivent une plante au parfum pénétrant, le mélilot, rapportée d'Asie Mineure par les croisés. Ils décident d'en aromatiser leurs fromages, qui connaissent bientôt un grand succès. En 1463, la recette est protégée et les fabricants doivent graver leur « propre signet » sur l'écorce de l'emballage.

Aujourd'hui, le schabzieger est encore produit de façon traditionnelle. Dans les chalets de montagne, le lait est écrémé, chauffé à 90 °C et ensemencé. Le caillé est versé dans des fûts et pressé sous de grosses pierres pour s'égoutter, et conservé ainsi pendant 6 à 8 semaines.

Les galettes blanches, encore très humides, sont alors descendues vers les fromageries. Là, elles sont salées, puis chauffées de nouveau (*zieg* signifie recuit en langue alémanique) afin d'enrayer leur fermentation, et mises à sécher pour 3 à 4 mois. Enfin, écrasées sous une grande meule en pierre, elles sont réduites en poudre, à laquelle on incorpore le mélilot, spécialement cultivé dans une région du canton de Schwyz, qui lui donne une couleur vert pâle. Cette poudre est enfin mise dans des moules tronconiques (ils étaient jadis en bois) et tassée. Quand elle est bien sèche, les fromages sont démoulés ; ils seront utilisés essentiellement comme condiment.

TÊTE-DE-MOINE

Région : Jura suisse
Lait : de vache, cru
Pâte : pressée, non cuite
Teneur en matières grasses : 51 % au minimum
Croûte : naturelle, brossée
Forme : cylindre
Taille : de 10 à 15 cm de diamètre ; de 7 à 15 cm d'épaisseur
Poids : de 0,7 à 2 kg
Saveur : fruitée, franche et affirmée
Meilleure période de consommation : hiver
Vins d'accompagnement : les vins blancs du Jura

Du printemps à l'automne, dans les prairies du Jura suisse bordées de sapins, tintent les cloches des vaches qui broutent l'herbe grasse. Dès le XIIe siècle, des moines de l'ordre des Prémontrés utilisaient le lait de ces vaches pour fabriquer un fromage cylindrique, à pâte demi-dure, appelé bellelay, du nom de leur abbaye. Quand ils autorisèrent les fermiers voisins à le produire à leur tour, ceux-ci devaient remetttre chaque année au prieur un fromage par « tête de moine ». On en offrait aux hôtes de marque. Après la Révolution française, il reçut son nom actuel, aujourd'hui symbolisé sur l'étiquette par l'image de trois moines.

La tête-de-moine est toujours fabriquée dans sa région d'origine – districts des Franches-Montagnes, de Moutier (en allemand Münster) et de Courtelary –, avec le lait riche de l'été, mais aussi de plus en plus avec celui des vaches nourries en hiver de fourrages non ensilés. Ce fromage encore artisanal mais très demandé, affiné de 3 à 4 mois, possède une croûte ferme, granulée, légèrement humide, parfois fissurée. La pâte, creusée de rares trous de 1 à 8 mm, se déguste en copeaux, les rebibes ou fleurons, confectionnés à l'aide d'une girolle, comme le sbrinz (voir p. 151).

TILSIT

Région : cantons de Thurgovie, de Saint-Gall et de Zurich
Lait : de vache, cru ou pasteurisé
Pâte : pressée, non cuite
Teneur en matières grasses : 45 % au minimum
Croûte : naturelle, brossée
Forme : meule, à talon droit ou convexe
Taille : 30 cm de diamètre ; de 7 à 8 cm d'épaisseur
Poids : de 4 à 5 kg
Saveur : douce et fruitée
Meilleure période de consommation : toute l'année
Vins d'accompagnement : les vins rouges légers et fruités (dôle)

À la fin du siècle dernier, M. Wemüller, de Felben, en Thurgovie, rapporta un fromage originaire de Hollande produit depuis longtemps à Tilsit, en Prusse-Orientale ; il décida de le fabriquer et connut bientôt le succès. D'abord appelé royalp-tilsit, ce fromage porte désormais le nom de Tilsiter Switzerland.

Très fruité, avec une sensible odeur de cave, il a une pâte dense, parfois percée de petits trous ronds, et une croûte lisse, brun-rouge. Élaborée à partir d'un caillé emprésuré, découpé et pressé, la meule est brossée à l'eau une fois par semaine en cave humide. Elle a besoin de 3 à 5 mois, ou plus, de maturation pour développer sa saveur.

VACHERIN MONT-D'OR

Région : canton de Vaud
Lait : de vache, cru, thermisé
Pâte : molle
Teneur en matières grasses : 45 % à 50 % au minimum
Croûte : lavée
Forme : disque épais
Taille : de 12 à 32 cm de diamètre ; de 4 à 5 cm d'épaisseur
Poids : de 0,5 à 3 kg
Saveur : douce, onctueuse
Meilleure période de consommation : de septembre à juin
Vins d'accompagnement : les vins blancs légers et fruités des cantons de Vaud et de Neuchâtel

Affiné de 4 à 6 semaines en cave humide et lavé chaque semaine à l'eau salée, le vacherin mont-d'or présente sous une croûte rougeâtre une pâte grasse et crémeuse.

La vallée de Joux, dans le Jura vaudois, forme le terroir de ce fromage cerclé d'une lanière d'écorce d'épicéa. Il est fabriqué d'octobre à avril à partir de lait thermisé ; ce procédé plus doux que la pasteurisation préserve les qualités du lait cru tout en le débarrassant de certaines bactéries. Cette particularité le différencie du mont-d'or, ou vacherin du haut Doubs, AOC française (voir p. 103).

ASIAGO

AOC
RÉGION : Vénétie, Trentin
LAIT : de vache, entier ou partiellement écrémé
PÂTE : pressée, semi-cuite
TENEUR EN MATIÈRES GRASSES : jusqu'à 48 %
CROÛTE : naturelle, brossée
FORME : meule, à talon légèrement convexe
TAILLE : 35 cm de diamètre environ ; de 9 à 12 cm d'épaisseur
POIDS : de 9 à 15 kg
SAVEUR : légèrement piquante
MEILLEURE PÉRIODE DE CONSOMMATION : toute l'année
VINS D'ACCOMPAGNEMENT : les vins rouges pour l'asiago *allevo* (valpolicella, bardolino), les vins rosés ou blancs pour l'asiago *pressato* (soave)

VERS L'AN MIL, le haut plateau d'Asiago était déjà réputé pour ses pâturages fertiles et ses excellents fourrages. À cette époque, les montagnards élevaient des moutons dont la laine était appréciée, et fabriquaient un délicieux fromage de chèvre.

Mais, à partir du XVIe siècle, les citadins commencèrent à préférer la viande de veau, le beurre et les fromages de vache. L'élevage des bovins, plus contraignant mais plus rentable, se répandit dans les hautes vallées du haut Vicentin. À la fin du XIXe siècle, la fabrication de l'asiago s'étendit jusqu'aux fruitères de la plaine et au Trentin voisin, et s'intensifia.

L'asiago *allevo* respecte l'ancienne tradition de fabrication. Il est produit à partir du lait de deux traites de vaches de race frisonne ou bruno-alpine. Le mélange est partiellement écrémé pendant 6 à 12 heures, à moins que l'on ne préfère écrémer complètement l'un des deux laits.

Une fois emprésuré et coagulé, le caillé est d'abord chauffé, puis moulé, pressé et salé à la volée ou en saumure. De 3 à 5 mois d'affinage en cave fraîche donnent un asiago moyen ; de 9 à 12 mois, et plus, un asiago vieux. Sa pâte un peu granuleuse reste élastique et présente des trous petits ou moyens.

L'asiago *pressato*, asiago frais dont les meules sont sensiblement plus hautes que celles de l'asiago *allevo*, dont il diffère notamment par la température de cuisson du caillé et le salage, est préparé au lait entier de deux traites ou d'une seule. Affiné en 3 à 6 semaines, il est plus gras et plus moelleux.

Tous deux portent sur leur croûte la marque du consortium de défense du fromage d'Asiago, le numéro de la fromagerie, le sigle de la province et, sur le talon, l'inscription *asiago*.

Un paysage de Vénétie

CACIOCAVALLO

AOC
RÉGION : Mezzogiorno
LAIT : de vache, entier
PÂTE : filée
TENEUR EN MATIÈRES GRASSES : 44 %
CROÛTE : naturelle
FORME : gourde, à l'extrémité étranglée
TAILLE : variable
POIDS : de 2 à 3 kg
SAVEUR : de douce à piquante
MEILLEURE PÉRIODE DE CONSOMMATION : toute l'année
VINS D'ACCOMPAGNEMENT : les rouges bouquetés d'Italie (chianti, valpolicella)

L'instinct maternel

Certaines vaches qui fournissent l'excellent lait du caciocavallo sont encore à demi sauvages. Elles se nourrissent d'une végétation très parfumée variant selon les saisons, les années et les lieux, et que les connaisseurs disent reconnaître à coup sûr. Plutôt rétives, mais très attachées à leur progéniture, les bêtes sont traites avant que le soleil se lève et que les mouches les poussent à se réfugier dans les bois. Pour pouvoir les approcher, on laisse leur petit près d'elles. La moitié de la traite, peu abondante, sert à la fabrication des fromages, l'autre revient aux veaux.

POUR CERTAINS, *caciocavallo* viendrait de *cacio a cavallo*, « fromage à cheval », souvenir du temps où le lait était transporté à dos de cheval dans des outres en cuir à l'intérieur desquelles il était tellement agité qu'il caillait. Pour d'autres, ce nom lui serait resté parce qu'il était préparé avec du lait de jument à l'époque où des nomades venus d'Asie jusque dans le sud de l'Europe exploitaient le lait de leurs montures. Une autre version affirme que les *provole*, pâtes filées au lait de bufflonne, étaient affinés par paires sur les croupes des chevaux, et qu'à ce titre ils méritaient bien de changer de nom. Et on dit encore que ce fromage était jadis frappé du sceau du royaume de Naples, sur lequel figurait un cheval au galop. Dans la première moitié du Ier siècle après J.-C., Columelle en parle peut-être déjà en évoquant un fromage « pressé à la main », dont le caillé est filé dans de l'eau très chaude, ce qui se fait toujours en Italie.

Aussitôt après la collecte, le lait est emprésuré. Dès que le caillé est formé, il est plongé dans de l'eau chaude et refroidi – pâte filée –, puis partagé en portions de 2 ou 3 kg, qui sont modelées en forme de gourde. Les fromages mûrissent de 3 à 4 mois au minimum, voire un an s'ils sont destinés à être râpés.

Certains poursuivent leur maturation jusqu'à 2 ans pour que leur croûte, devenue dure et brillante, se couvre de moisissures.

Au cours de cet affinage, ils sont suspendus à une barre deux par deux par une cordelette ou un brin de raphia dont ils garderont la marque. Ils peuvent alors être fumés.

Parmi les variantes du caciocavallo figurent celles du bassin méditerranéen, comme le casigiolu de Sicile (panedda ou peradivacca) ; le kaskaval roumain et le kackavalj (ou cacicavagli) serbo-croate.

FIORE SARDO

AOC
Région : Sardaigne
Lait : de brebis, cru, entier
Pâte : pressée, cuite
Teneur en matières grasses : 40 % au minimum
Croûte : naturelle
Forme : cylindre
Taille : de 12 à 20 cm de diamètre ; 15 cm d'épaisseur
Poids : de 1,5 à 4 kg
Saveur : assez forte, piquante
Meilleure période de consommation : d'octobre à juin
Vins d'accompagnement : les vins rouges corsés de Sardaigne, les vins blancs de Toscane (vernaccia di Simignano)

Le fiore sardo, « fleur de Sardaigne », a été vanté dès 1776 par le père Francesco Gemelli, qui en décrit la fabrication dans sa *Renaissance de la Sardaigne grâce à l'amélioration de son agriculture*. Certains auteurs de cette époque parlent même du lait qui était déposé dans des récipients en liège et réchauffé à l'aide de pierres sorties des braises, et de la présure végétale, à base de fleurs de chardon.

Aujourd'hui, pour le fabriquer, les bergers du centre de la Sardaigne, la Barbasia, élèvent encore une race de brebis bien particulière, qui descend d'anciens mouflons de l'île.

Aussitôt après la traite, leur lait est mis à coaguler – à 34 °C au printemps et à 36 °C en hiver – par adjonction de présure d'agneau, ou plus rarement de chevreau. Le caillé est brisé et moulé, puis plongé dans un bain de saumure pendant près de 48 heures.

Les fromages sont ensuite posés pendant 2 à 3 semaines sur une *cannitta*, un treillis de joncs suspendu au-dessus d'un foyer, où ils sèchent et prennent un léger goût fumé.

Ils poursuivent leur affinage en cave humide et tempérée (14 °C), pendant 3 mois au moins. Là, ils sont régulièrement retournés et frottés d'huile d'olive et de vinaigre mélangés parfois à de la graisse de mouton, ce qui évite la formation de moisissures, garde à la croûte son humidité et conserve à la pâte sa grande finesse.

FONTINA

AOC
Région : vallée d'Aoste
Lait : de vache, cru, entier
Pâte : pressée, semi-cuite
Teneur en matières grasses : de 45 à 50 %
Croûte : naturelle, brossée
Forme : meule plate, à talon concave
Taille : de 30 à 45 cm de diamètre ; de 7 à 10 cm d'épaisseur
Poids : de 7 à 10 kg ; jusqu'à 18 kg
Saveur : bouquetée, noisetée
Meilleure période de consommation : de septembre à décembre
Vins d'accompagnement : les vins de la vallée d'Aoste ou du Piémont, les vins blancs de Savoie

Derrière la majestueuse barrière des Alpes, dans la vallée d'Aoste, ou val Sacré, la flore est si variée que le lait des vaches de race tachetée rouge et tachetée noire valdotaine, qui séjournent sur les pâturages de mai à septembre, peut être différent d'un pré à l'autre.

La fontina reflète ces richesses, au point que certains fromagers se renseignent sur le lieu et la date du séjour des bêtes avant d'en entreprendre la fabrication.

Ce fromage est mentionné pour la première fois officiellement en 1717, dans un document des archives de l'hospice du Grand-Saint-Bernard, bien qu'il soit certainement plus ancien.

Le lait est d'abord chauffé, puis emprésuré. Le caillé, finement tranché, est à son tour chauffé et

La fabrication de la fontina

brassé, puis mis dans des toiles et pressé, et enfin retourné et pressé de nouveau avant d'être salé. Les fromages sont affinés pendant 3 à 8 mois, ou plus, sur des claies en bois d'épicéa, et ils sont régulièrement brossés et lavés pendant les 12 premières semaines.

Pour être parfaits, ils doivent vieillir selon une méthode ancestrale dans des conditions très précises de température et d'humidité, que remplit par exemple la mine abandonnée d'Ollomont, qui abrite en permanence 22 000 fromages.

Seule la fontina produite dans le val d'Aoste a droit à l'appellation.

GORGONZOLA

AOC
RÉGION : Lombardie, Piémont
LAIT : de vache, cru, entier
PÂTE : persillée
TENEUR EN MATIÈRES GRASSES : de 26 % à 55 %
CROÛTE : naturelle
FORME : cylindre
TAILLE : de 25 à 30 cm de diamètre ; de 15 à 20 cm d'épaisseur
POIDS : de 6 à 12 kg
SAVEUR : prononcée, légèrement piquante
MEILLEURE PÉRIODE DE CONSOMMATION : toute l'année
VINS D'ACCOMPAGNEMENT : les vins blancs pour le gorgonzola doux (riesling), les vins rouges légers pour le gorgonzola piquant, ou du moscato, ou du marsala

EN LOMBARDIE, il y plus de mille ans, lors de la transhumance de l'automne, les vaches quittaient les Alpes pour rejoindre la riche plaine du Pô. Au cours de ce périple, elles faisaient halte à Gorgonzola, dans la région de Bergame. Le lait récolté pendant cette étape permettait de produire une pâte molle non persillée du genre *stracchino* (de *stracco*, fatigué, comme les bêtes !).

Un jour, dit la légende, un fabricant de ce fromage oublia toute la nuit un ballot de caillé qu'il avait mis à égoutter. Le lendemain, espérant limiter la maturation, il y ajouta du caillé tout frais. Un peu plus tard, en tranchant le mélange, il découvrit des fissures remplies d'une moisissure verdâtre. Le gorgonzola était né. Une autre version voudrait qu'à la même époque, un aubergiste avaricieux, voulant se défaire de vieux stracchini moisis, les ait vendus à des voyageurs... qui les apprécièrent beaucoup ; les vieux fromages avaient trouvé une nouvelle jeunesse en devenant gorgonzola.

Pourtant, celui-ci resta de fabrication très locale et ne fut exporté qu'à partir de 1870. Aujourd'hui, il est encore fabriqué essentiellement en Lombardie et en Piémont, par une soixantaine de petites industries et de laiteries familiales disséminées dans la plaine du Pô.

Le gorgonzola est fait à partir du lait d'une seule traite (il en faut 8 à 9 litres pour obtenir 1 kg de fromage). Placé dans de grands chaudrons, chauffé à 30 °C, ce lait est ensemencé de ferments lactiques et additionné de présure de veau.

Le caillé chaud du matin est découpé, égoutté, et partagé en tranches ou en portions assez grosses ; celles-ci sont disposées au fond et sur les bords de cercles en bois, les *fascere*, de 20 à 30 cm de diamètre et de haut, tapissés d'une toile et placés sur des lattes d'égouttage recouvertes d'un paillon de seigle. Le caillé froid de la veille au soir est versé au centre.

On recouvre le tout avec les côtés de la toile et on commence patiemment à retourner et à presser le fromage toutes les 2 heures pendant 24 heures. On le débarrasse alors de sa toile et on le met dans une salle où il sera retourné et salé au sel sec deux fois par jour. Il commence ensuite son affinage, pour 1 mois en cave fraîche et humide, pour 2 mois au moins en cave encore plus fraîche et plus humide.

Avant la récente apparition des caves climatisées, cette maturation se faisait dans les grottes naturelles de la Valsassina, les *casere* froides et humides où vieillissent également une partie des taleggio.

Le gorgonzola sera commercialisé sous une feuille d'étain portant la marque du consortium de défense et l'identification du producteur : cela évite les produits trop industriels, qui ne respectent pas le principe des deux caillés et accélèrent la formation des veines bleues par ensemencement de *Penicillium glaucum*.

Gorgonzola

GRANA PADANO

AOC
RÉGION : nord du pays
LAIT : de vache, cru, partiellement écrémé
PÂTE : pressée, cuite
TENEUR EN MATIÈRES GRASSES : 32 % au minimum
CROÛTE : naturelle, graissée
FORME : disque épais
TAILLE : de 35 à 45 cm de diamètre ; de 20 à 26 cm d'épaisseur
POIDS : de 24 à 40 kg (32 kg en moyenne)
SAVEUR : de parfumée à boucanée
MEILLEURE PÉRIODE DE CONSOMMATION : toute l'année
VINS D'ACCOMPAGNEMENT : les vins rouges de la région, les vins blancs de Bourgogne

LA PADANIA, la riche vallée agricole du Pô, est l'une des régions laitières les plus productives d'Italie. Vers l'an Mil, il en allait tout autrement. La plupart de ce territoire était couvert de clairières, de bois et de marécages, et constituait le domaine réservé des chèvres et des brebis. Sous le règne de Frédéric Ier (1122-1190), les cisterciens de Chiaravalle, abbaye située près de Milan, défrichèrent des terrains autour de leur monastère, permettant ainsi d'intensifier l'élevage bovin et de commencer à fabriquer un fromage de vache à pâte dure et cuite, qui se conservait très bien. Sa texture granuleuse lui valut d'être appelé *grana* (grain en italien).

Le grana padano est préparé à partir du lait de vaches nourries de fourrages verts. Provenant de

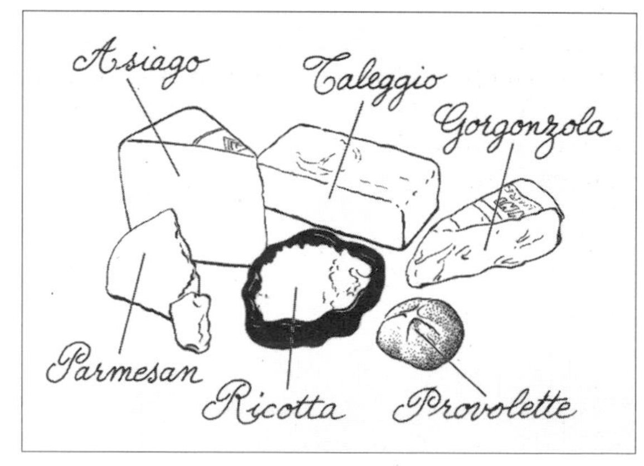

deux traites, ce lait est d'abord partiellement écrémé, puis il coagule par acidification. La pâte cuite est encore traditionnellement moulée dans des toiles avant d'être pressée.

Durant l'affinage, qui dure 1 an au moins, et souvent beaucoup plus, les fromages sont retournés régulièrement. Au terme de la maturation, on évalue leur qualité en les frappant légèrement avec un maillet pour déceler d'éventuels trous indésirables, signes d'une trop grande fermentation, que n'apprécient pas les amateurs, et en prélevant un échantillon de pâte pour en apprécier l'arôme et la consistance.

Si les grana sont acceptés par le consortium de défense, ils sont officiellement marqués au fer, sur le talon, de leur nom.

MONTASIO

AOC
Région : Frioul-Vénétie Julienne, Vénétie
Lait : de vache, cru, partiellement écrémé
Pâte : pressée
Teneur en matières grasses : 40 % au minimum
Croûte : naturelle, brossée
Forme : meule, à talon légèrement convexe
Taille : de 30 à 40 cm de diamètre ; de 6 à 10 cm d'épaisseur
Poids : de 5 à 8 kg
Saveur : parfumée, noisetée
Meilleure période de consommation : toute l'année
Vins d'accompagnement : les vins blancs pour le montasio frais ; les vins rouges pour le montasio affiné

Originaire des vallées entourant le massif du même nom, le montasio s'appela d'abord *carnia*, comme les autres fromages élaborés dans les vallées des Alpes carniques.

Au XIIIe siècle, ce fromage était déjà produit par les moines de l'abbaye de Moggio, et il était alors sans doute au lait de brebis. Aujourd'hui, un consortium de défense veille à ce que le procédé traditionnel de fabrication soit respecté.

Le lait des vaches de race tachetée rousse, bruno-alpine ou frisonne arrive deux fois par jour à la laiterie, tout de suite après la traite. Celui du soir est partiellement écrémé et mélangé à celui du matin. Dans le même temps, une culture de ferments propres à la région a été obtenue à partir de lait chauffé et fermenté pendant 6 à 9 heures. Le lait, ensemencé de ces ferments, coagule. Le caillé est ensuite rompu, cuit, salé en saumure puis à sec, et pressé. Le montasio jeune, affiné pendant 2 mois au moins, présente une pâte très claire à petits trous sous une croûte lisse et élastique. En vieillissant, jusqu'à 1 an, la pâte devient granuleuse et friable, et le fromage prend un goût corsé très particulier.

MOZZARELLA DI BUFALA

AOC
Région : Campanie, Latium
Lait : de bufflonne, entier
Pâte : filée
Teneur en matières grasses : 52 % au minimum
Croûte : inexistante
Forme : petites boules
Taille : variable
Poids : de 50 à 250 g
Saveur : douce, légèrement acidulée
Meilleure période de consommation : toute l'année
Vins d'accompagnement : les vins rouges ou rosés frais et légers (rosé de Bandol)

L'histoire de la mozzarella, fromage vieux de plusieurs siècles, se confond avec celle du buffle. Certains auteurs, comme Paolo Diacono, historien des Lombards, prétendent que cet animal puissant, dont les sabots ne s'enfoncent pas dans les terrains les plus meubles, notamment marécageux, est originaire d'Asie. D'autres soutiennent qu'il est méditerranéen. Il n'en est pas moins

Un troupeau de buffles

certain que sa femelle donne un lait qui était déjà coté en 1601 à Naples au même titre que l'or et le blé, et qui permet de produire la meilleure mozzarella, celle des puristes, et la seule à bénéficier d'une AOC : la mozzarella di bufala campana.

Elle est traditionnellement fabriquée à partir de lait entier de bufflonne, « soigneusement sélectionné pour la fraîcheur et l'authenticité ».

Ce lait, ensemencé de ferments, donne un caillé qui est découpé en grains de la taille d'une noix, et qui mûrit jusqu'à 5 heures. Il est ensuite brassé et malaxé dans l'eau bouillante pour donner une pâte filée, élastique, qui est détaillée en bandes (*mozzare* signifie couper, trancher), puis moulée à la main en petites boules denses d'une blancheur de porcelaine.

La mozzarella di bufala, conservée dans de l'eau salée ou du petit-lait, doit être consommée rapidement. Aujourd'hui, elle n'est plus présentée à nu mais toujours emballée, pour des raisons d'hygiène. Ce conditionnement nuit à son odeur musquée, surtout lorsqu'elle a été fumée à la paille de froment, aux feuilles, et au bois (mozzarella *affumicata)*...

La fleur de lait

La mozzarella au lait de vache, moins riche et pasteurisé, ou *fior di latte* (fleur de lait), est de plus en plus répandue. Fabriquée industriellement dans l'ensemble de l'Italie et dans plusieurs pays européens, elle n'a droit qu'à l'appellation de mozzarella. Elle se présente sous la forme de boules ou de pains de 100 g à 1 kg, qui titrent au moins 45% de matières grasses.

VOIR PAGE 182

PARMIGIANO REGGIANO

AOC
RÉGION : Émilie-Romagne, Lombardie
LAIT : de vache, cru, partiellement écrémé
PÂTE : pressée, cuite
TENEUR EN MATIÈRES GRASSES : de 32 à 40 %
CROÛTE : naturelle, graissée
FORME : cylindre
TAILLE : de 40 à 45 cm de diamètre ; de 20 à 25 cm d'épaisseur
POIDS : de 20 à 40 kg (37 kg en moyenne)
SAVEUR : fruitée, lactique
MEILLEURE PÉRIODE DE CONSOMMATION : toute l'année
VINS D'ACCOMPAGNEMENT : les vins rouges (chianti, côtes-du-rhône), éventuellement pétillants (lambrusco), les côtes-du-rhône blancs

LA NOTORIÉTÉ DU PARMIGIANO REGGIANO (le parmesan) remonte au XIIe siècle. Au milieu du XIIIe siècle, Boccace le cite dans son *Décaméron* : « Il y avait une montagne toute faite de parmesan, sur laquelle se trouvent des gens qui ne faisaient rien d'autre que macaroni et ravioli... ». Il fut introduit en France au XVIIe siècle par une duchesse de Parme et était, dit-on, très apprécié par Molière à la fin de sa vie.

Ce fromage, l'un des plus anciens d'Europe, doit son nom à son aire de production qui, en Émilie-Romagne, s'étend aux régions de Parme et de Reggio Emilia.

Il est encore fabriqué de manière artisanale par près de 800 fromageries locales, ou *caselli*, situées non loin de l'étable pour éviter que le lait soit trop secoué pendant son transport. Il doit provenir de vaches se nourrissant de fourrages de prés fleuris ou de luzerne, et en aucun cas de produits ensilés. On laisse la traite du soir reposer pendant la nuit pour pouvoir l'écrémer. Elle est alors ajoutée à celle du matin, et le mélange est ensemencé de ferments lactiques et emprésuré ; il coagule en 30 minutes. Le caillé est découpé en petits grains, puis chauffé de 40 à 50 minutes à une température de 46 à 52 °C. Il est ensuite placé dans une toile où il s'égoutte, puis dans un haut cylindre en bois de 45 cm de diamètre au moins. Il est retourné et pressé quatre ou cinq fois, puis salé en saumure pendant une quinzaine de jours et mis à ressuyer pour une bonne semaine. L'affinage sur planche, en cave fraîche et très humide, va

Parmesan

Le sondage du parmesan

Au menu des Romains

Les légionnaires romains complétaient leur menu de pain et de soupe d'épeautre avec du pecorino dont la ration est connue : 27 g par soldat. Columelle, au Ier siècle après J.-C., dans son traité d'agronomie *De re rustica*, décrit une méthode d'élaboration du pecorino, dont il vante la longévité et la capacité à supporter les longs voyages.

durer au moins 1 an, et jusqu'à 4 pour le *stravecchione*, au cours duquel il sera fréquemment lavé et brossé, et de temps en temps frotté avec un mélange d'huile et de terre d'ombre broyée.

Pendant la maturation, les experts du consortium de défense sondent la pâte pour en apprécier la qualité, et frappent les meules avec un marteau pour « entendre » les imperfections, avant d'apposer leur label de garantie sur le talon.

Les fromages non conformes sont impitoyablement écartés, nettoyés, et râpés pour la commercialisation en sachets ; les autres feront le bonheur des connaisseurs.

VOIR PAGE 187

PECORINO ROMANO

AOC	FORME : petite meule
RÉGION : Latium, Toscane	TAILLE : de 20 à 25 cm de diamètre ; de 14 à 22 cm d'épaisseur
LAIT : de brebis, cru, entier	POIDS : de 6 à 22 kg (jusqu'à 33 kg)
PÂTE : pressée, cuite	SAVEUR : prononcée, piquante
TENEUR EN MATIÈRES GRASSES : 36 % au minimum	
CROÛTE : naturelle, lavée	

MEILLEURE PÉRIODE DE CONSOMMATION : de novembre à juin
VINS D'ACCOMPAGNEMENT : les vins rouges charpentés d'Italie

DE TOUS LES *PECORINI*, le plus réputé est sans doute le pecorino romano. Ce fromage était déjà fabriqué dans l'Antiquité. Virgile appréciait beaucoup le cacio pecorino, très proche du fromage actuel.

Dans le Latium, de novembre à juin, les brebis de race sopravissina sont traites chaque jour à la main. Dans la dizaine de laiteries de la campagne romaine, le lait frais est filtré, chauffé pour éliminer les bactéries indésirables, puis reçoit des ferments lactiques et de la présure d'agneau.

Le caillé est concassé en morceaux de la taille d'un grain de maïs, à 45-48 °C, égoutté dans une bassine, moulé et pressé. La *frugatura* consiste à introduire, au moment du pressage, un roseau au centre du caillé, pour faciliter l'évacuation du petit-lait.

Le salage est effectué à sec, à plusieurs reprises, pendant 2 mois environ ; cette opération, déterminante pour la qualité finale, est assurée par des maîtres saleurs, aussi recherchés que de bons affineurs.

Pendant le vieillissement, qui dure au moins 8 mois, la croûte est régulièrement lavée, grattée, colorée et enduite de suif, d'huile d'olive, de terre jaune ou de lie d'huile d'olive.

Pour la commercialisation, elle doit porter la mention du nom du fromage et une tête de brebis stylisée.

Pecorino sardo

La production du pecorino sardo, qui fait actuellement l'objet d'une demande d'AOC, est assurée dans toute la Sardaigne, avec le lait des brebis de l'île, nourries d'herbes sauvages et aromatiques.

Lait emprésuré, caillé salé en saumure, affinage en cave sèche de 2 à 12 mois avec brossages de la croûte : sa fabrication est très proche de celle de son frère romain. Il ne faut pas faire l'erreur, courante, de le confondre avec le fiore sardo (voir p. 156). Il se déguste avec le remarquable vernaccia de Sardaigne.

PECORINO SICILIANO

AOC
RÉGION : Sicile
LAIT : de brebis, entier
PÂTE : pressée, cuite
TENEUR EN MATIÈRES GRASSES : 40 % au minimum
CROÛTE : naturelle
FORME : cylindre
TAILLE : de 15 à 20 cm de diamètre ; de 10 à 18 cm d'épaisseur
POIDS : de 4 à 15 kg
SAVEUR : piquante
MEILLEURE PÉRIODE DE CONSOMMATION : printemps
VINS D'ACCOMPAGNEMENT : le marsala pour le pecorino frais ; les vins rouges de Sicile pour le pecorino affiné

LA SICILE est une terre de contrastes ; les cultures et les langues s'y mêlent. Le pecorino, de fabrication comparable à celle des autres *pecorini*, y change de nom et de dimensions au gré des collines et des montagnes.

La palette des goûts, tout aussi diverse, tient aussi à la teneur en matières grasses, à l'alimentation des bêtes, à la période de production et à la durée de l'affinage. Par exemple, sa blancheur hivernale typique se teinte légèrement de jaune au printemps et en été. Il est aussi appelé *canistratyu*, car il porte l'empreinte de la corbeille d'osier (*canestro*) dans laquelle il s'est formé. Il devient *maiorchino* ou *marzulinu* lorsqu'il a atteint toute sa splendeur au mois de mars (surtout le frais *tuma*).

Aujourd'hui, il est fabriqué dans de petites fromageries, de façon traditionnelle mais avec une technologie avancée. Le lait est ensemencé et additionné de présure, parfois d'artichaut. Le caillé est rompu en grains de la taille d'une noix, ou plus petits si le fromage doit être affiné, puis il est égoutté, pressé et salé en saumure ou à sec. La maturation a lieu en cave fraîche et humide, pendant 20 jours pour le pecorino frais et plus de 4 mois pour le pecorino affiné, qui peut même vieillir jusqu'à 1 an.

PECORINO TOSCANO

AOC
RÉGION : Toscane et communes limitrophes de l'Ombrie et du Latium
LAIT : de brebis, entier
PÂTE : pressée
TENEUR EN MATIÈRES GRASSES : 40 % au minimum
CROÛTE : naturelle
FORME : cylindre
TAILLE : de 15 à 22 cm de diamètre ; de 7 à 11 cm d'épaisseur
POIDS : de 1 à 3,5 kg
SAVEUR : parfumée, légèrement salée
MEILLEURE PÉRIODE DE CONSOMMATION : toute l'année
VINS D'ACCOMPAGNEMENT : les vins blancs pour le pecorino frais, les vins rouges (brunello di Montalcino, carmignano, orellino di Scansano) pour le pecorino affiné

CE PECORINO, sans doute très ancien puisqu'il semble connu des Étrusques, fut d'abord appelé *marzolino*, car il était surtout préparé au mois de mars. Au XVe siècle, il Platina, écrivain humaniste, célèbre celui d'Étrurie, dont il dit qu'il est l'un des meilleurs fromages d'Italie. Au cours du XVIIe siècle, le pecorino toscano, produit dans les provinces de Sienne et de Florence, est souvent cité.

PROVOLONE

AOC
RÉGION : Vénétie, Lombardie
LAIT : de vache, pasteurisé, entier
PÂTE : filée
TENEUR EN MATIÈRES GRASSES : 45 % au minimum
CROÛTE : naturelle, paraffinée
FORME : cône tronqué, poire, melon, personnage...
TAILLE : jusqu'à 15 cm de diamètre ; 45 cm d'épaisseur
POIDS : de 1 à 5 kg ; de 27 à 90 kg pour le géant
SAVEUR : de douce à piquante
MEILLEURE PÉRIODE DE CONSOMMATION : toute l'année
VINS D'ACCOMPAGNEMENT : les vins rouges fruités pour le provolone doux ; les vins rouges robustes pour le piquant

LA TRADITION VEUT que le provolone, une pâte filée, ait vu le jour dans une région pauvre du sud de l'Italie, le Basilicate, et plus précisément dans la province de Potenza. Sa production semble s'être rapidement étendue, d'abord aux régions voisines (il était élaboré en Campanie avec du lait de bufflonne), puis, au XVIIIe siècle, jusqu'au nord du pays. Cousin germain du caciocavallo (voir p. 155), ce fromage possède une texture souple et une odeur prononcée.

Le lait entier est additionné de présure de veau pour la variété douce, de présure de chevreau pour la variété piquante. Pour filer la pâte, le caillé est plongé dans une eau très chaude et malaxé jusqu'à ce qu'il soit suffisamment élastique pour être étiré en longues bandes. Après l'égouttage, le caillé est modelé à la main, et ne doit renfermer ni bulle ni liquide, afin que la surface reste lisse et uniforme. Ensuite, le provolone est salé en saumure, à raison d'une journée par kilogramme, ce qui élimine le reste de petit-lait et empêche la formation de moisissures sur la croûte. Lavés à l'eau froide, les fromages sont « saucissonnés » – d'où leur surnom de *salami* – dans de la ficelle dont ils garderont la marque, et attachés par paires, à cheval sur des supports ; ils sont ainsi étuvés pendant une semaine.

De 2 à 3 mois d'affinage donnent le provolone *dolce*, doux et moelleux. Le *piccante*, fort et plus dur, peut mûrir jusqu'à 1 an.

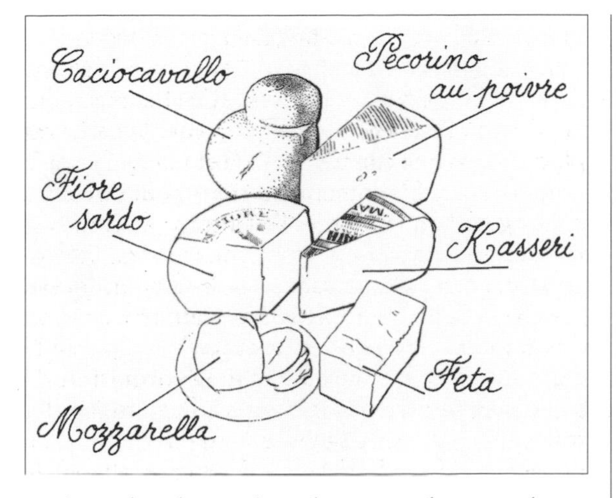

Après le salage et le séchage, tous les provolones peuvent être fumés ; dans ce cas, ils sont ensuite paraffinés ou recouverts d'huile.

QUARTIROLO LOMBARDO

Région : Lombardie	Croûte : inexistante
Lait : de vache, cru, entier ou partiellement écrémé	Forme : carré
Pâte : molle	Taille : de 16 à 20 cm de côté ; de 6 à 8 cm d'épaisseur
Teneur en matières grasses : 48 %	Poids : de 1 à 3,5 kg
	Saveur : délicate, bouquetée

Meilleure période de consommation : toute l'année
Vins d'accompagnement : les vins rouges légers avec le quartirolo doux, les vins rouges corsés avec le quartirolo affiné

En septembre, après avoir séjourné sur les hauts pâturages d'été, les troupeaux de vaches redescendaient vers les étables du fond de la vallée. En chemin, les bouviers lombards, les *bergamini*, les laissaient brouter l'herbe du troisième regain, l'*erba quartirola*, très parfumée, qui, à cette époque où la lactation est moins abondante, donne un lait riche d'excellente qualité.

Aujourd'hui, le quartirolo n'est plus que rarement saisonnier, l'herbe provenant souvent de toutes les fauches, et son aire de production s'est élargie. Fabriqué au lait cru, entier ou partiellement écrémé, ce fromage de la famille des *stracchini*, proche du taleggio (voir ci-contre), a une croûte rosée lorsqu'il est jeune, s'épaississant et virant au gris-vert à mesure qu'il vieillit. Pendant l'affinage en cave naturelle, qui peut durer jusqu'à 45 jours, le goût légèrement aigrelet de la pâte se renforce.

RICOTTA

Région : ensemble du pays
Lait : petit-lait de vache, de brebis ou de chèvre, séparés ou mélangés
Pâte : molle, légèrement pressée
Teneur en matières grasses : de 20 à 30 %
Croûte : inexistante
Forme : celle du récipient utilisé
Taille : variable
Poids : variable
Saveur : de douce à forte
Meilleure période de consommation : toute l'année
Vins d'accompagnement : les vins blancs, rosés ou rouges locaux

La ricotta remonte sans doute à l'Antiquité ; mais une légende voudrait que ce soit François d'Assise qui en ait transmis la recette aux bergers. Si elle n'a pas droit légalement à l'appellation de fromage, elle en a la notoriété.

Elle est élaborée à partir de petit-lait récupéré lors de l'égouttage d'autres fromages (fontina, provolone...). Ce petit-lait est recuit (*ricotta* signifie recuite) pour en extraire la matière coagulable, qui peut ensuite être salée ou fumée, pimentée, aromatisée aux herbes... La plus appréciée, la ricotta romana, est préparée exclusivement avec du petit-lait de brebis.

La ricotta prend la forme du récipient dans lequel elle égoutte, généralement un panier ou une faisselle.

TALEGGIO

AOC
Région : Lombardie
Lait : de vache, cru, entier ou pasteurisé
Pâte : molle, légèrement pressée
Teneur en matières grasses : 48 %
Croûte : naturelle, lavée
Forme : carré ou parallélépipède
Taille : de 20 à 25 cm de côté ; de 5 à 7 cm d'épaisseur
Poids : 2 kg environ
Saveur : fruitée
Meilleure période de consommation : hiver et automne
Vins d'accompagnement : les vins rouges légers et fruités, ou l'asti spumante

Comme les autres *stracchini*, dont le quartirolo, le taleggio ne prit plus précisément le nom de sa région de production qu'au début du XXe siècle, mais il est en fait beaucoup plus ancien. Les fromagers modernes continuent de respecter les méthodes ancestrales de fabrication des anciens bergers lombards. Cette AOC est d'ailleurs protégée par un consortium de défense, soucieux du respect de la zone de production, de la préparation et des caractéristiques du taleggio.

Le lait entier, traditionnellement cru, est chauffé dans des chaudrons à 30 ou 32 °C, ensemencé de ferments lactiques et emprésuré à la caillette de veau. Le caillé, tranché en grains de la taille d'une noisette, est raffermi dans des faisselles ou des toiles, puis étuvé pendant 18 heures. La pâte, devenue élastique, est démoulée et salée en saumure ou au sel sec.

L'affinage dure environ 40 jours en cave humide et très fraîche (2 à 4 °C), où les fromages sont brossés toutes les semaines. Un tiers de ceux qui sont produits localement vieillissent dans les *casere*, les grottes de la Valsassina parcourues par des courants d'air, que partagent certains gorgonzola.

Taleggio

Des chèvres dans les Cyclades

FETA

Région : ensemble du pays
Lait : de brebis, parfois de chèvre, cru
Pâte : fraîche
Teneur en matières grasses : 43 % au minimum
Croûte : inexistante
Forme : pain carré ou rectangulaire
Taille : variable
Poids : variable
Saveur : douce, légèrement acidulée
Meilleure période de consommation : toute l'année
Vins d'accompagnement : tous les vins régionaux de Grèce et de Turquie

Dans l'*Odyssée*, le cyclope Polyphème élevait de grasses brebis dont il faisait cailler le lait pour fabriquer de délicieux fromages qu'il conservait sur des claies, et dont se rassasièrent Ulysse et ses compagnons. Autrefois, pour faire coaguler le lait frais, on lui ajoutait un reste de caillé, ou on le battait avec une tige de figuier dont la sève le faisait prendre, ou encore on y faisait tremper des fleurs de chardon, qui avaient le même effet. La feta est aujourd'hui encore le plus connu et le plus répandu des fromages grecs.

Le lait frais coagule à 35 °C, puis le caillé est rompu et mis à égoutter dans des moules en bois sans fond ou dans des sacs en toile. Légèrement pressé, le fromage est, après 24 heures, découpé en tranches, qui sont largement saupoudrées de sel sec et disposées dans des barils en bois ou des boîtes en fer-blanc, plus petites.

La feta sera commercialisée dans son petit-lait. La meilleure demeure artisanale et vient du nord de la Grèce, où les pâturages sont riches. Elle est cependant fabriquée dans tout le pays, et même dans d'autres régions du bassin méditerranéen.

VOIR PAGE 182

KEFALOTYRI

Région : ensemble du pays
Lait : de chèvre ou de brebis, cru
Pâte : pressée, demi-dure
Teneur en matières grasses : jusqu'à 45 %
Croûte : naturelle
Forme : gros disque irrégulier
Taille : variable
Poids : 10 kg environ
Saveur : lactique, légèrement acidulée
Meilleure période de consommation : toute l'année
Vins d'accompagnement : tous les vins régionaux de Grèce

Le kefalotyri devrait son nom à sa forme de chapeau grec (*kefalo*). Une fois caillé, le fromage frais est d'abord pressé dans un moule, puis salé, et enfin moulé de nouveau ou mis dans une poche. Il est ensuite affiné en cave fraîche et humide pendant 2 à 3 mois ou suspendu sur le mur des maisons pour sécher au soleil. Il prend diverses autres appellations selon la région dans laquelle il est fabriqué : par exemple skyros, dans l'île du même nom, ou pindus, dans le Pinde.

KASSERI

Région : Thessalie, Macédoine, Lesbos, Xanthi
Lait : de brebis, cru
Pâte : demi-dure à dure
Teneur en matières grasses : 40 %
Croûte : naturelle
Forme : cylindre ou rectangle
Taille : de 25 à 30 cm de diamètre ; de 7 à 10 cm d'épaisseur
Poids : de 1 à 7,5 kg
Saveur : douce, un peu sapide
Meilleure période de consommation : hiver et printemps
Vins d'accompagnement : les vins régionaux de Grèce et de Turquie

Très nourrissant, le kasseri est préparé à partir de lait caillé à très haute température, qui prend alors une consistance élastique. Malaxé plusieurs fois, il est ensuite mis à égoutter et vieillit longtemps. Il ressemble alors à un gruyère au lait de brebis, et présente une texture qui rappelle celle du parmesan.

Le bleu de la Grèce

Dans les Cyclades, le kopanisti (43 % de matières grasses au minimum) se prépare avec du lait cru de brebis ou de chèvre. Le caillé est pétri en boules qui sont disposées sur des claies où elles se couvrent de moisissures. Elles sont alors pétries et salées, et mises dans un pot recouvert d'un linge où elles s'affineront pendant 2 mois, ou beaucoup plus, tandis que les veines bleues se développeront.

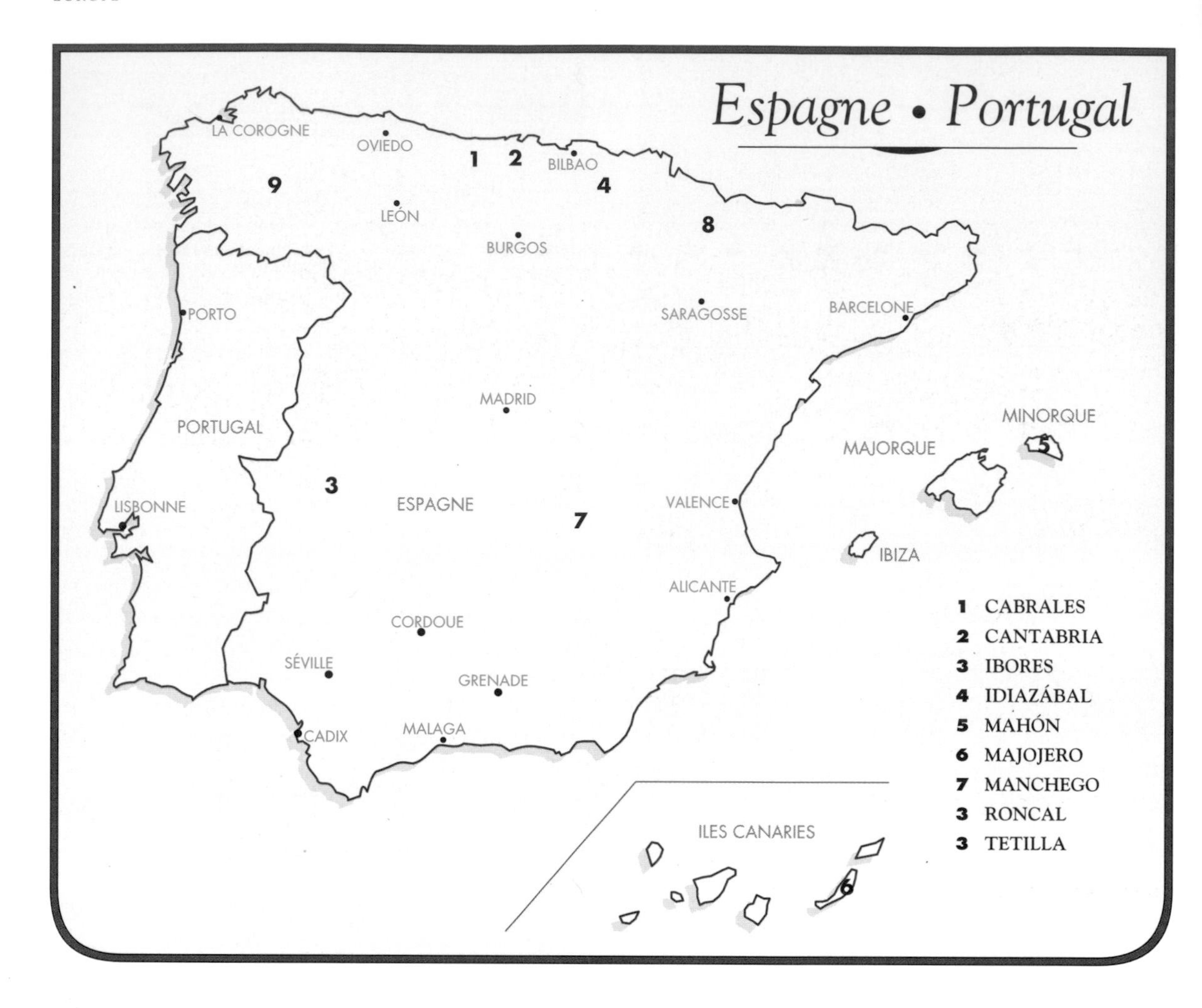

CABRALES

AOC
Région : Asturies
Lait : de vache, de brebis ou de chèvre, cru, entier
Pâte : persillée
Teneur en matières grasses : 45 % au minimum
Croûte : naturelle, lavée
Forme : disque épais
Taille : de 20 à 22 cm de diamètre ; de 7 à 15 cm d'épaisseur
Poids : de 2 à 4 kg ; jusqu'à 6 kg
Saveur : relevée, piquante
Meilleure période de consommation : printemps, été
Vins d'accompagnement : les vins rouges de Galice (ribero, valdeorras), les vins des Côtes-du-Rhône, le vin de Málaga (extra viejo)

La communauté autonome des Asturies est réputée pour son importante production laitière, notamment de chèvre. Au sud-est de cette région se dressent les monts Cantabriques, où les Picos da Europa culminent à 2 648 m. Là, dans une vallée qui abrite la ville de Cabrales, on élabore un fromage qui se prépare selon la saison au lait de vache, de brebis ou de chèvre, séparés ou mélangés. Ainsi, en hiver, seules les vaches redescendues des alpages et nourries avec du fourrage local non ensilé donnent du lait. Le meilleur cabrales est cependant celui d'été et de printemps, fait des trois laits, tandis que le lait de chèvre donne le produit le plus original.

Le lait du matin et celui du soir précédent sont additionnés de présure de chevreau. Le caillé, obtenu en moins de 1 heure, est brisé en grains réguliers de la taille d'une noisette, moulé et salé sur toute sa surface.

Le fromage est ensuite aéré, séché pendant 8 jours, puis mis en cave naturelle fraîche et très humide creusée dans la roche et parcourue de courants d'airs, les soufflées. Au cours de cet affinage, le cabrales est retourné plusieurs fois et sa croûte est lavée, ce qui favorise le développement des moisissures de *Penicillium glaucum*.

Après 3 mois de maturation, il présente une croûte grise avec des zones jaune rougeâtre et une pâte onctueuse veinée de bleu-vert. Il est commer-

Le picón

Très proche cousin du cabrales, mais affiné pendant 6 mois pour atteindre sa perfection de goût, le picón « sait être meilleur qu'il ne sent », selon un dicton régional. Les feuilles de platane qui le recouvrent permettaient autrefois aux chevriers de le protéger quand ils le descendaient jusqu'aux marchés des vallées.

Un troupeau de moutons en Vieille-Castille

cialisé sous papier métallique imprimé de feuilles ou, plus rarement, dans de vraies feuilles de platane ou d'érable, comme autrefois.

Le liebana

Cette appellation générique regroupe tous les fromages de la région des Picos de Europa fabriqués avec du lait entier de vache, de brebis ou de chèvre, ou avec un mélange. Outre le picón, elle protège aussi le liebana fumé, préparé à partir de caillé découpé en très petits grains et affiné au moins 2 mois, et le quesucos, qui se consomme frais ou mûri pendant 2 mois.

CANTABRIA

AOC
Région : province de Santander
Lait : de vache, pasteurisé, entier
Pâte : pressée, semi-cuite
Teneur en matières grasses : 45 %
Croûte : naturelle
Forme : rectangle ou cylindre
Taille : variable
Poids : de 500 g à 2,5 kg
Saveur : douce, lactique
Meilleure période de consommation : toute l'année
Vins d'acccompagnement : les vins rouges de Catalogne (alella fino de mesa)

Les monts Cantabriques sont le domaine de l'élevage bovin. Cette vocation remonte à la création de la fête du bétail de Torrelavega en 1767, à l'apparition des premières fromageries industrielles à la fin du XIXe siècle, et à la bonne adaptation des vaches de race frisonne au climat humide. Ces trois facteurs ont favorisé, pendant le premier tiers du XXe siècle, l'intensification de la fabrication d'un « fromage de crème » local. En 1985, ce cantabria a reçu une AOC ; il est aujourd'hui produit de façon traditionnelle dans plus de cinquante petites fromageries industrielles.

Le lait ensemencé et emprésuré coagule en 40 minutes. Le caillé est découpé en grains de 5 mm, puis réchauffé jusqu'à 34 °C. Lavé à l'eau chaude, il est ensuite moulé et mis sous presse pour

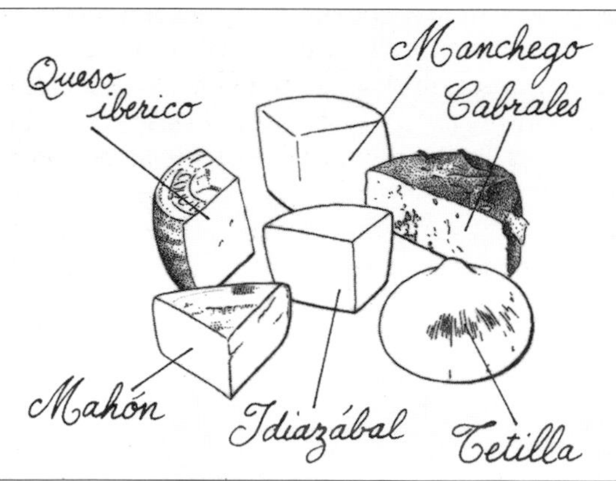

24 heures au maximum, avant d'être plongé une journée dans la saumure.

Le cantabria vieillit en cave fraîche et humide pendant une semaine au moins, durant laquelle il est retourné régulièrement.

Le garrotxa

Le garrotxa est produit en Catalogne avec le lait pasteurisé des chèvres de races murciana et granadina. Sa pâte tendre et compacte, aux trous réguliers, est recouverte d'une croûte naturelle gris bleuté fleurie. Très gras (jusqu'à 56 % de matières grasses), il se présente sous la forme d'une petite meule de 1 kg, et se consomme après 3 semaines d'affinage en cave fraîche et humide.

IBORES

Région : Estrémadure (province de Caceres)
Lait : de chèvre, cru, entier
Pâte : pressée
Teneur en matières grasses : jusqu'à 55 %
Croûte : naturelle
Forme : disque épais
Taille : environ 20 cm de diamètre ; 10 cm d'épaisseur
Poids : de 0,5 à 1,5 kg
Saveur : crémeuse, acidulée
Meilleure période de consommation : automne, hiver et printemps
Vin d'accompagnement : xérès

En Estrémadure, l'élevage caprin de type familial est encore prédominant. Les petits troupeaux regroupent des chèvres des races retinta et verata.

L'ibores est fabriqué de manière artisanale, surtout de l'automne à la fin du printemps, saisons où il est le meilleur, bien qu'en été quelques bergers en produisent un peu dans les chalets de montagne.

Le lait est emprésuré à la caillette de chevreau. Le caillé compact et tendre est battu, moulé, puis salé à sec. Après un court affinage et avant la commercialisation, le fromage est parfois enduit d'huile d'olive ou d'un mélange d'huile et de piment rouge doux, qui colore la mince croûte en orange.

IDIAZÁBAL

AOC
Région : provinces d'Alava, de Guipúzcoa et de Biscaye
Lait : de brebis, cru, entier
Pâte : pressée, non cuite ou semi-cuite
Teneur en matières grasses : 45 % au minimum
Croûte : naturelle, lavée
Forme : cylindre
Taille : de 10 à 30 cm de diamètre ; de 8 à 12 cm d'épaisseur
Poids : de 0,5 à 3,5 kg
Saveur : prononcée, légèrement piquante
Meilleure période de consommation : hiver, printemps, été
Vins d'accompagnement : les vins charpentés d'Espagne (rioja), les côtes-du-Rhône puissants

L'idiazábal est fabriqué avec le lait de brebis à longs poils des races lacha et carranzana, parfaitement adaptées à leur milieu montagneux au climat frais et humide.

Autrefois, quand les bergers quittaient, fin septembre ou début octobre, les hauts pâturages d'Urbia et d'Aralar pour redescendre vers la côte basque, ils emportaient les fromages qu'ils avaient fabriqués pour les vendre sur les marchés de la côte.

Aujourd'hui, l'idiazábal, souvent produit en petites industries, l'est encore aussi artisanalement. Le lait est emprésuré à 25-35°C pendant 40 minutes. Le caillé, découpé en tout petits grains, est moulé, pressé, puis salé à sec ou en saumure pendant 48 heures environ.

Les fromages sont ensuite affinés en cave fraîche et humide pendant au moins 2 mois, durant lesquels ils sont régulièrement retournés et lavés. 10 jours avant d'être commercialisés, ils sont parfois fumés au feu de bois de hêtre, d'aubépine, de cerisier ou de bouleau. Ils se parent alors d'une croûte qui peut devenir très foncée et qui cache une pâte compacte au délicat goût fumé.

Svastika ou croix

Les fromageries artisanales gravent sur la croûte de l'idiazábal des dessins ou des symboles de la culture basque, notamment la svastika et la croix.

MAHÓN

AOC
Région : île de Minorque
Lait : de vache, cru ou pasteurisé, et de brebis (5 % au maximum)
Pâte : pressée, non cuite
Teneur en matières grasses : 38 % au minimum
Croûte : naturelle
Forme : parallélépipède
Taille : de 20 à 25 cm de long ; de 10 à 15 cm de large ; de 8 à 9 cm d'épaisseur
Poids : de 1 à 4 kg
Saveur : piquante, légèrement acide
Meilleure période de consommation : toute l'année
Vins d'accompagnement : les vins rouges locaux (benisalem, frelanitz)

L'île de Minorque connaît des précipitations annuelles abondantes et des températures douces, qui ont toujours favorisé les cultures fourragères et l'élevage.

La vocation agricole de l'île remonte aux Romains, qui y introduisirent les moutons. Sous la domination arabe, le vin, la viande et le fromage de l'île étaient vendus sur les côtes africaines ou aux commerçants provençaux, génois et pisans. À cette époque, le mahón existe déjà, mais son essor ne commence vraiment qu'à la fin du XIXe siècle, avec l'apparition des affineurs de fromage, pour la plupart installés à Alayor. En 1930 se créent les premières fromageries, qui existent toujours.

Matin et soir, après la traite, le lait cru des vaches de race frisonne ou menorquina est emprésuré. Le caillé est placé dans une toile de lin ou de coton soutenue par les quatre coins. Il est posé sur une table et pressé pour éliminer son petit-lait, et découpé en parts mises à leur tour sous des presses individuelles pendant 10 à 14 heures.

Les fromages sont ensuite salés par immersion dans un bain de saumure pendant 24 heures au moins. Puis, posés sur des canisses, ils sont retournés chaque jour pour que leurs deux côtés sèchent uniformément. Après un mois d'affinage, la croûte est enduite de beurre ou d'huile d'olive extra vierge et de piment doux. Un mahón jeune a mûri 2 mois, un semi-vieux 5 mois, et un vieux 10 mois au moins.

La croûte lisse, jaune ou orange, porte alors la *mamella*, la marque de la toile, et la pâte, compacte, présente des cavités.

Des minorquins à Majorque

Au XVe siècle, les frères Datini de Lucca, marchands toscans, venaient jusqu'à Minorque chercher de la laine… mais ils devaient aussi acheter les fromages de l'île. Ne voulant pas les rapporter en Italie, les navigateurs les revendaient à Majorque. Aujourd'hui encore, cette grande île reste le principal marché de fromages minorquins.

MAJOJERO

RÉGION : île de Fuerteventura (archipel des Canaries)
LAIT : de chèvre, cru
PÂTE : pressée, non cuite
TENEUR EN MATIÈRES GRASSES : 50 %
CROÛTE : naturelle
FORME : disque
TAILLE : 30 cm de diamètre environ ; 10 cm d'épaisseur
POIDS : de 5 à 7 kg
SAVEUR : acide, légèrement piquante
MEILLEURE PÉRIODE DE CONSOMMATION : automne, hiver, printemps
VINS D'ACCOMPAGNEMENT : les vins rouges corsés (benisalem)

Le majojero est fabriqué dans l'île sans doute la plus anciennement peuplée des Canaries. Sur cette terre basse et peu arrosée par les pluies paissent depuis très longtemps de grands troupeaux de chèvres.

Dès le XIIIe siècle, l'île était très réputée pour leurs peaux, leur lait, et les fromages qu'il permettait de produire.

Le majojero est fabriqué avec le lait du matin emprésuré à la caillette de chevreau. Le caillé est ensuite battu, versé dans une large ceinture de feuilles de palmier dont il gardera la marque, et pressé. Le salage s'effectue à sec, sur le dessus.

Ce fromage se consomme frais ou mûri sur claie en cave tempérée et sèche. Pendant l'affinage, il est parfois enduit d'huile, de piment rouge et de farine de maïs grillé, ce qui leur évite de trop se dessécher.

MANCHEGO

AOC
RÉGION : Manche
LAIT : de brebis, cru ou pasteurisé
PÂTE : pressée, non cuite
TENEUR EN MATIÈRES GRASSES : 50 % au minimum
CROÛTE : naturelle, lavée
FORME : petite meule, à talon convexe
TAILLE : de 18 à 25 cm de diamètre ; de 8 à 12 cm d'épaisseur
POIDS : de 2 à 3,5 kg
SAVEUR : très crémeuse, légèrement piquante
MEILLEURE PÉRIODE DE CONSOMMATION : hiver, printemps, été
VINS D'ACCOMPAGNEMENT : les vins rouges de Bordeaux, le xérès, les côtes-du-rhône blancs

Le véritable manchego est originaire de la Manche, le pays de Don Quichotte, au centre de l'Espagne. Cette région est l'habitat naturel d'une race de brebis, la manchega, très productive et parfaitement adaptée aux différences de température quotidiennes et saisonnières.

L'élevage y est depuis longtemps florissant. On y a retrouvé des restes de faisselles pour égoutter le caillé datant du IIe millénaire avant J.-C. Des écrivains anciens comme Diodore et Columelle évoquent les fromages, très appréciés par les Romains, venus du « champ Espartario », ainsi qu'ils dénommaient la région.

Pendant longtemps, les musulmans du sud de la péninsule Ibérique et les chrétiens du nord se disputèrent âprement ce vaste territoire, qui vit naître la première corporation des éleveurs de bétail, créée au XIIIe siècle, sous l'impulsion d'Alphonse X le Sage (voir encadré).

Au XIXe siècle, les bergers se sédentarisèrent. Désormais, les troupeaux furent davantage exploités pour leur viande et pour leur lait que pour leur laine. Dès lors, le manchego ne se limita plus à une petite production montagnarde, et les fromageries artisanales se multiplièrent. Elles sont toujours en activité, bien que le fromage soit actuellement fabriqué industriellement dans toute l'Espagne.

Après emprésurage du lait, le caillé est découpé, puis brassé et lentement chauffé jusqu'à 40 °C. Il était autrefois versé dans des moules en alfa, qui lui imprimaient la marque de leurs stries ; il est aujourd'hui placé dans des moules métalliques aux reliefs artificiels.

Salé à la volée ou en saumure, le fromage mûrit 2 mois environ et se reconnaît à sa croûte dure et jaune plus ou moins foncée marquée des traces du moule et d'une fleur. Sa pâte ferme et grasse présente parfois des trous minuscules.

Le salage en saumure du manchego

Selon son temps d'affinage en cave fraîche et sèche, le manchego est vendu *fresco*, frais (5 jours), *curado*, sec (de 3 à 13 semaines), ou *viejo*, vieux (de 3 à 12 mois). Les artisans le conservent parfois dans un bain d'huile ; les industriels pratiquent plus volontiers le paraffinage, moins coûteux.

La corporation des éleveurs de bétail

Créée par Alphonse X le Sage (1221-1284), la première corporation des éleveurs de bétail organisait les déplacements des troupeaux, qui étaient protégés des raids maures par des soldats. Au XVIIe siècle, les progrès économiques entraînèrent une forte croissance démographique et la disparition des gras pâturages au profit de cultures plus rentables ; la puissance de la corporation des éleveurs déclina, jusqu'à sa disparition en 1836.

RONCAL

AOC
Région : Navarre
Lait : de brebis, cru, entier
Pâte : pressée, non cuite ou semi-cuite
Teneur en matières grasses : 60 % au minimum
Croûte : naturelle
Forme : petite meule épaisse
Taille : de 18 à 20 cm de diamètre ; de 8 à 12 cm d'épaisseur
Poids : de 2 à 3 kg
Saveur : prononcée, légèrement piquante
Meilleure période de consommation : de décembre à juillet
Vins d'accompagnement : les vins rouges charpentés d'Espagne (rioja)

Les brebis de race lacha, excellentes laitières, sont originaires des montagnes espagnoles proches de la frontière française. Les rasas, un peu moins productives, viennent des provinces de Navarre et de Huesca.

La région de production du roncal, première AOC espagnole, correspond au territoire d'une ancienne communauté connue sous le nom d'université des sept villages de la vallée de Roncal. Elle fonctionnait de façon autonome, exploitant en commun les pâturages et les troupeaux, sous la tutelle de la junta, un organisme gestionnaire.

Le roncal comptait beaucoup dans la vie des habitants et constituait, avec la viande d'agneau, la principale ressource alimentaire et la monnaie d'échange des bergers itinérants, qui l'échangeaient contre du vin, de l'huile et des tissus. Ils le fabriquaient alors du printemps à l'été, à l'époque de la plus forte lactation. Dans les sept villages de la vallée, les caves regorgeaient de roncals affinés dans l'air humide et frais des montagnes, où soufflent parfois des vents violents. Ce fromage est encore élaboré selon les vieilles coutumes.

Le lait frais encore tiède est emprésuré. Le caillé est découpé en grains le plus petits possible, et parfois réchauffé. Il repose pour égoutter, avant d'être brassé pour perdre le reste de son petit-lait.

Il est moulé dans une forme en bois de hêtre, appelée *xiera*, puis percé d'aiguilles en bois pour que les dernières gouttes de liquide s'écoulent. On le lave ensuite à l'eau chaude tout en le faisant tourner sur une planche en bois tiédie au feu. Salé à sec sur ses deux faces pendant quelques jours, le fromage est enfin démoulé.

L'affinage en cave fraîche et humide dure au moins 4 mois, pendant lesquels le roncal est régulièrement retourné et lavé pour lisser sa croûte, qui s'épaissit peu à peu et protège une pâte dure un peu cassante.

TETILLA

Région : Galice
Lait : de vache, cru ou pasteurisé, entier
Pâte : molle
Teneur en matières grasses : de 40 à 55%
Croûte : inexistante
Forme : poire
Taille : de 20 à 25 cm de diamètre ; de 10 à 15 cm d'épaisseur
Poids : de 0,75 à 1,5 kg
Saveur : douce, légèrement acidulée
Meilleure période de consommation : toute l'année
Vins d'accompagnement : les vins rouges légers (navarra)

Moulé dans la *cuncas*, un cône ou une demi-sphère, le tetilla (tétine en espagnol) ressemble à un sein un peu aplati ou à une poire dont la partie supérieure conique est terminée par une petite pointe.

Le lait, qui provient en général de deux traites mélangées, est ensemencé et emprésuré. Le caillé, qui se forme en 1 à 2 heures, est découpé en grains moyens, puis très légèrement pressé à la main ou en machine. Les artisans préfèrent saler le lait avant coagulation, ou tremper le caillé dans une saumure ; les industriels, eux, pratiquent le salage à sec, moins onéreux. Le séchage dure 1 semaine au moins en cave fraîche et humide.

La tetilla est alors parfois lavée avec de l'eau légèrement salée pour donner à sa croûte naturelle un aspect cireux.

De la forme au nom

Le tetilla est également appelé *perilla* (petite poire), *teta* (mamelle), *teta de vacca* (mamelle de vache), ou encore fromage galicien de tétine.

Dans l'archipel des Açores

AZEITÃO

Appellation d'origine
RÉGION : Estrémadure
LAIT : de brebis, cru
PÂTE : molle
TENEUR EN MATIÈRES GRASSES : 45 % au minimum
CROÛTE : naturelle
FORME : disque épais
TAILLE : de 8 à 11 cm de diamètre ; de 3 à 5 cm d'épaisseur
POIDS : 250 g
SAVEUR : crémeuse, légèrement piquante
MEILLEURE PÉRIODE DE CONSOMMATION : de novembre à avril
VINS D'ACCOMPAGNEMENT : les vins rouges veloutés du pays (dão, colares)

Du type serra, ce fromage artisanal est produit au sud de Lisbonne, dans le district de Setúbal. Selon la tradition, un fermier originaire de Beira Baixa acheta un terrain à Azeitão, où l'activité pastorale était inconnue. Il fit donc venir de sa région natale un berger et un troupeau de moutons, et commença à produire des fromages.

Les brebis qui donnent le lait de l'azeitão et son procédé de fabrication sont les mêmes que ceux du serra, mais les chardons utilisés pour le caillage, les pâturages et le climat des montagnes Arràbida et São Luis donnent à ce fromage son originalité. Après un affinage d'au moins 20 jours, sa pâte blanche, consistante et onctueuse, a pris une douce saveur lactique sous une croûte jaune paille.

SÃO JORGE

Appellation d'origine
RÉGION : archipel des Açores (île de São Jorge)
LAIT : de vache, cru, entier
PÂTE : pressée
TENEUR EN MATIÈRES GRASSES : 45 % au minimum
CROÛTE : naturelle
FORME : cylindre
TAILLE : de 25 à 35 cm de diamètre ; de 10 à 15 cm d'épaisseur
POIDS : de 8 à 12 kg
SAVEUR : de forte à piquante
MEILLEURE PÉRIODE DE CONSOMMATION : toute l'année
VINS D'ACCOMPAGNEMENT : les vins rouges veloutés du pays (dão, colares)

L'archipel des Açores a été occupé par les Portugais à partir de 1432. Les premiers colons, originaires de l'Alentejo, de l'Algarve et du Minho, s'installent alors notamment sur l'île de São Jorge, terre volcanique et verte, dont le climat océanique est favorable aux riches pâturages.

Ils amènent avec eux leur bétail, et l'activité pastorale se répand. Ils conservent les coutumes de leur patrie d'origine, et notamment la tradition fromagère. Mais ils délaissent les moutons pour développer surtout l'élevage des bovins, qui trouvent ici une herbe abondante. Au XVIe siècle, Gaspar Frutuoso, dans son ouvrage *Saudades da Terra* (souvenirs de la terre), parle déjà d'un fromage de São Jorge, cependant probablement différent de celui qui est fabriqué aujourd'hui. Très important pour l'économie de l'île, car il est largement exporté, il est produit en petites industries, et selon la technique du cheddar (voir p. 132). Affiné de 30 à 90 jours, il présente une pâte jaune parsemée de petits trous irréguliers. Dans les autres îles de l'archipel, on en trouve des imitations appelées *ilha* (île) ou *ilhas* (îles).

SERPA

Appellation d'origine	FORME : disque épais
RÉGION : Alentejo	TAILLE : de 18 à 20 cm de diamètre ; de 4 à 6 cm d'épaisseur
LAIT : de brebis, cru	POIDS : de 1 à 1,5 kg
PÂTE : molle	SAVEUR : douce, légèrement acide
TENEUR EN MATIÈRES GRASSES : de 45 à 50 %	
CROÛTE : naturelle	

MEILLEURE PÉRIODE DE CONSOMMATION : automne, hiver
VINS D'ACCOMPAGNEMENT : les vins rouges veloutés du pays (dão, colares)

LA VILLE DE SERPA, au sud-est du Portugal, est dominée par les remparts d'un imposant château. Dans cette région de l'Alentejo, souvent brûlée par le soleil, on fabrique de façon artisanale un fromage proche du serra, mais à la saveur plus piquante. De plus, le serpa est fait avec du lait de brebis de race merino ou campaçina. Après 1 à 2 mois d'affinage en cave fraîche et humide, sa croûte lisse et jaune paille recouvre une pâte molle à semi-molle, avec quelques yeux, dont le goût s'intensifie avec le temps.

SERRA-DA-ESTRELA

Appellation d'origine	CROÛTE : naturelle
RÉGION : province de Beira Baixa (serra da Estrela)	FORME : disque épais
LAIT : de brebis, cru	TAILLE : de 15 à 20 cm de diamètre ; de 4 à 6 cm d'épaisseur
PÂTE : molle	POIDS : de 1 à 1,7 kg
TENEUR EN MATIÈRES GRASSES : 45 % au minimum	SAVEUR : suave, légèrement acide

MEILLEURE PÉRIODE DE CONSOMMATION : de décembre à février
VINS D'ACCOMPAGNEMENT : les rouges veloutés du pays (dão, colares)

LE SERRA-DA-ESTRELA, ou serra, est par excellence le fromage de montagne au lait de brebis. Il a influencé le serpa, l'azeitão ou les fromages de Beira Baixa.

Certainement fabriqué dès le XIIe siècle, il était tellement apprécié au XVe siècle que de nombreux auteurs le citent, et notamment Gil Vicente (1465-1536), le père de l'art dramatique portugais, qui écrivit une tragi-comédie pastorale intitulée *Serra da Estrela*.

Ce fromage a résisté à l'industrialisation et porte le nom de sa zone de production : la serra da Estrela, ou « montagne de l'étoile », région – connue pour ses troupeaux de moutons et pour son pain –, qui culmine à 1 993 mètres.

À la lueur de la lanterne

En 1527, le dramaturge Gil Vincente (voir ci-dessus), dit Mestre Gil, conduit les bergers de la serra da Estrela jusqu'au palais royal de la ville de Coimbre. L'épouse du roi Jean II le Pieux vient d'y donner naissance à une fille, la princesse Marie (1527-1545). Les bergers offrent à la reine « 500 nouveaux fromages faits à la lueur de la lanterne » : ils pensaient en effet que les rayons du soleil nuisaient à la préparation du fromage, et ne le fabriquaient donc que la nuit.

Les femmes de berger y produisent toujours le serra dans des abris creusés autrefois à même le granit et selon la recette ancestrale. Chaque jour, au crépuscule ou à l'aube, elles traient les brebis de race bordaleira.

Le lait commence à mûrir dans une cruche entre 6 et 12° C, puis il est chauffé au-dessus d'un feu de bois de pin et de branches d'ajonc, et additionné d'un extrait coagulant de fleurs de chardon *Cyrana cardunculus*.

Le caillé obtenu est tranché à la louche ou à la main et mis dans un moule sur lequel on place pendant 24 heures une planche surmontée d'une pierre dont le poids accélère l'égouttage.

Le fromage est ensuite démoulé et mis à affiner en milieu humide, puis en cave froide et plus sèche ; pendant cette maturation, il sera lavé fréquemment avec du petit-lait et salé.

Au bout de 30 jours, il est *aminteigado*, ce qui signifie littéralement « avec du beurre » : sa pâte est onctueuse et compacte, avec éventuellement de petits yeux, sous une croûte jaune paille très fine et lisse. Au-delà de 2 mois, il devient *velho*, et nettement plus dur.

Beira Baixa

Beira Baixa, province située entre la frontière espagnole et l'Atlantique, a donné son nom à une appellation d'origine regroupant trois fromages : le castelo branco, au lait de brebis caillé à la fleur de chardon, le fromage piquant de Beira Baixa et le fromage jaune de Beira Baixa, tous deux aux laits mélangés de brebis et de chèvre et à la saveur puissante.

Les Levantins en leur légende
Disent qu'un certain Rat, las des soins d'ici-bas,
Dans un fromage de Hollande
Se retira loin du tracas.
La solitude était profonde,
Notre ermite nouveau subsistait là-dedans.
Il fit tant, de pieds et de dents,
Qu'en peu de jours il eut au fond de l'ermitage
Le vivre et le couvert : que faut-il davantage ?

Le Rat qui s'est retiré du monde (extrait)

JEAN DE LA FONTAINE

Des
recettes
et
un guide
pratique

Des recettes de terroir

Nous avons choisi de vous proposer au moins une recette à base de chacun des fromages AOC, mais aussi des préparations plus locales, qu'elles soient françaises ou européennes. Une bonne façon de découvrir des produits de terroir. Lesquels préférez-vous ? (Voir la température des fours p. 186.)

Entrées

NORD • NORD-EST

GOYÈRE AU MAROILLES

Pour 4 personnes

200 g de maroilles affiné • 200 g de maroilles blanc • 250 g de farine • 30 g de beurre • 10 g de levure de boulanger • 1 tasse de lait tiède • 4 œufs • 10 cl de crème • sel et poivre

Préchauffer le four (th. 6). Délayer la levure dans le lait. Dans un grand bol, mettre la farine, le beurre, 1 œuf entier et 1 pincée de sel. Travailler la pâte du bout des doigts jusqu'à ce qu'elle soit souple. Laisser lever dans un endroit tiède 1 h au moins. Abaisser la pâte sur 3 mm d'épaisseur et en garnir une tourtière beurrée. Couper le maroilles en dés et les écraser grossièrement à la fourchette en les mélangeant avec la crème fraîche. Battre les 3 autres œufs et y incorporer la préparation. Quand la pâte a suffisamment reposé, garnir la tourtière. Enfourner pour 30 min. Servir très chaud.

TARTE AU MUNSTER ET AU HADDOCK

Pour 4 personnes

250 g de pâte brisée • 100 g de munster • 300 g de filets de haddock • 10 cl de crème fraîche • 5 cl de lait • 3 œufs • 300 g de poireaux • sel et poivre du moulin

Préparer une pâte brisée avec 250 g de farine, 100 g de beurre et un peu de sel. Laisser reposer 1 h au moins au frais. Préchauffer le four (th. 5). Écroûter le munster et le couper en petits dés. Laver et égoutter les poireaux. Les émincer et les faire cuire pendant 15 min avec la crème fraîche. Ajouter le munster et poursuivre la cuisson à feu très doux en remuant de temps en temps jusqu'à ce que le fromage soit fondu. Dans une autre casserole, chauffer 50 cl de lait et y pocher le haddock pendant 6 min, sans le laisser bouillir, pour qu'il dessale. L'égoutter et l'émietter. Abaisser la pâte et en garnir un moule à tarte beurré. Piquer le fond avec une fourchette. Recouvrir de papier sulfurisé, puis de légumes secs. Enfourner pour 15 min. Porter à ébullition le reste du lait. Dans un grand bol, battre les œufs entiers. Ajouter les poireaux, le lait et le haddock. Saler très légèrement et poivrer. Sortir le fond de tarte. Ôter le papier sulfurisé et les légumes secs. Y verser la préparation. Remettre au four pour 30 à 35 min. Servir chaud.

Mimolette au porto

Pour l'apéritif, des amuse-gueule à préparer quelques jours à l'avance !
Couper de la mimolette en dés, les arroser de porto et les laisser macérer au frais en remuant de temps en temps.

CHAMPAGNE ÎLE-DE-FRANCE

GALETTES BRIARDES

Pour 8 personnes

500 g de farine • 100 g de beurre • 200 g de brie de Meaux • 2 jaunes d'œufs • sel et poivre du moulin • 1 pincée de noix muscade

Préchauffer le four (th. 6). Écroûter le brie de Meaux et l'émietter grossièrement à la fourchette. Mélanger la farine avec le beurre ramolli. Ajouter le fromage, le sel, le poivre et la noix muscade. Bien mélanger. Incorporer les jaunes d'œufs et, éventuellement, un peu d'eau si la pâte est trop épaisse. Abaisser sur 1 cm d'épaisseur et, à l'aide d'un verre, découper des cercles. Les disposer sur une plaque à pâtisserie beurrée. Enfourner pour 15 min. Servir à l'apéritif.

TERRINE DE COURGETTES AU LANGRES ET AU BASILIC

Pour 8 personnes

1,2 kg de courgettes • 4 cuil. à soupe d'huile d'olive • 4 gousses d'ail • 6 brins de persil • 100 g de langres pas trop fait • 3 cuil. à soupe de chapelure • 4 œufs • 2 bouquets de basilic • sel et poivre du moulin

Préchauffer le four (th. 5). Éplucher l'ail et le hacher. Laver le persil et le hacher. Effeuiller le basilic et le hacher. Laver les courgettes. En couper 1 kg en petits dés sans les éplucher. Chauffer l'huile dans une sauteuse et les faire revenir. Ajouter l'ail, le persil et le basilic. Battre les œufs en omelette. Écroûter le langres et l'écraser à la fourchette. Mélanger avec les œufs et la chapelure. Saler et poivrer. Lorsque les courgettes sont fondantes, les retirer du feu, les écraser et les ajouter à la préparation. Couper en rondelles le reste des courgettes. Les faire dorer dans la sauteuse. En garnir le fond d'un moule à cake beurré. Verser ensuite le mélange. Placer le moule dans un bain-marie et enfourner pour 45 min environ. Laisser refroidir et démouler.

BRETAGNE NORMANDIE

CRÊPES AU CAMEMBERT

Pour 4 personnes

8 crêpes de froment • 1 camembert • 60 g de beurre • 100 g d'emmental râpé • sauce à la tomate ou aux herbes • sel et poivre

Préparer une pâte à crêpes avec 125 g de farine, 25 cl de lait, 2 œufs entiers et 1 pincée de sel ; ajouter un peu d'huile. Laisser reposer 2 h au moins. Cuire les crêpes et les empiler les unes sur les autres. Écroûter le camembert, l'écraser à la fourchette et le mélanger avec 60 g de beurre. Garnir de cette préparation le centre des crêpes et les rouler. Les disposer dans un plat à gratin. Ajouter quelques noisettes de beurre et napper de sauce à la tomate ou aux herbes. Saupoudrer d'emmental et enfourner pour 15 min environ. Servir très chaud, éventuellement avec un coulis de tomates fraîches.

CROQUE-NEUFCHÂTELOIS

Pour 4 personnes

4 tranches de pain de mie • 30 g de beurre • 2 tomates • 100 g de neufchâtel • 12 olives vertes • huile • fines herbes • sel et poivre du moulin • persil haché (facultatif)

Préchauffer le four (th. 8). Écroûter le fromage. Ôter le pédoncule des tomates et les couper en rondelles. Dénoyauter les olives. Enlever la croûte des tranches de pain et les beurrer sur les deux faces. Les tartiner de neufchâtel, puis les recouvrir de 2 tranches de tomate. Les disposer dans un plat à gratin allant au four et les parsemer de fines herbes. Saler légèrement et poivrer. Couronner avec les olives. Enfourner pour 8 min. Servir très chaud, éventuellement décoré de persil haché.

Les croque-monsieur

Deux tranches de pain de mie beurrées enfermant une tranche de jambon et des lamelles d'emmental, dorées des 2 cotés à la poêle ou au four, et éventuellement gratinées : voilà le croque-monsieur. Couronné d'un œuf sur le plat, il devient croque-madame. Mais il se prépare aussi avec de nombreux autres fromages, éventuellement agrémentés de légumes, d'aromates, d'épices.

PETITS CHOUX FARCIS AU LIVAROT

Pour 20 choux environ

Pour la pâte : 150 g de farine • 75 g de beurre • 4 œufs • sel et poivre du moulin • noix muscade

Pour la mousse : 200 g de livarot • 75 g de beurre • 100 g de crème légère • 2 cuil. à soupe de pignons • 1 cuil. à café de cognac

Préchauffer le four (th. 7). Couper le beurre ramolli en morceaux. Dans une grande casserole, mettre 25 cl d'eau, le beurre, le sel, le poivre et la noix muscade. Porter à ébullition, puis retirer du feu. Ajouter la farine d'un seul coup en mélangeant vivement avec une cuiller en bois. Remettre sur feu doux et remuer jusqu'à ce que la pâte se rassemble et se détache des parois de la casserole. Hors du feu, incorporer les œufs entiers, un par un, en remuant bien à chaque fois. À l'aide d'une cuiller à café, former des boules de pâte et les disposer sur une plaque à pâtisserie légèrement beurrée. Enfourner pour 15 min, puis laisser refroidir. Pendant ce temps, fouetter la crème jusqu'à ce qu'elle soit ferme. Mettre le fromage, le beurre et le calvados dans le bol d'un mixeur et faire tourner l'appareil jusqu'à ce que le mélange soit lisse. Incorporer délicatement cette préparation à la crème fouettée. Découper un chapeau dans les choux et les garnir. Décorer de pignons. Servir à l'apéritif, ou en entrée, accompagné d'une salade verte.

Des mousses pour tous les goûts

On peut selon cette recette de la mousse de livarot réaliser de nombreuses mousses avec d'autres fromages, pour garnir des choux, des canapés ou des tranches de pain grillé. Il est toujours intéressant de les relever avec un alcool régional : les fromages normands avec du calvados, les fromages alsaciens avec de l'eau-de-vie de fruit, les fromages bourguignons avec du marc de Bourgogne…

TARTE FEUILLETÉE AU PONT-L'ÉVÊQUE

Pour 6 personnes

250 g de pâte feuilletée toute prête • 1 pont-l'évêque • 600 g de pommes de terre • 10 cl de crème • 50 g de cerneaux de noix séchés • sel et poivre du moulin

Préchauffer le four (th. 7). Cuire les pommes de terre en robe des champs de 25 à 30 min à l'eau bouillante. Hacher les cerneaux de noix. Écroûter le pont-l'évêque et le couper en fines lamelles. Abaisser la pâte feuilletée et en garnir un moule à tarte beurré. Peler les pommes de terre et les couper en rondelles. Les disposer sur le fond de tarte. Étaler par-dessus la crème fraîche. Parsemer des noix hachées. Saler légèrement et poivrer. Couvrir de fromage en une couche régulière. Enfourner pour 30 à 35 min. Servir tiède.

PAYS DE LA LOIRE POITOU-CHARENTES

CHAMPIGNONS DE PARIS AU SAINTE-MAURE-DE-TOURAINE

Pour 4 personnes

8 gros champignons de Paris et 4 moyens • 10 cl de crème épaisse • 50 g de cerneaux de noix séchés • 1 sainte-maure-de-touraine affiné • 2 jaunes d'œuf • beurre • sel et poivre

Préchauffer le four (th. 7). Hacher finement les noix. Nettoyer les champignons sous un filet d'eau froide, puis les passer dans de l'eau citronnée. Ôter la partie terreuse des pieds et les détacher des chapeaux. Hacher tous les pieds et les petits chapeaux. Chauffer le beurre dans une grande poêle. Y faire revenir doucement quelques minutes les gros chapeaux. Quand ils sont dorés, les sortir et les poser sur du papier absorbant pour qu'ils s'égouttent. Mettre le hachis dans la poêle et le faire suer jusqu'à ce qu'il ait perdu son eau. Laisser refroidir. Écroûter le sainte-maure, l'écraser à la fourchette et y incorporer en battant la crème fraîche, les jaunes d'œuf et les noix. Mélanger cette préparation avec le hachis en remuant bien. Saler légèrement et poivrer largement. Farcir avec ce mélange les gros chapeaux, les disposer dans un plat à rôtir et enfourner pour 15 min environ. Servir chaud, entouré de mesclun.

SOUFFLÉ AU POULIGNY-SAINT-PIERRE

Pour 4 personnes

4 cuil. à soupe de beurre • 1/4 de tasse de farine • 1 tasse de lait • 1 pouligny-saint-pierre • 4 œufs • 1/2 cuil. à café de sel • poivre du moulin

Préchauffer le four (th. 7). Chauffer le beurre dans une casserole. Y ajouter petit à petit la farine, le sel, le poivre, puis le lait. Mélanger sans arrêt sur feu doux, jusqu'à ce que la béchamel épaississe. Retirer du feu. Émietter le fromage, le mettre dans la casserole, et bien remuer. Séparer les blancs d'œuf des jaunes. Battre les jaunes jusqu'à ce qu'ils soient mousseux et les mélanger à la préparation. Monter les blancs en neige ferme et les incorporer délicatement. Verser dans un moule à soufflé et enfourner pour 50 min. Servir aussitôt.

Des centaines de soufflés

Sur ce principe d'une béchamel liée avec des jaunes d'œuf et allégée par des blancs battus en neige très ferme, on peut varier à l'infini les préparations : au fromage bien sûr – et ils conviennent pratiquement tous –, mais aussi aux légumes, à la viande, au poisson… Et pour les desserts sucrés, la palette est tout aussi variée.

FRANCHE-COMTÉ SAVOIE

PETITS PÂTÉS AU CUMIN

Pour 6 personnes

250 g de farine • 100 g de beurre • 4 cuil. à soupe de graines de cumin • 1 œuf entier • 6 picodons de l'Ardèche ou de la Drôme • 1/2 verre d'eau • 1/2 cuil. à café de sel

Préchauffer le four (th. 5). Couper le beurre ramolli en petits morceaux. Verser la farine dans un grand bol. Y creuser un puits et incorporer le beurre et le sel. Travailler le tout du bout des doigts. Ajouter 1/2 verre d'eau et pétrir rapidement afin d'obtenir une boule de pâte souple et homogène. La fariner largement et la laisser reposer 30 min au frais. L'abaisser alors sur 3 ou 4 mm d'épaisseur en la parsemant plusieurs fois de graines de cumin. Découper 6 triangles de pâte un peu plus grands que les picodons. Poser les fromages au centre et rabattre les pointes de pâte de façon à les enfermer. Battre l'œuf entier et en enduire la surface. Enfourner pour 30 min. Servir chaud.

TARTE AU COMTÉ ET À LA TOMATE

Pour 8 personnes

Pour la pâte : 250 g de farine • 100 g de beurre • 1/2 cuil. à café de sel fin • 1/2 verre d'eau

Pour la garniture : 400 g de comté • 3 échalotes • 10 belles tomates • 1 bouquet garni • 2 gousses d'ail • 3 œufs • 10 cl de crème fraîche • sel et poivre

Préchauffer le four (th. 6). Couper le beurre ramolli en petits morceaux. Mettre la farine dans un grand bol. Y creuser un puits, et y ajouter le beurre et le sel. Travailler le mélange du bout des doigts. Ajouter 1/2 verre d'eau et pétrir rapidement. Former une boule et la laisser reposer au frais pendant 30 min. Éplucher les gousses d'ail et les échalotes, les hacher. À l'aide d'un couteau d'office, ôter le pédoncule de 6 tomates, les retourner et les entailler en croix. Les ébouillanter, puis les plonger dans de l'eau fraîche. Quand elles ont refroidi, les peler et les concasser. Faire suer les échalotes dans une poêle. Ajouter les dés de tomate, l'ail et le bouquet garni. Saler et poivrer. Laisser mijoter à découvert de 15 à 20 min. Abaisser la pâte et en garnir un moule à tarte beurré. Râper le comté. Battre les œufs entiers avec la crème fraîche et 350 g de fromage. Incorporer les tomates. Verser la préparation sur le fond de tarte. Enfourner pour 40 min. Couper les 4 dernières tomates en rondelles fines. Sortir la tarte. La recouvrir avec les rondelles de tomate et saupoudrer avec le reste de comté. Remettre au four pour 15 min. Servir chaud ou froid.

AUVERGNE BOURBONNAIS

ŒUFS CANTALIENNE EN NID DE MOUSSE

Pour 4 personnes

8 œufs • 200 g de cantal râpé très fin • 20 g de beurre • sel et poivre du moulin

Préchauffer le four (th. 7). Râper très finement le cantal et le poivrer. Séparer les blancs d'œuf des jaunes, en gardant chacun de ceux-ci dans une demi-coquille. Mettre une pincée de sel dans les blancs et les monter en neige très ferme. Leur ajouter la moitié du cantal râpé et poivré. Beurrer un plat à rôtir et y étaler les blancs au fromage. Y creuser 6 trous et en tapisser le fond avec du cantal. Y faire glisser les jaunes et les saupoudrer du reste de cantal. Enfourner pour 10 min, à mi-hauteur. Le dessus doit être légèrement doré. Servir aussitôt.

SOUPE DE NOËL AU SAINT-NECTAIRE

Pour 6 personnes

1,5 litre d'eau • 1/2 saint-nectaire onctueux • 300 g de pain rassis (avec un maximum de croûte) • sel et poivre du moulin • 20 cl de crème épaisse

Écroûter le saint-nectaire et le détailler en lamelles. Couper le pain et le mettre dans une grande cocotte. Ajouter l'eau froide, le sel et le poivre. Porter à ébullition et laisser mijoter jusqu'à ce que toute l'eau se soit évaporée. Incorporer le fromage. Poursuivre la cuisson quelques minutes en mélangeant sans arrêt. Ajouter la crème. Bien remuer et servir très chaud.

SUD-OUEST SUD-EST

BEURRE DE BLEU DES CAUSSES

Pour 4 personnes

100 g de beurre doux • 50 g de bleu des Causses • 1 cuil. à café d'armagnac • 1 cuil. à soupe de moutarde de Dijon • poivre

Écroûter et émietter le bleu des Causses. Ramollir le beurre à la fourchette et y incorporer le fromage. Ajouter l'armagnac et la moutarde et continuer à manier la préparation jusqu'à ce qu'elle soit bien lisse. Former un rouleau ; l'envelopper dans du papier sulfurisé et le mettre au réfrigérateur. Servir tartiné sur des canapés ou des rondelles de pain grillé.

Fromages de chèvre grillés

Sur tous les marchés du Sud, on trouve de délicieux fromages de chèvre. Et pourtant, cette recette est née avec le crottin de Chavignol. Très à la mode, elle est pourtant toute simple : couper les fromages en deux dans le sens de l'épaisseur, les poser sur une tranche de pain de mie grillée côté opposé et les passer quelques minutes sous le gril. Servir avec une salade verte à l'huile de noix.

BROCHETTES QUERCYNOISES

Pour 4 personnes

4 rocamadours • 2 tomates moyennes • 2 petits poivrons verts • 2 oignons moyens • 16 tranches très fines de poitrine fumée • sel et poivre

Éplucher les oignons. Ôter le pédoncule des tomates et des poivrons et les égrener. Détailler tous les légumes en huit. Couper les tranches de poitrine fumée en deux dans le sens de la longueur et les rocamadours en quatre. Envelopper les morceaux de fromage dans la poitrine fumée. Garnir de longues brochettes, en y piquant successivement un petit paquet de fromage et un morceau de chacun des légumes, quatre fois. Saler légèrement et poivrer. Passer 10 min au barbecue ou sous le gril du four, en les retournant à mi-cuisson.

Petits chèvres marinés

Tous les petits chèvres secs de type cabécou, comme le rocamadour, prennent de l'onctuosité quand on les fait mariner. Il suffit de les mettre dans un bocal hermétique avec un peu d'ail, d'échalote, de thym, de laurier, de genièvre et de piment, de les couvrir d'huile d'olive vierge extra, et de les conserver ainsi 1 mois à l'abri de la lumière avant de les déguster.

GRANDE-BRETAGNE

DIP AU STILTON

Pour 4 personnes

200 g de stilton • 150 g de fromage blanc • 10 cl de crème fleurette • 1 cuil. à café de Worcestershire sauce • sel et poivre du moulin

Écroûter le stilton et le couper en dés. Les mettre dans le bol d'un mixeur avec tous les autres ingrédients. Faire tourner rapidement l'appareil jusqu'à ce que la sauce soit bien lisse et assez fluide. Laissez 1 h au moins au réfrigérateur. Servir pour accompagner, à l'apéritif ou en entrée, des légumes crus.

WELSH RAREBIT

Pour 6 personnes

6 tranches de pain de mie • 2 cuil. à soupe d'huile • 400 g de chester • 100 g de beurre • 30 cl de bière blonde • 3 œufs • sel • 1 pincée de piment de Cayenne

Préchauffer le four (th. 6). Chauffer l'huile dans une cocotte et y faire revenir les tranches de pain de mie jusqu'à ce qu'elles soient bien dorées. Les laisser égoutter sur du papier absorbant. Râper le chester. Le faire fondre à feu doux dans une casserole avec le beurre et la moitié de la bière. Remuer sans arrêt jusqu'à ce que la préparation soit lisse et nappe la cuiller. Retirer du feu, et incorporer les œufs entiers, un par un, en remuant vivement. Ajouter une pincée de piment de Cayenne. Verser le reste de la bière et réchauffer le tout sans laisser bouillir. Disposer les tranches de pain de mie dans des plats individuels. Les recouvrir généreusement avec la préparation au fromage. Enfourner pour 6 à 8 min, le temps qu'elles se colorent. Servir immédiatement, accompagné de salade.

PAYS-BAS

KASSOEP

Pour 4 personnes

1 litre de lait • 200 g de gouda étuvé • 50 g de beurre • 50 g de farine • 2 jaunes d'œuf • 50 g de crème fraîche • 10 cl de vin blanc sec • 1 gousse d'ail • persil • poivre • noix muscade râpée (facultatif)

Éplucher la gousse d'ail. Porter le lait à ébullition. Râper finement 150 g du gouda et couper le reste en dés. Dans une grande casserole, chauffer le beurre et incorporer la farine au fouet. Verser le lait chaud petit à petit, sans cesser de remuer, pour obtenir une béchamel. Ajouter la gousse d'ail, le vin blanc, et éventuellement 1 pincée de noix muscade. Ramener à ébullition. Ajouter le fromage râpé en pluie et remuer jusqu'à ce qu'il soit fondu. Battre les jaunes d'œuf avec la crème, les mettre au fond d'une soupière et verser le potage en battant au fouet. Ajouter enfin les dés de fromage et saupoudrer de persil haché. Servir avec des tranches de pain grillées et frottées d'ail.

UITSMIJTER

Pour 4 personnes

4 tranches de pain de mie • 2 tranches de jambon • 4 tranches de gouda • 4 œufs • 1 tomate • 4 belles feuilles de laitue • légumes au vinaigre (au choix) • 60 g de beurre

Ôtez le pédoncule des tomates et les couper en 8 rondelles. Laver les feuilles de salade, les essorer et les disposer sur un grand plat. Écroûter les tranches de pain de mie, les beurrer légèrement et les recouvrir d'une demi-tranche de jambon et d'une tranche de gouda. Les poser sur le lit de salade et décorer le plat avec les rondelles de tomate et quelques légumes au vinaigre. Chauffer le reste de beurre dans une poêle et faire cuire les œufs au plat, sans les laisser frire. Les glisser sur les tranches de pain et servir.

SUISSE

QUICHE AUX DEUX FROMAGES

Pour 6 personnes

Pour la pâte : 50 g de sbrinz • 200 g de farine • 100 g de beurre • 10 cl d'eau • 2 pincées de sel •
Pour la garniture : 150 g de sbrinz • 150 g d'emmental • 2 œufs entiers • 20 cl de lait • 20 cl de crème épaisse • sel et poivre du moulin

Préchauffer le four (th. 6). Râper 50 g de sbrinz. Couper le beurre ramolli en petits morceaux. Verser la farine dans un grand bol. Y creuser un puits et y mettre le fromage râpé, le beurre, l'eau et le sel. Travailler le tout du bout des doigts en une pâte homogène. Former une boule et la laisser reposer 30 min au frais. Séparer les blancs d'œuf des jaunes. Fouetter légèrement les jaunes et leur ajouter successivement la crème, le lait, le sel et le poivre. Battre les blancs en neige ferme et les incorporer délicatement à la préparation. Râper le reste de sbrinz et l'emmental et les mélanger. Abaisser la pâte sur 3 mm d'épaisseur et en garnir une tourtière beurrée. Saupoudrer le fond avec les deux fromages. Recouvrir avec la garniture et mettre au four pour 35 à 40 min. Servir chaud.

Fondue fribourgeoise

Les Suisses, aussi riches en fromages que les Savoyards, préparent comme eux une fondue (voir p. 183), mais à base d'un mélange en parts égales de gruyère de Fribourg et de vacherin fribourgeois.

ITALIE

GNOCCHI À LA ROMAINE

Pour 6 personnes

250 g de semoule de blé ou de maïs • 1 litre de lait • 3 œufs • 120 g de parmesan • 150 g de beurre • 1 pincée de noix muscade râpée • sel et poivre

Dans une grande casserole, porter le lait à ébullition. Y verser la semoule en pluie en remuant avec une cuiller en bois. Ajouter la noix muscade et 50 g de beurre. Saler et poivrer. Laisser cuire 20 min à feu doux, en remuant souvent pour que la semoule n'attache pas. Pendant ce temps, râper le parmesan. Dans un bol, battre 1 œuf entier avec le jaune des 2 autres et ajouter le fromage. Retirer la casserole du feu et incorporer les œufs à la semoule. Former avec cette pâte des boulettes et les plonger dans l'huile très chaude. Égoutter sur du papier absorbant et servir rapidement. On peut aussi les faire gratiner. Dans ce cas, préchauffer le four (th. 6). Quand la pâte est prête, l'étaler sur une plaque à pâtisserie humide et la laisser refroidir. La découper, à l'aide d'un petit verre, en cercles, les disposer dans un plat à gratin en plusieurs couches, en les enduisant de beurre fondu pour qu'ils ne collent pas. Saupoudrer de parmesan râpé et enfourner pour 20 min.

Tomates à la mozzarella

En été, les Italiens apprécient beaucoup cette entrée simple et très rafraîchissante : des rondelles de tomates vinaigrées, couronnées de tranches de mozzarella, arrosées d'huile d'olive, salées et bien poivrées, et parfumées par du basilic ciselé.

PESTO

Pour 6 personnes

100 g de basilic frais • 5 gousses d'ail • 50 g de pignons décortiqués • 6 cuil. à soupe d'huile d'olive vierge extra • 6 cuil. à soupe de parmesan fraîchement râpé • sel

Éplucher les gousses d'ail. Effeuiller le basilic. À l'aide du robot ménager, réduire en purée l'ail, les feuilles de basilic et les pignons. En continuant à faire tourner l'appareil, ajouter l'huile en un filet continu, puis le fromage. Saler, goûter et rectifier l'assaisonnement. Cette sauce accompagne souvent les nombreuses variétés de pâtes italiennes, qui se servent toujours en entrée (*primo piatto*).

GRÈCE

CHAUSSONS À LA FETA

Pour 6 personnes

12 feuilles à bricks carrées • 200 g de feta • 2 œufs • 1 bouquet de menthe fraîche • poivre du moulin • huile pour la friture

Hacher une dizaine de feuilles de menthe. Égoutter la feta et la couper en dés. Dans un grand bol, battre au fouet le fromage, la menthe et les œufs entiers. Poivrer ; n'ajouter que peu de sel, ou pas du tout, car la feta est souvent très salée. Plier les feuilles à bricks en triangles, et les conserver sous un torchon humide, car elles sèchent très vite. En garnir plusieurs épaisseurs avec 1 cuil. à soupe de farce, rabattre au-dessus les 2 angles opposés, puis la pointe. Chauffer l'huile dans une grande poêle et faire frire les chaussons à feu vif, en plusieurs fois pour qu'ils ne se touchent pas et ne collent pas. Les laisser s'égoutter sur du papier absorbant et les maintenir au chaud en attendant de servir.

Salade de tomates à la feta

Les Italiens ont leurs tomates à la mozzarella (voir ci-dessus) ; les Grecs, eux, agrémentent les leurs avec de la feta, des olives noires, de l'huile d'olive bien sûr… et en servent dans toutes leurs tavernes.

Plats principaux

CHAMPAGNE ÎLE-DE-FRANCE

ANDOUILLETTES AUX POIREAUX ET AU CHAOURCE

Pour 6 personnes

6 andouillettes de Troyes • 12 poireaux • 1/2 chaource • 50 g de beurre • 10 cl de crème • 20 cl de vin blanc sec • noix muscade • sel et poivre du moulin

Préchauffer le four (th. 8). Couper le fromage en fines lamelles. Laver les poireaux et ne garder que les blancs. Les couper en tronçons de 2 à 3 cm. Dans une grande casserole, les cuire 5 min à l'eau bouillante salée. Les égoutter, puis les faire fondre avec le beurre 10 min dans une poêle à feu doux. Ajouter la crème fraîche et la noix muscade. Saler et poivrer. Bien mélanger. En garnir le fond d'un plat à gratin. Découper les andouillettes en rondelles épaisses de 1 cm. Les disposer sur les poireaux et couvrir de fromage. Mouiller avec le vin blanc. Enfourner pour 30 min. Servir chaud.

LAPIN AU CROTTIN DE CHAVIGNOL ET À LA MENTHE FRAÎCHE

Pour 6 personnes

6 beaux morceaux de lapin • 6 crépines de porc • 5 crottins de Chavignol frais • 1 bouquet de menthe fraîche • 10 cl de crème fraîche • huile de noix • sel et poivre du moulin

Faire tremper les crépines de porc 1 h dans de l'eau froide. Préchauffer le four (th. 7). Détacher les feuilles de menthe de leurs tiges. Les laver et les sécher. En mettre la moitié avec 3 crottins de Chavignol dans le bol d'un mixeur et faire tourner l'appareil jusqu'à obtenir une pâte compacte. Saler, poivrer. Enrober les morceaux de lapin de cette pâte et les envelopper dans une crépine de porc. Les disposer dans un plat à rôtir. Arroser avec de l'huile de noix. Saler légèrement et poivrer. Verser un peu d'eau dans le fond du plat. Enfourner pour 1 h à 1 h 15. Réserver 6 feuilles de menthe. Chauffer de l'eau dans une casserole et faire infuser les autres. Émietter les 2 crottins restants et les incorporer à l'infusion. Cuire de 15 à 20 min jusqu'à ce que le fromage soit fondu. Ajouter la crème. Saler, poivrer. Sortir le lapin du four. Disposer les morceaux sur un plat de service. Napper avec la sauce bien chaude. Décorer chaque morceau d'une feuille de menthe. Servir avec des pâtes vertes.

PAYS DE LA LOIRE POITOU-CHARENTES

CHEVREAU AU SELLES-SUR-CHER

Pour 6 personnes

2 kg de chevreau coupés en morceaux • 2 selles-sur-cher frais • 4 gousses d'ail • 1 gros bouquet de menthe fraîche • 30 cl de vin blanc de Loire • sel et poivre • beurre et huile

Émietter les selles-sur-cher. Fariner légèrement les morceaux de chevreau ; saler et poivrer. Chauffer le mélange beurre et huile dans une grande cocotte et les faire revenir jusqu'à ce qu'ils soient bien dorés de tous les côtés. Baisser le feu. Hacher les gousses d'ail et les feuilles de menthe. Les ajouter dans la cocotte avec le fromage et mouiller avec le vin blanc. Laisser mijoter à couvert 1 h environ, en remuant souvent. 10 min avant la fin de la cuisson, découvrir pour faire réduire la sauce. Servir avec des pâtes fraîches.

FRANCHE-COMTÉ SAVOIE

FONDUE SAVOYARDE

Pour 6 personnes

500 g d'emmental • 500 g de comté • 200 g de beaufort • 1 gousse d'ail • 1 litre de vin blanc sec de Savoie • 1 cuil. à soupe de fécule de maïs • 500 g de pain de campagne ou 2 baguettes • 1 verre de kirsch • 1 pincée de noix muscade râpée (faculatif) • poivre du moulin

Écroûter les fromages et les couper en fines lamelles. Éplucher la gousse d'ail, la couper en deux et en frotter l'intérieur d'un caquelon allant sur le feu. Y verser le vin blanc et délayer la fécule de maïs. Porter à ébullition et ajouter le fromage en remuant sans arrêt avec une cuiller en bois jusqu'à ce qu'il soit entièrement fondu. Poivrer généreusement. Bien mélanger et ajouter le kirsch au dernier moment. Placer le caquelon sur un réchaud de table et servir immédiatement, accompagné de gros dés de pain.

PAUPIETTES DE LAPIN AU JAMBON SEC ET À L'ABONDANCE

Pour 6 personnes

1 lapin de 1,6 kg coupé en morceaux • 10 tranches de jambon cru • 5 cuil. à soupe d'huile d'olive • 1/2 tête d'ail • 150 g d'abondance coupés en lamelles • 2 feuilles de laurier • 1 oignon • 2 verres de vin blanc de Savoie • 1 verre de marc de Savoie • sel et poivre du moulin

Préchauffer le four (th. 7). Éplucher l'oignon et le détailler en rondelles. Peler les gousses d'ail et les couper en quatre. En piquer les morceaux de lapin et les mettre 1 h dans une marinade préparée avec le vin, le laurier, l'oignon, le sel et le poivre. Les sortir et les laisser s'égoutter sur du papier absorbant. Les rouler avec des lamelles d'abondance dans les tranches de jambon et ficeler le tout. Dans une grande cocotte, faire revenir les paupiettes à feu assez vif, mais sans les laisser brûler, jusqu'à ce qu'elles soient dorées de tous les côtés. Mouiller avec le marc et 2 verres d'eau. Couvrir et laisser cuire 45 min à feu moyen. Sortir les paupiettes de la cocotte et les disposer côte à côte dans un plat à rôtir. Arroser du jus de cuisson et de la marinade. Enfourner pour 15 min. Servir avec des pommes vapeur.

POULE FAISANNE AU BEAUFORT

Pour 4 personnes

1 poule faisanne, vidée et parée • 100 g de cerneaux de noix séchés • 2 foies de volaille • 1/2 tasse de chapelure • 1 pincée de quatre-épices • 100 g de beurre • 1 cuil. à soupe d'huile • 100 g de raisins secs • 10 cl de vin blanc de Savoie • 120 g de beaufort • 1 petit verre de vieux marc de Savoie • pain de mie en tranches • sel et poivre du moulin

Mettre les raisins à tremper dans du vin blanc tiède. Faire revenir les foies dans un peu de beurre et d'huile. Saler, poivrer. Hacher finement les foies. Mélanger 50 g de beurre ramolli avec les foies et les noix hachés, le beaufort coupé en petits dés, les raisins égouttés, la chapelure, le sel et le poivre, la pincée de quatre-épices et le vieux marc de Savoie. Farcir la poule de cette préparation, qui doit être ferme, et la recoudre. Chauffer le reste de beurre dans une cocotte et y faire cuire la poule pendant 1 h 45. Arroser de temps en temps de vin blanc. Découper la poule. La servir accompagnée de tranches de pain de mie grillées, tartinées de farce. Déglacer le fond de la cocotte avec du vin blanc. Servir la sauce à part.

POULARDE DE BRESSE AU BLEU DE GEX

Pour 4 personnes

1 poularde de 1,6 kg environ, vidée et parée • 600 g de bleu de Gex • 10 cl de crème fraîche épaisse • 1 bouteille de chardonnay du Jura • 2 gousses d'ail • 1 à 2 cuil. à soupe de fécule de pommes de terre • 100 g de beurre • sel et poivre du moulin

Préchauffer le four (th. 7). Saler et poivrer la poularde à l'intérieur et à l'extérieur, et l'enfourner pour 1 h 15 environ. Hacher les gousses d'ail. Couper le bleu de Gex en dés. Dans une casserole, le faire fondre à feu doux avec la moitié du vin et l'ail haché. Incorporer la crème fraîche et du poivre, puis la fécule de pomme de terre afin d'obtenir une sauce onctueuse et homogène. Terminer par une noix de beurre. Découper le poulet et disposer les morceaux les uns à côté des autres dans un plat à rôtir. Déglacer le plat de cuisson avec le reste du vin. Filtrer et faire réduire. Ajouter à la sauce au bleu. Bien mélanger et verser sur le poulet. Recouvrir le tout de fines lamelles de bleu de Gex et passer sous le gril.

TARTIFLETTE

Pour 6 personnes

1,2 kg de pommes de terre épluchées et cuites à la vapeur • 1 gros oignon • 2 belles tranches de poitrine fumée • 1 reblochon • 10 cl de vin blanc sec • beurre et huile • sel et poivre du moulin

Préchauffer le four (th. 8). Émincer les pommes de terre. Éplucher l'oignon et le détailler en rondelles assez fines. Couper la poitrine fumée débarrassée de sa couenne en petits dés. Dans une grande poêle, chauffer le mélange de beurre et d'huile et y faire revenir le tout, sans laisser brûler les oignons. Arroser avec le vin blanc. Saler très légèrement et poivrer largement. Garnir le fond d'un plat à soufflé moyen avec la moitié de la préparation. Écroûter le reblochon, l'ouvrir en deux dans le sens de l'épaisseur et poser une des moitiés sur les légumes. Recouvrir avec le reste de la préparation, puis avec la seconde moitié du fromage. Enfourner pour 20 à 25 min. Servir très chaud dans le plat de cuisson, accompagné d'une salade aillée.

TOMATES FARCIES AU MONT-D'OR

Pour 6 personnes

6 belles tomates • 1 mont-d'or • 1 carotte • 1 courgette • 1 poivron vert • 1 poivron rouge • 1 branche de thym • 2 branches de persil • 3 feuilles de laurier • 150 g de veau cuit • 1 oignon • 1 gousse d'ail • 1 tranche de pain de mie • 1 tasse de lait • sel et poivre du moulin

Préchauffer le four (th. 6). Laver les tomates et les essuyer. Y découper un chapeau et les évider, puis les retourner pour qu'elles perdent leur eau. Éplucher la carotte. Ôter le pédoncule et les graines des poivrons. Couper en petits dés la carotte, la courgette et les poivrons. Les faire revenir dans un peu d'huile d'olive. Saler et poivrer. Ajouter le thym et le laurier. Cuire à feu doux 10 min environ : les légumes doivent rester légèrement croquants. Enlever le thym et le laurier. Faire tremper le pain de mie dans le lait, puis l'écraser à la fourchette après avoir enlevé l'excès de liquide. Dans un mixeur, hacher le veau, le persil, l'oignon et l'ail. Mélanger le tout avec les légumes cuits. À l'aide d'une cuiller, prélever la moitié de la pâte du mont-d'or et l'incorporer à la préparation. Bien mélanger. Farcir les tomates. Remettre les chapeaux et les coiffer de 1 cuil. à café de fromage. Enfourner pour 30 min. Servir chaud.

AUVERGNE BOURBONNAIS

ALIGOT

Pour 4 personnes

8 grosses pommes de terre • 400 g de tomme fraîche de laguiole • 100 g de beurre • 200 g de crème fraîche épaisse • 2 gousses d'ail • sel et poivre du moulin

Laver les pommes de terre et les cuire en robe des champs de 25 à 30 min à l'eau bouillante. Pendant ce temps, éplucher et hacher les gousses d'ail et détailler la tomme en lamelles le plus fines possible. Quand les pommes de terre sont cuites, les éplucher et les écraser. Tant que la purée est chaude, ajouter en remuant le beurre, la crème et l'ail haché. Saler légèrement et poivrer. Réchauffer la purée et incorporer le fromage en soulevant bien avec une cuiller en bois. Dès que le mélange est filant, retirer du feu et servir aussitôt.

Un plat convivial

Faut-il préciser que l'aligot, préparé dans la région depuis très longtemps, est particulièrement consistant ? Mais en hiver, ou quand les amis sont nombreux, c'est un vrai plat de fête, très convivial. Un conseil : ne pas trop chauffer l'aligot, le fil se casserait.

CANARD FARCI AU BLEU D'AUVERGNE

Pour 6 personnes

1 canard vidé et paré • 400 g de chair à saucisse • 100 g de bleu d'Auvergne • 750 g de champignons de Paris • sel et poivre du moulin

Préchauffer le four (th. 7). Nettoyer les champignons sous un filet d'eau froide, puis les passer dans de l'eau citronnée. Ôter le bout terreux des pieds et les détacher des chapeaux. Chauffer un peu de beurre et d'huile dans une poêle et y faire revenir les chapeaux quelques minutes. Les sortir et les poser sur du papier absorbant. Hacher les pieds et les laisser suer dans la poêle pour qu'ils perdent leur eau. Écroûter le bleu d'Auvergne et l'écraser grossièrement à l'aide d'une fourchette. L'incorporer à la chair à saucisse, puis ajouter le hachis de champignons. Farcir le canard avec cette préparation et le recoudre. Le mettre dans un plat à rôtir et disposer autour les chapeaux de champignon. Saler et poivrer. Enfourner pour 60 à 70 min. Servir le canard découpé, accompagné de sa farce et de légumes verts.

TRUITES AU SALERS

Pour 6 personnes

6 truites saumonées • 3 oignons • 50 g de beurre • 300 g de salers • 6 belles pommes de terre

Préchauffer le four (th. 7). Lever les filets des truites si le poissonnier ne l'a pas fait. Éplucher et émincer les oignons. Les faire blondir dans une poêle avec 25 g de beurre. Couper le salers en fines lamelles. Éplucher et laver les pommes de terre. Les cuire 15 min à l'eau bouillante. Les couper en rondelles. Dans un plat à gratin beurré, disposer une couche de pommes de terre, une couche de salers, une couche d'oignons, puis les filets de truite. Recouvrir avec le reste des oignons, des pommes de terre et du fromage. Parsemer de noisettes de beurre. Enfourner pour 20 min environ, puis 5 min sous le gril pour dorer le plat. Accompagner d'une salade verte aux amandes effilées grillées.

SUD-OUEST SUD-EST

CÔTES DE BŒUF AU ROQUEFORT

Pour 6 personnes

2 côtes de bœuf de 1 kg • 150 g de roquefort • 2 échalotes • 50 cl de fond de veau • 1 cuil. à soupe de farine • 3 cuil. à soupe de cognac • 3 cuil. à café de moutarde • 3 cuil. à soupe de crème épaisse • 1 noix de beurre • sel et poivre du moulin

Préchauffer le four (th. 7). Poivrer les côtes de bœuf. Les faire revenir dans une grande poêle jusqu'à ce qu'elles soient bien dorées. Saler. Enfourner pour 20 min. Pendant ce temps, couper le roquefort en petits dés. Délayer la farine dans un peu d'eau chaude et la verser dans le fond de veau pour le lier. Hacher les échalotes et les faire suer dans la poêle ayant servi à dorer la viande. Déglacer avec le cognac, puis verser le fond de veau. Faire réduire. Ajouter la moutarde, la crème, puis le beurre. Incorporer enfin le fromage et laisser mijoter à feu doux pendant 3 à 4 min. Découper les côtes de bœuf en tranches assez épaisses et les napper de sauce au roquefort.

RÔTI DE VEAU DES PYRÉNÉES

Pour 8 personnes

1 rôti de veau de 1,5 kg • 3 tranches de jambon de Bayonne • 300 g d'ossau-iraty • 3 oignons • 25 cl de vin blanc sec • 30 g de beurre • sel et poivre du moulin

Préchauffer le four (th. 7). Préparer une béchamel avec 40 g de beurre, 40 g de farine et 50 cl de lait ; ajouter 100 g d'emmental râpé, saler et poivrer. Détailler le rôti en 6 tranches, sans les détacher. Couper les tranches de jambon en deux dans le sens de la longueur et le fromage en 6 parts égales. Placer entre chaque morceau de viande une tranche de jambon, une de fromage, et une couche de béchamel au fromage. Barder et ficeler le rôti. Le mettre dans un plat à rôtir. Parsemer de noix de beurre. Éplucher et émincer les oignons, et les disposer autour de la viande. Saler et poivrer. Mouiller avec le vin blanc. Enfourner pour 1 h 15 en arrosant de temps en temps avec le jus de cuisson. Découper les tranches en leur gardant leur garniture et passer 10 min sous le gril pour qu'elles dorent.

La sauce Mornay

La béchamel au fromage porte le joli nom de sauce Mornay. Éventuellement enrichie de crème fraîche, elle nappe de nombreux gratins, mais accompagne aussi la viande, le poisson, les œufs ou les légumes.

BELGIQUE

CROQUETTES DU PLAT PAYS

Pour 4 personnes

150 g de crevettes grises cuites • 150 g de maredsous râpé • 50 cl de lait • 100 g de farine • 1 œuf • 30 g de beurre • chapelure • sel et poivre du moulin • huile pour la friture

Décortiquer les crevettes. Râper le maredsous. Préparer une béchamel : dans une grande casserole, chauffer doucement le beurre et ajouter la farine en pluie. Bien remuer avec une cuiller en bois pour éviter les grumeaux. Verser le lait petit à petit en tournant sans arrêt : la sauce doit devenir épaisse. Séparer le blanc d'œuf du jaune. Dans un grand bol, incorporer au jaune les crevettes et le fromage râpé ; saler et poivrer. Verser par-dessus la béchamel et bien mélanger la préparation. Quand elle a refroidi, former des croquettes rondes ou allongées. Les passer une à une dans le blanc d'œuf battu, puis dans la chapelure, et réserver sur un grand plat. Chauffer l'huile sans la laisser fumer dans une grande poêle et faire dorer les croquettes de 2 à 3 min de chaque côté. Les sortir et les laisser s'égoutter sur du papier absorbant. Décorer éventuellement avec des herbes et des tranches de citron, et servir avec une salade d'endives bien croquante.

Températures des fours

Thermostat gradué de 1 à 8

thermostat	degrés	thermostat	degrés
1	110 °C	5	200-220 °C
2	110-140 °C	6	220-260 °C
3	140-180 °C	7	260-280 °C
4	180-200 °C	8	280-310 °C

Thermostat gradué de 1 à 10

thermostat	degrés	thermostat	degrés
1	105-125 °C	6	200-220 °C
2	125-140 °C	7	220-240 °C
3	140-160 °C	8	240-260 °C
4	160-180 °C	9	260-280 °C
5	180-200 °C	10	280-310 °C

Légumes

BOURGOGNE NIVERNAIS

RÂPÉE À L'ÉPOISSES

Pour 4 personnes

6 pommes de terre moyennes • 1/2 époisses • 3 œufs • huile • 1 cuil. à soupe de fécule de pomme de terre • sel et poivre du moulin

Râper les pommes de terre et les placer dans une passoire afin qu'elles s'égouttent. Ajouter ensuite la fécule, les œufs entiers battus, le sel et le poivre. Bien mélanger. Faire chauffer l'huile dans une poêle. À l'aide d'une cuiller à soupe, former des boulettes de pâte légèrement aplaties et les faire frire de chaque côté.

Rémoulade à l'époisses

En Bourgogne, on accompagne parfois les viandes blanches de céleri râpé assaisonné d'une sauce crémeuse à l'époisses fondu.

AUVERGNE BOURBONNAIS

CÔTES DE BETTES À LA FOURME D'AMBERT

Pour 6 personnes

1,5 kg de côtes de bettes • 150 g de fourme d'Ambert • 80 g de beurre • 50 cl de crème épaisse • 3 jaunes d'œuf • sel et poivre du moulin

Ôter les feuilles des côtes de bettes. Peler les côtes en les cassant pour bien retirer les filandres. Les couper en morceaux de 3 ou 4 cm. Les laver et les égoutter. Chauffer le beurre dans une grande cocotte. Y mettre les côtes de bettes. Saler et poivrer. Couvrir et laisser mijoter 20 min. Incorporer les 2/3 de la crème et poursuivre la cuisson 10 min, à feu très doux. Dans un bol, battre les jaunes d'œuf avec le reste de la crème. Écroûter et émietter la fourme d'Ambert et la faire fondre dans une casserole. L'incorporer aux légumes. Hors du feu, ajouter les jaunes d'œuf en mélangeant bien. Verser dans un plat à gratin. Passer rapidement sous le gril.

NORD • NORD-EST

CHOUX DE BRUXELLES AU YAOURT

Pour 6 personnes

1 kg de choux de Bruxelles • 30 g de beurre • 2 belles tomates • 2 cuil. à café de ciboulette hachée • 1 pointe de noix muscade en poudre • 2 yaourts nature • 50 g de mimolette étuvée • 50 g d'amandes effilées • sel et poivre du moulin

Préchauffer le four (th. 4). Laver et parer les choux de Bruxelles et les cuire 10 min dans une grande casserole d'eau bouillante salée. Ébouillanter les tomates de 10 à 15 s, les peler, les couper en deux et les épépiner. Les détailler en petits dés. Râper finement la mimolette. Étaler les amandes sur une plaque à pâtisserie et les passer sous le gril de 3 à 5 min. Répartir le beurre dans le fond d'un plat allant au four et y disposer les choux. Les recouvrir des dés de tomate et de la ciboulette. Arroser de yaourt. Saupoudrer de noix muscade. Saler et poivrer. Parsemer avec le fromage et les amandes. Enfourner pour 15 min, jusqu'à ce que les légumes soient bien dorés. Servir chaud.

ITALIE

AUBERGINES À LA PARMESANE

Pour 6 personnes

1,5 kg d'aubergines • 200 g de mozzarella • 3 cuil. à soupe de farine • 6 cuil. à soupe d'huile d'olive • 50 cl de sauce tomate • 50 g de parmesan râpé • 25 g de beurre • sel et poivre du moulin

Préchauffer le four (th. 6). Peler les aubergines, les mettre dans un tamis, les saupoudrer de gros sel et les laisser dégorger 30 min. Les éponger soigneusement dans du papier absorbant. Les saupoudrer de farine. Chauffer 4 cuil. à soupe d'huile dans une cocotte et y faire revenir la moitié des aubergines pendant 10 min environ. Les retourner de temps en temps. Les sortir, les poser sur du papier absorbant et les laisser s'égoutter. Procéder de la même façon avec les autres. Découper la mozzarella en tranches fines. Beurrer un plat à gratin. Y disposer une couche d'aubergines, une couche de sauce tomate et une couche de fromage. Recommencer l'opération et recouvrir de parmesan râpé et de noisettes de beurre. Enfourner pour 30 min. Servir chaud.

CHAMPAGNE ÎLE-DE-FRANCE

TARTE DE BRY

Pour 6 personnes

250 g de pâte brisée • 250 g de brie de Melun bien fait • 2 cuil. à soupe de crème fleurette • 2 œufs • 2 cuil. à soupe de sucre • 1 cuil. à café de gingembre en poudre • 2 pincées de safran • 1 pincée de sel

Préparer une pâte brisée avec 250 g de farine, 100 g de beurre et un peu de sel. La laisser reposer 1 h au moins au frais. Préchauffer le four (th. 7). Abaisser la pâte. En garnir un moule à tarte beurré. Recouvrir de papier sulfurisé, puis de légumes secs. Enfourner pour 10 à 15 min. Laisser refroidir. Écroûter le brie et le couper en morceaux. Le faire fondre dans une casserole à feu très doux, en remuant sans arrêt. Ajouter la crème fleurette : le mélange doit être homogène. Battre les œufs. Délayer le safran dans 1 cuil. à café d'eau. Mélanger les œufs, le sucre, le safran, le gingembre, le sel et le fromage. Bien remuer. Verser sur le fond de tarte. Enfourner pour 30 min environ. La tarte doit être dorée et gonflée. Servir aussitôt.

PAYS DE LA LOIRE POITOU-CHARENTES

AUMONIÈRES DE CHOU AU CHABICHOU DU POITOU

Pour 8 personnes

8 feuilles de chou pommé blanc • 4 chabichous du Poitou frais • 4 œufs • 30 g de sucre • 15 g de farine • sel

Préchauffer le four (th. 6). Laver les feuilles de chou et les faire blanchir quelques minutes à l'eau bouillante. Les éponger avec du papier absorbant et les laisser refroidir. Dans un grand bol, battre au fouet électrique les fromages frais, les œufs entiers, un par un, la farine, versée en pluie, et le sucre. Saler très légèrement. Garnir les feuilles de chou avec cette préparation et les replier pour former de petits paquets. Les disposer dans un plat à gratin et enfourner pour 20 min. Cette spécialité se déguste... en dessert.

TARTE À LA CAILLEBOTTE DU POITOU

Pour 8 personnes

350 g de caillebotte • 3 jaunes d'œuf • 70 g de sucre en poudre • 100 g de crème fraîche • 250 g de pâte sablée • 1 zeste de citron • sucre glace

Préparer une pâte sablée avec 1 œuf entier, 125 g de sucre, 250 g de farine, 125 g de beurre et un peu de sel, et la laisser reposer 1 h au frais. Préchauffer le four (th. 6). Abaisser la pâte et en garnir un moule à tarte beurré. Recouvrir le fond d'un papier sulfurisé, puis de légumes secs. Enfourner pour 10 min. Râper le zeste de citron. À l'aide d'un fouet, battre les jaunes d'œuf avec le sucre jusqu'à ce que le mélange soit mousseux et jaune clair. Ajouter le zeste, la crème fraîche et la caillebotte, en mélangeant bien. Sortir le fond de tarte, retirer le papier et les légumes secs. Le garnir avec la préparation au fromage. Remettre au four pour 30 min. Laisser refroidir, démouler et saupoudrer de sucre glace.

TOURTEAU FROMAGER

Pour 4 personnes

250 g de pâte brisée • 250 g de lusignan frais (ou autre caillé de chèvre ou de vache) • 5 œufs • 1 pincée de sel • 125 g de sucre • 1 cuil. à café de fécule • 2 cuil. à soupe de cognac

Préparer une pâte brisée avec 250 g de farine, 100 g de beurre et un peu de sel. La laisser reposer 1 h au moins au frais. Préchauffer le four (th. 7). Abaisser la pâte et en garnir une tourtière profonde beurrée. Piquer le fond et enfourner pour 5 min. Dans un grand bol, mettre le fromage, les jaunes d'œuf, le sel, le sucre, la fécule et le cognac. Bien mélanger. Monter les blancs en neige ferme et les incorporer délicatement à la préparation. Sortir le fond de tarte et le remplir aux 3/4 de sa hauteur. Enfourner pour 45 min : la croûte doit devenir brun foncé. Servir tiède ou froid.

SUD-OUEST SUD-EST

FRITELLES AU BROCCIO

Pour 20 à 25 fritelles

250 g de farine • 35 g de sucre • 5 g de levure de boulanger • 1 pincée de sel • 60 g de beurre • 2 œufs • 1 cuil. à soupe d'eau-de-vie • 250 g de broccio frais • sucre cristallisé ou sucre glace • huile pour la friture

Délayer la levure de boulanger dans 2 cuil. à soupe d'eau tiède. Couper le beurre ramolli en petits morceaux. Dans un grand bol, mélanger la farine, le sucre et le sel. Ajouter le beurre et pétrir. Incorporer la levure, l'eau-de-vie et les œufs entiers et malaxer le tout 10 min au moins. Étirer la pâte et la replier sur elle-même plusieurs fois, jusqu'à ce qu'elle soit élastique et ne colle plus aux doigts. Former une boule et l'inciser d'une croix. Couvrir le bol avec un linge humide et laisser lever la pâte 1 h 30 dans un endroit chaud : elle doit doubler de volume. La pétrir à nouveau quelques minutes pour la faire retomber. La laisser lever à nouveau, puis recommencer une troisième fois. Couvrir et garder au frais 12 h au moins. Abaisser la pâte en un grand rectangle et la découper en petits carrés. Détailler le broccio en dés et les envelopper dans un morceau de pâte. Sceller les bords avec un peu d'eau. Chauffer de l'huile dans une friteuse. Quand elle est très chaude, y plonger les fritelles par petites quantités pour qu'elles ne collent pas. Les laisser gonfler et dorer. À l'aide d'une écumoire, les sortir du bain de friture et les égoutter sur du papier absorbant. Les fritelles se dégustent tièdes, saupoudrées de sucre cristallisé ou de sucre glace.

GRANDE-BRETAGNE

Dessert... et fromage

Si les Anglais apprécient beaucoup les desserts qui associent les fruits et le fromage, ils ont aussi l'habitude – qui surprend toujours les Français – de déguster leur fromage... après le dessert. Ils l'accompagnent alors souvent de biscuits – de préférence au gingembre – et d'un verre de porto ou de sherry.

GÂTEAU AUX POMMES DE LA FERME

Pour 6 à 8 personnes

100 g de beurre doux • 100 g de sucre • 2 œufs entiers • 75 g de farine complète levante • 75 g de farine de blé levante • 5 cl de cidre doux • 50 g de raisins de Smyrne • 1 cuil. à café de cannelle en poudre • 100 g de cheddar râpé • 2 belles pommes reinettes ou boskoop • 2 cuil. à soupe de confiture d'abricot

Préchauffer le four (th. 8). Battre au fouet le beurre ramolli avec le sucre jusqu'à ce que le mélange soit mousseux et jaune clair. Ajouter les œufs entiers, un par un, en fouettant. Incorporer successivement les 2 farines, le cidre, les raisins, la cannelle et 75 g du cheddar râpé. Bien mélanger le tout. Beurrer un moule à gâteau carré de 20 cm de côté environ. Y verser la préparation. Peler, évider et couper les pommes en tranches. Les disposer en trois rangées parallèles, en les pressant légèrement dans la pâte. Parsemer avec le reste du cheddar râpé. Enfourner pour 35 min environ : le gâteau doit être bien levé et ferme sous le doigt. Laisser refroidir sur une grille à pâtisserie, puis napper avec la confiture d'abricot. Servir découpé en rectangles, éventuellement sur un lit de crème anglaise.

BELGIQUE

CORNETS DE FROMAGE AUX FRUITS

Pour 6 personnes

6 tranches de passendale de 2 à 3 mm d'épaisseur • 3 kiwis • 300 g de fraises • 6 tranches d'ananas frais • 1 belle grappe de raisin de chasselas • 20 cl de crème épaisse • 2 cuil. à soupe de sucre glace

Peler les kiwis. Les émincer et couper les tranches en 2 ou 3 morceaux. Laver les fraises, les égoutter et les équeuter. Les couper en 2 ou 3 morceaux selon leur grosseur. Laver le raisin, l'égoutter et détacher les grains. Couper les tranches d'ananas en petits dés. À l'aide d'un fouet ou d'un batteur électrique, battre la crème en y ajoutant petit à petit le sucre glace. Disposer les tranches de passendale sur 6 assiettes à dessert. Les rouler en forme de cornet. Les remplir de morceaux de kiwis, de fraises, de raisins et d'ananas. Napper le tout avec la crème fouettée. Servir aussitôt.

Guide pratique

Le marché

« À chacun son métier ! » Imagineriez-vous acheter du poisson de chalut ailleurs que chez un poissonnier, de la viande tendre à souhait ailleurs que chez un boucher, ou un bon vin ailleurs que chez le producteur ou chez un caviste expérimenté ? Le fromage, lui aussi, a son spécialiste : le fromager, que vous rencontrerez aussi bien dans son magasin, dans une grande halle ou sur un petit marché local.

Vous pouvez bien sûr vous fier à votre expérience pour les produits que vous appréciez depuis longtemps ; avec le temps, vous avez appris à reconnaître ceux qui présentent tous les aspects de la qualité. Mais puisque vous êtes amateur, vous souhaitez certainement élargir la palette de vos goûts. Et c'est là qu'intervient l'homme de l'art. Car il connaît toutes les étapes de la vie du fromage qu'il va vous proposer et, si vous savez l'écouter, il vous la racontera avec passion.

Profitez donc de ce plaisir-là avant de découvrir celui de la dégustation.

Dans ce domaine, tout est affaire de goût. Mais depuis quelques années, les soucis diététiques semblent lui avoir ravi la priorité. Et les graisses, notamment, sont devenues la bête noire des donneurs de bons conseils. Que ceux qui reculent devant les pourcentages portés sur les étiquettes de certains fromages et qui se condamnent – volontairement et souvent à regret – aux produits allégés prennent connaissance de ces quelques précisions.

♦ Les angoissants 45 ou 50 % de matières grasses ne signifient en aucun cas que le fromage en est composé pour moitié ! Ce taux est en effet calculé sur l'extrait sec (voir p. 28), ce qui diminue considérablement ce chiffre ; et plus un fromage renferme d'eau, moins il est riche en graisses... mais seulement à poids égal. Car si vous en mangez deux fois plus, vous en absorberez autant qu'avec la moitié d'un fromage deux fois plus riche. À titre indicatif, sachez que les pâtes fraîches apportent en moyenne 100 calories aux 100 g, les pâtes molles 283 et les pâtes fermes 368.

♦ Quant aux fromages allégés, n'imaginez pas qu'ils soient indispensables à un régime amincissant ! Votre organisme sait parfaitement ce dont il a besoin, et les matières grasses qu'il ne trouve pas là, il ira les chercher ailleurs, dans le reste de votre alimentation.

♦ En revanche, certains fromages sont nettement moins gras que les autres, parce qu'ils sont faits à partir de babeurre (gaperon) ou de petit-lait (broccio). C'est aussi le cas de nombreux fromages de montagne, dont le lait a été écrémé pour fabriquer du beurre.

Un petit marché en plein air

La fromagerie, un rendez-vous plaisir

Après ces quelques mises au point, il convient de vanter les extraordinaires qualités diététiques des fromages. Si vous les choisissez au lait cru et entier, ils vous apporteront diverses vitamines, notamment A, B (surtout les pâtes molles et persillées) et D, qui seront éliminées si vous les préférez au lait écrémé. Ils sont riches en calcium, indispensable pour la croissance, et sont donc excellents pour les jeunes, les femmes enceintes et les personnes âgées ; cependant, plus l'égouttage est lent, plus ce précieux calcium a tendance à s'enfuir discrètement avec le petit-lait. En revanche, il est plus facilement piégé si cet égouttage se fait par pressage rapide ; les pâtes pressées en renferment donc proportionnellement beaucoup plus – il y en a autant dans 30 g de beaufort que dans 250 g de fromage frais.

Mais surtout, les fromages sont une source importante de protéines – 100 g de pâte molle en apportent autant que 100 g de viande, de poisson ou d'œufs –, qui présentent l'avantage d'être très assimilables, car elles ont été en quelque sorte prédigérées lors de la fermentation. La teneur en protéines au 100 g des différentes familles de fromages s'établit ainsi :

- Pâtes fraîches : 15 g
- Pâtes persillées : 20 g
- Pâtes molles : 20 g
- Pâtes pressées non cuites : 24 à 25 g
- Pâtes pressées cuites : 27 à 29 g.

Laissez-vous donc aller sans remords aux plaisirs des fromages !

Une fiche d'identité

Au-delà des conseils que vous donnera votre fromager, sachez que l'étiquette d'un fromage doit obligatoirement mentionner son nom, les coordonnées (nom ou numéro d'immatriculation) du fabricant, et la teneur en matières grasses – à l'exception des fromages AOC pour lesquels elle est définie par la loi. Seuls quelques fromages – des chèvres sans appellation ou des produits destinés à la coupe – sont vendus à nu.

Des amis délicats

Dans le domaine des fromages, chacun a ses passions, ses coups de cœur, ses valeurs sûres. Mais leur choix dépend souvent des circonstances : le marché ne sera pas le même s'il s'agit de conclure un repas familial ou de terminer élégamment un dîner raffiné. Il faut également tenir compte du ou des plats qui ont précédé et qui sont souvent saisonniers – dans ce cas, les fromages le seront aussi (voir pp. 194-195). Pour bien les marier avec les autres mets, il convient de connaître leurs différentes saveurs, qui s'échelonnent traditionnellement de fraîche à neutre, de douce à marquée, de prononcée à forte et très forte.

Si vous hésitez, interrogez votre fromager : il sera toujours de bon conseil.

Dans l'idéal, il faut consommer les fromages le jour même de leur achat. Mais les réalités de la vie quotidienne imposent souvent de les garder, entiers ou entamés, quelque temps.

Autrefois, la cave était le lieu idéal pour les conserver dans les meilleures conditions. Aujourd'hui, notamment en ville, le réfrigérateur l'a remplacée. Il représente d'ailleurs, malgré certaines critiques, une solution de rechange très honorable.

Protégez toujours les fromages individuellement pour que leurs odeurs ne se mêlent pas. Ils n'apprécient pas les courants d'air, mais ils ont besoin d'une humidité constante. Enveloppez-les bien dans leur emballage d'origine ; seuls certains chèvres supportent de sécher un peu. Les pâtes fraîches doivent être consommées immédiatement. Les pâtes molles supportent d'attendre une journée, et les pâtes pressées cuites plus longtemps, à condition de bien les emballer dans le papier du professionnel ou dans un linge humecté dans l'idéal de vin blanc très dilué.

Quand les fromages sont bien isolés de l'air ambiant, glissez-les, en les séparant si possible par familles, dans le bac à légumes… avec quelques légumes sans odeur s'ils vous semblent sécher un peu. Évitez surtout de les faire cohabiter avec des poissons, des agrumes, des melons… si vous ne voulez pas qu'ils prennent un goût étrange ! Si vous les avez achetés à nu, enfermez-les dans des sachets ou des boîtes hermétiques en plastique : leur propre humidité leur suffira.

Les mêmes conseils valent encore davantage pour les fromages entamés, qui se dessèchent plus vite et ont parfois tendance à coller (brie, camembert, époisses) : dans ce cas, il est conseillé de mettre de petites cales contre les parois de la coupe fraîche – les fromagers utilisent des réglettes en marbre, qui ne collent pas à la pâte.

Comme au bon vieux temps…

Le plaisir des yeux

Quel que soit le plateau que vous avez choisi de composer, vous prendrez plaisir à le présenter joliment – ce sera pour tous la première dégustation –... à condition de respecter certaines règles.

Avant toute chose, écartez les supports qui pourraient donner du goût à vos fromages. L'osier, le bois, la paille, la porcelaine, le marbre : choisissez la simplicité naturelle.

Et pourtant, voyez grand ! Les fromages ne doivent pas se toucher, au risque de se communiquer leur goût. Sans aller jusqu'à la condamnation de la cohabitation fromagère énoncée par Curnonsky (« Je hais la terrible promiscuité de la planche à fromages, où tous les arômes se confondent, sans parvenir à fraterniser, dans une inexprimable cacophonie »), ayez l'esprit large : il faut de l'espace pour que les convives puissent se servir et que les fromages soient au mieux de leur forme.

Disposez-les de façon à ce qu'ils soient tous accessibles, en évitant les trop gros morceaux de fromage à la coupe. Pour les autres, ils présentent des formes – carré, boule, pyramide, bûche... – suffisamment diverses pour créer une mosaïque variée et élégante. Vous les aurez choisis dans les différentes familles, afin de satisfaire tous les goûts, et vous les aurez sortis du réfrigérateur au moins 45 minutes à l'avance pour qu'ils retrouvent tous leurs arômes. Mettez sur la table des assiettes propres et disposez sur le plateau au moins deux couteaux – ou, mieux, un par famille. Entamez immédiatement l'un des fromages afin que personne n'hésite à se servir. Proposez à part du beurre doux – dont la présence fait l'objet d'une vieille polémique ; laissez donc chacun faire comme il l'entend !

La découpe des fromages

Une règle d'or pour résoudre ce problème délicat : toujours découper un fromage de façon à répartir également la croûte.

① *un fromage rond, carré ou pyramidal se découpe en triangles ;*

② *un fromage cylindrique se découpe en rondelles ;*

③ *un petit fromage se découpe simplement en deux dans le sens de la hauteur ;*

④ *une part de grand fromage rond se découpe en languettes rayonnantes à partir de la pointe ;*

⑤ *une portion rectangulaire de fromage de grande forme se découpe tranversalement, après suppression de la croûte d'un côté ;*

⑥ *une portion de fromage cylindrique se découpe en éventail à partir d'un angle.*

Les plateaux des

quatre saisons

Automne

1 FOURME D'AMBERT
2 CHAOURCE
3 MAROILLES
4 LIVAROT
5 BOURSAULT
6 ÉPOISSES
7 PICODONS
8 PERSILLÉ DES ARAVIS
9 BRIE DE MELUN
10 CHABICHOU DU POITOU

Hiver

1 BEAUFORT
2 BLEU DE TERMIGNON
3 MONT-D'OR
4 CANTAL
5 TOMME DE SAVOIE
6 LIVAROT
7 BLEU DE GEX
8 COMTÉ
9 PERSILLÉ DES ARAVIS
10 ABONDANCE

L'alliance des fromages et des vins...

Un ou des vins d'accompagnement – voire d'autres boissons (bières, café, alcools...) – figurent à la fin de la fiche de présentation de chaque fromage décrit dans ce guide. Il ne s'agit là que de suggestions, car dans ce domaine chacun a souvent des idées bien précises. L'alliance des fromages et des vins peut vite devenir un sujet de polémique. Tel n'est pas ici le propos.

Il vaut mieux garder à l'esprit que le goût de chacun lui est propre, et que la définition du « bon goût » relève, ici comme ailleurs, d'une gageure un peu prétentieuse.

Sans doute existe-t-il parfois des alliances malheureuses, mais il serait également hasardeux de vouloir en dresser la liste.

Quand un plateau de fromages arrive sur la table à la fin d'un repas, comment concilier sa diversité (croûte fleurie, pâte pressée cuite, chèvre, croûte lavée...), destinée à satisfaire chacun des convives, avec les vins les mieux adaptés ? Leur mélange au cours d'un même déjeuner ou dîner étant déjà de moins en moins pratiqué, qui aurait l'idée (et les moyens !) de déboucher trois ou quatre bouteilles ? Les quelques alliances proposées ici ne sont que des suggestions... Il s'agit surtout d'ouvrir des voies, que chaque amateur s'amusera à suivre ou s'empressera de quitter !

Vins rouges ou vins blancs ?

Contrairement à une idée reçue, la grande famille des fromages se marie agréablement, dans son ensemble, avec les vins blancs. Ces derniers, qui décollent bien les sucres, sont souvent très appréciés lors d'une dégustation. En revanche, en fin de repas – et cette observation relève plus de l'empirisme que de la raison –, les convives ont souvent plus envie de déguster leurs fromages avec un vin rouge.

Des vins passerelles

Dans le cas classique d'un plateau de fromages proposant trois ou quatre familles bien différenciées, la simplicité consiste à proposer des vins ronds, plus aromatiques et fruités qu'astringents et tanniques.

Les différents vignobles possèdent des crus susceptibles de satisfaire à cette diversité, des vins passerelles, en quelque sorte.

Bordelais : graves rouges ou blancs
Pays de Loire : sancerre blanc, pouilly-fuissé
Alsace : gewurztraminer
Côtes-du-Rhône : crozes-hermitage blancs et rouges
Bourgogne : côtes-de-beaune

À noter aussi, parmi ces excellents vins passerelles, un très discret irancy, un cépage pinot noir de la région de l'Yonne, qui possède beaucoup de parfum et qui, par là même, couvre le plus largement la complexité, les arômes et les saveurs des différents groupes de fromages.

Des vins pour chaque famille

Un plateau de fromages peut aussi proposer la diversité à l'intérieur d'une même famille. Certains vins se marient particulièrement bien avec telle ou telle d'entre elles.

PLATEAU À DOMINANTE « CHÈVRE » OU « PÂTE PRESSÉE CUITE »

Les blancs sont particulièrement indiqués, et parmi ceux-ci :

les sancerres ♦ les bourgognes blancs
les côtes-du-bugey ♦ la roussette de Savoie

Cependant, un vin rouge léger et fruité de Loire, servi frais, à la température de la cave, sera aussi le bienvenu.

PLATEAU À DOMINANTE « PÂTE MOLLE ET CROÛTE LAVÉE »

Tout en conservant le souci de privilégier l'arôme, des vins un peu plus corsés proposent de belles alliances :

les côtes-du-rhône ♦ les cahors
les bourgognes rouges ♦ les beaujolais
le côte-rôtie

PLATEAU À DOMINANTE « PÂTE MOLLE ET CROÛTE FLEURIE »

Cette famille attend plutôt des vins rouges typés, sans être pour autant trop puissants :

les côtes-roannaises ♦ les saint-émilion
les graves rouges ♦ les beaujolais

PLATEAU À DOMINANTE « PÂTE PRESSÉE NON CUITE »

Des vins légers et fruités représentent sans doute ici la meilleure alliance :

les blancs de Touraine ♦ les saumur-anjou
le bourgueil ♦ les rosés de Touraine (région de Mesland)

PLATEAU À DOMINANTE « PÂTE PERSILLÉE »

Cette famille variée autorise les mariages les plus originaux :

le sauternes ♦ le banyuls
le porto ♦ certains monbazillacs
le beaumes-de-venise ♦ le châteauneuf-du-pape

Des vins de terroir

C'est une évidence, mais elle mérite d'être soulignée : les fromages sont des produits de terroir... comme les vins, les bières ou les cidres de qualité. Les alliances locales, régionales, provinciales sont donc très souvent de grandes réussites. Ces mariages sont simples, et comme le sont souvent les choses simples, ils sont vrais. Dans la difficile alchimie du goût, la terre et ses produits ne mentent pas. Alors, un sainte-maure de Touraine et un chinon, un beaufort et une roussette de Savoie, un langres et un bouzy... réservent de belles et bonnes surprises.

Un seul vin pour un repas

Pourquoi ne pas sortir cette carte ? Elle pourrait se jouer suivant deux approches intéressantes. Dans la première, le plateau de fromages est conçu comme le plat de référence. En fonction de sa composition, et donc du vin choisi pour l'accompagner (vin passerelle, vin particulièrement adapté à une grande famille, etc.), il reste à choisir des entrées légères et le plat de résistance, eux aussi bien adaptés au cru qui a été retenu.

Dans la seconde, pourquoi ne pas choisir un seul et même vin, mais en jouant sur sa température ? Des beaujolais, des vins de Loire, des côtes-du-rhône fruités, des sancerres rouges peuvent être servis frais en début de repas, puis dégustés à température ambiante avec les fromages.

Des coups de cœur ... coups de folie

« À grand fromage... grande bouteille ! » Pourquoi pas ? Une occasion, un hasard heureux laissent souvent des souvenirs inoubliables. Jacques Vernier, qui a suivi avec toute sa compétence la réalisation de ce livre et suggéré ces quelques propositions sur l'alliance des fromages et des vins, évoque ici quelques mariages coups de cœur. Chacun peut les tester... et allonger cette liste de plaisirs qui, naturellement, n'a rien d'exhaustif.

Un **abondance** d'alpage
avec un **vin de marin** de Savoie

Un **beaufort** d'un an d'âge
avec une **roussette** de Savoie

Un **bleu d'Auvergne** au lait cru
avec un **quarts-de-chaume**, un anjou doux

Un **bleu de Termignon**, bien fait, bien persillé,
avec un **maury** rouge

Un **brie de Melun**
avec un **rouge chilien** de chez Miguel Torres

Un **camembert** mi-affiné
avec un beau **cidre fermier brut**

Un **chaource** affiné
avec un beau **champagne** élégant, à fines bulles

Un vieux **comté**
avec un **vin de paille** crozes-hermitage
(un côtes-du-rhône, eh oui !,) de chez M. Chares

Un **époisses**
avec un **marc de Bourgogne** hors d'âge

Une **fourme d'Ambert**
avec un **côtes-roannaises**

Un **langres** bien affiné
avec un **château-chalon**

Un **maroilles**
avec une **bière brune** « la Gauloise »

Un **munster**
avec un **marc de gewurztraminer**.

Un **reblochon**, fermier bien sûr !,
avec un grand **pomerol**

Un **roquefort** ou un **stilton**
avec un vieux **porto**, ou un **banyuls,** ou du **xérès**

Un **saint-félicien** juste affiné
avec un **graves** blanc

Un **saint-nectaire** fermier
avec un **gevrey-chambertin** vieilles vignes

... et des pains ... et d'autres encore

Fromages, vins et pains, ces trois produits de la fermentation s'associent avec bonheur pour la plus grande satisfaction des gourmets.

Car si la France est le pays du fromage, elle est aussi celui du vin et du pain, et les mariages sont multiples.

La traditionnelle baguette, avec sa mie tendre sous une croûte croquante, est de toutes les fêtes, mais elle accompagne particulièrement bien les pâtes molles à croûte fleurie (baguette-camembert : un classique !).

Laissez-vous cependant guider par vos envies ; lorsque les goûts ne se tuent pas les uns les autres, tout est permis : les pains viennois avec les doubles- ou triples-crèmes, les pains de campagne avec les fromages de montagne, les pains complets avec les fromages affinés, les pains aux noix avec les chèvres secs (l'huile des cerneaux les attendrit), les pains de seigle avec le roquefort et la plupart des bleus (qui sont encore valorisés si la mie est un peu rassise), et même les gressins italiens avec les pâtes fraîches aux herbes.

Les fromages appellent bien d'autres partenaires pour des associations souvent très appréciées dans leur région d'origine. Le mariage le plus classique est celui du fromage frais avec des fines herbes, des oignons, des échalotes, du sel de céleri, du curry ou des fruits secs ; on le sert alors souvent avec des crudités. Et pourquoi ne pas déguster les bleus avec des noix, les doubles-crèmes avec des poires ou des figues, le chaource avec des mirabelles, les fourmes avec du miel, les gruyères avec de la moutarde, le munster avec des graines de cumin (mais jamais dans la pâte, toujours à part !), la fourme d'Ambert avec de l'eau-de-vie et des raisins frais ? Sans oublier les chutneys aigres-doux, qui accompagnent à merveille certaines pâtes pressées non cuites.

Et si l'envie vous en vient, laissez parler votre imagination : les grandes rencontres sont souvent le fruit du hasard !

Des pains pour accompagner tous les fromages

Glossaire

Affinage : période de mûrissement nécessaire à un fromage pour atteindre son point optimal de dégustation.

Appellation d'origine contrôlée (AOC) : définition et protection d'un produit tirant sa spécificité de son terroir d'origine ; l'AOC est exclusivement décernée par l'INAO (Institut national des appellations d'origine).

Babeurre : liquide blanchâtre et aigrelet restant après la préparation du beurre.

Buron : en Auvergne, petite habitation de montagne faite de branchages et de mottes de terre.

Cabane : dans les Causses, construction en pierre destinée à la fabrication du fromage.

Cabanier : artisan des caves de Roquefort.

Caget : terme briard désignant un moule à brie.

Caillage : première étape de la fabrication d'un fromage ; il s'obtient soit par fermentation lactique, soit par emprésurage, soit encore par association des deux (coagulation mixte).

Caillé : résultat de la coagulation ou caillage.

Caséine : protéine du lait qui coagule lors du caillage.

Cayolar : au Pays basque, cabane montagnarde en pierre où les bergers fabriquent le fromage pendant l'estive.

Cendrage : saupoudrage avec de la cendre de bois.

Coagulation : caillage.

Coffin, coffineau : termes poitevins désignant les corbeilles où s'affinent les chabichous.

Cujala : cabane montagnarde en pierre où les bergers béarnais fabriquent le fromage.

Double-crème : fromage dont la teneur en matières grasses est égale ou supérieure à 60 % de l'extrait sec.

Égouttage : étape de la fabrication d'un fromage qui suit le caillage ; il peut être spontané (ou naturel) ou accéléré mécaniquement.

Emprésurage : adjonction de présure à du lait chauffé afin qu'il se transforme en caillé.

Ensemencer : réincorporer des levures ou des ferments dans du lait pasteurisé ; ajouter des moisissures en surface ou à l'intérieur d'une masse de caillé.

Estive : période d'été durant laquelle les troupeaux paissent dans les pâturages d'altitude.

Extrait sec : proportion de matière solide entrant dans la composition d'un fromage et subsistant après complète dessiccation ; il permet de calculer le taux de matières grasses.

Faisselle : moule à parois perforées servant à l'égouttage des fromages frais.

Fermentation : évolution d'un fromage depuis sa fabrication jusqu'à sa consommation ; elle peut être lactique (fromages frais), caséique (fromages à pâte molle et demi-dure), ou propionique (fromages à pâte dure).

Fermier : fabriqué artisanalement et avec du lait cru issu du même troupeau sur le lieu où les animaux sont élevés et traits.

Fleur : moisissure blanche se formant à la surface de fromages qui ont été ensemencés ; on dit alors qu'ils ont une croûte fleurie.

Fleurine : cheminée rocheuse naturelle dans laquelle circulent des courants d'air frais et humide favorisant le développement des moisissures dans les fromages à pâte persillée tels que le roquefort ou le bleu des Causses.

Foncet : planche d'épicéa sur laquelle reposent pendant l'affinage les fromages de grande forme, notamment le comté.

Fructerie : nom ancien des premières fruitières.

Fruitière : coopérative où sont fabriqués les fromages de moyenne et grande forme dans le Jura, en Savoie et en Suisse.

Hâloir : local ventilé à température constante où sont placés, après démoulage et salage, les fromages à pâte molle ou demi-dure pour y terminer leur ressuyage et y prendre la fleur.

Hygrométrie : taux d'humidité de l'air ambiant ; pour un bon affinage, elle doit être relativement élevée dans les hâloirs et dans les caves.

Jasserie : dans le Forez et le Livradois, construction servant à la fois de laiterie et de lieu d'habitation.

Jonchée : natte en osier ou en roseau sur laquelle sont présentés certains fromages frais du Poitou.

Label : mot anglais désignant une étiquette ou une marque apposées sur un fromage et portant mention des spécificités de son origine ou de sa méthode de fabrication.

Laîche : jonc aquatique qui cerclait autrefois le livarot, l'empêchant ainsi de s'affaisser pendant l'affinage ; aujourd'hui, il s'agit généralement d'une bande de papier vert.

Lainure : petite ouverture, généralement en longueur, présente dans les fromages à pâte pressée cuite mûris lentement en cave fraîche, tels que le beaufort ou l'abondance ; aussi appelée fissure, elle est l'ébauche des trous qui se développent dans le comté ou l'emmental, par exemple, affinés en milieu plus chaud.

Laitier : fabriqué en coopérative ou en industrie, par opposition à fermier.

Marquage : application sur la croûte des fromages à pâte demi-dure ou dure d'une plaque de caséine portant des informations destinées au consommateur : lieu d'origine, date de fabrication, taux de matières grasses, etc.

Matières grasses (pourcentage de) : taux calculé par rapport à l'extrait sec d'un fromage.

Moisissure : champignons microscopiques se développant à la surface ou à l'intérieur de certains fromages ; il peut s'agir de *Penicillium candidum* (camembert, brie), de *P. glaucum* (bleu d'Auvergne, fourme d'Ambert) ou de *P. roqueforti* (roquefort).

Morge : couche visqueuse et gluante se formant à la surface de certains fromages (comté, abondance, beaufort) lorsqu'ils sont frottés régulièrement, au cours de leur affinage, avec de la saumure saturée en sel.

Moulage : étape de la fabrication du fromage qui suit le caillage et le premier égouttage ; elle est importante, car elle en détermine la forme, la taille et la fermentation.

Noiseté : rappelant au goût la saveur de la noisette fraîche.

Ouverture : trous présents dans les fromages à pâte pressée cuite, qui varient en nombre et en taille – des lainures du beaufort aux cerises de l'emmental.

Pasteurisation : procédé consistant à chauffer le lait pour le maintenir à 72-75 °C pendant quelques secondes, puis à le refroidir rapidement, afin de détruire les bactéries indésirables.

Penicillium : champignons microscopiques de trois sortes (*candidum, glaucum, roqueforti*) se développant à la surface ou à l'intérieur de certains fromages au cours de leur affinage.

Persillé : fromage à moisissures internes (roquefort, bleu de Bresse, bleu d'Auvergne, etc.).

Petit-lait : liquide, aussi appelé lactosérum, restant après l'égouttage du caillé.

Presse : appareil manuel, mécanique ou hydraulique permettant d'accélérer l'égouttage du caillé des fromages à pâte demi-dure ou dure après la mise en moule.

Présure : enzyme favorisant la coagulation du lait ; à base de caillette de veau ou de chevreau, elle se présente sous forme de liquide, de poudre ou de comprimés.

Rayon : zone de collecte du lait destiné à la fabrication du roquefort ; depuis quelque temps, pour d'autres fromages, notamment le comté, on a aussi défini l'aire de ramassage du lait.

Ressuyage : égouttage en hâloir des fromages à pâte molle après leur caillage et leur mise en moule.

Revirer : enlever l'excès de morge entourant les pains de roquefort après les avoir débarrassés de leur feuille d'étain et avant de les emballer dans du papier d'aluminium à leur marque.

Triple-crème : fromage dont la teneur en matières grasses est égale ou supérieure à 75 % de l'extrait sec.

Index

Les chiffres en romain renvoient au texte courant et aux encadrés, les chiffres en italique aux légendes des illustrations

A

B

Index des recettes

Remerciements

L'éditeur remercie tous ceux qui ont participé à la mise en œuvre de cet ouvrage, et plus particulièrement : Bernard Antony, Nathalie Bailleux, Ghislaine et Hervé Cordier, de la fromagerie Boursault, Philippe Olivier, Christian de Préval, Emmanuelle Richetti, Rémy Yverneau.

L'éditeur remercie aussi tous les organismes professionnels, les associations de défense, les comités, les producteurs, les syndicats, etc., pour leur aide et la riche documentation qu'ils ont fournie : l'abbaye de Belloc, l'abbaye de Chambarand, l'abbaye d'Échourgnac, l'abbaye du mont des Cats, l'abbaye de Tamié, l'Association de défense et de promotion du picodon de l'Ardèche, la société Buisson, la société Carniato, le Centre d'information du fromage suisse, le Centre interprofessionnel de documentation et d'information laitières (CIDIL), le Comité interprofessionnel du comté, le Comité interprofessionnel des fromages cantal/salers, le Comité interprofessionnel et interdépartemental de la fourme d'Ambert ou fourme de Montbrison, le Comité interprofessionnel du sainte-maure-de-touraine, la Confédération générale des producteurs de lait de brebis et des industriels de Roquefort, les Consortiums de fromages italiens, l'Espace pain information (EPI, 209, rue de l'Université, 75007 Paris), Food from Britain, l'Institut de protection de la production agro-alimentaire pour le Portugal, l'Institut pour le commerce extérieur italien, la société Kaplein, la société Merlet et Bertheaux, l'Office néerlandais des produits laitiers, l'Institut national des appellations d'origine (INAO), la Sopexa, le Syndicat de défense de l'appellation d'origine du fromage ossau-iraty, le Syndicat de défense du chabichou du Poitou, le Syndicat de défense du crottin de Chavignol, le Syndicat de défense de l'époisses de Bourgogne, le Syndicat de défense du fromage de Beaufort, le Syndicat de défense du fromage de Chaource, le Syndicat de défense et de promotion du fromage de Laguiole, le Syndicat de défense et de qualité du fromage neufchâtel, le Syndicat de défense du selles-sur-cher, le Syndicat des fabricants et affineurs du fromage maroilles, le Syndicat des fabricants de camembert de Normandie, le Syndicat des fabricants de fromage bleu des Causses, le Syndicat des fabricants de pont-l'évêque et de livarot, le Syndicat du fromage saint-nectaire, le Syndicat interprofessionnel du bleu de Gex-haut-Jura, le Syndicat interprofessionnel de défense du brie de Melun, le Syndicat interprofessionnel de défense du fromage mont-d'or ou vacherin du haut Doubs, le Syndicat interprofessionnel du fromage d'Abondance, le Syndicat interprofessionnel du fromage de Langres, le Syndicat interprofessionnel du fromage munster-géromé, le Syndicat interprofessionnel du reblochon, le Syndicat interprofessionnel régional du fromage bleu d'Auvergne, le Syndicat des producteurs de fromages de Pouligny-Saint-Pierre, l'Union syndicale interprofessionnelle de défense du brie de Meaux, la Fédération nationale des détaillants en produits laitiers.

Crédits photographiques

Couverture : Campagne, Campagne / Muriot. 9 : S.R.D. / J.-P. Germain. 10 : Top / V. Garcia. 11h : Top / Chadefaux. 11b : Bios / A. Beignet. 12g : Bios / Seitre. 12d : G. Dagli Orti. 13h : L.-R. Nougier. 13m : Explorer / F. Jalain. 13b : Campagne, Campagne / Muriot. 14h : Scope / M. Guillard. 14b : Diaf / J.-Ch. Gérard. 15h : Diaf / J.-Ch. Gérard. 15bg : Diaf / J.-Ch. Gérard. 15bd : Diaf / Y. Travert. 16h : Diaf / J.-Ch. Gérard. 16b : Campagne, Campagne / Muriot. 17hg : Jerrican / Lerosey. 17hd : Scope / M. Guillard. 17bg : Studio Yvon, Chatel. 17bd : Diaf / J.-Ch. Gérard. 18h : Marco Polo / F. Bouillot. 18mg : Campagne, Campagne / Thobois. 18md : Diaf / J.-Ch. Gérard. 18bg : Explorer / J.-P. Ferrero. 19h : Diaf / J.-Ch. Gérard. 19mg : Diaf / Y. Travert. 19md : Diaf / J.-Ch. Gérard. 19b : Scope / J. Sierpinski. 22g : S.R.D. / J.-P. Germain. 23 : Cidil. 24h : Diaf / J.-Ch. Gérard. 24b : Explorer / H. Veiller. 25 : GLMR / D. Levistre. 26hg : Diaf / J.-Ch. Gérard. 26hd : Diaf / P. Somelet. 26b : Scope / J.-D. Sudres. 27h : Explorer / F. Jalain. 27b : Scope / J.-D. Sudres. 28h : Explorer / O. Martel. 28b : Diaf / J.-Ch. Gérard. 29h : Cosmos / DOT / A. Kratochvil. 29b : Scope / J.-D. Sudres. 31 : S.R.D. / J.-P. Germain. 33 : Scope / J. Guillard. 35 : Diaf / D. Thierry. 36 : Diaf / Lerault. 37 : S.R.D. / J.-P. Germain. 38 : S.R.D. / J.-P. Germain. 39 : Scope / J. Guillard. 40 : Scope / Gotin. 41h : Diaf / D. Fouss. 41b : S.R.D. / J.-P. Germain. 42 : Pix / De Zorzi. 43 : Bios / D. Bringard. 45 : Campagne, Campagne / E. Boyard. 46 : Top / R. Mazin. 47h : S.R.D. / J.-P. Germain. 47b : Scope / J. Marthelot. 48, 49 : S.R.D. / J.-P. Germain. 50 : Diaf / B. Régent. 51, 52 : S.R.D. / J.-P. Germain. 53 : Diaf / M. Mastrojanni. 55 : Campagne, Campagne / Saudade. 56 : Explorer / M. Moisnard. 57h : S.R.D. / J.-P. Germain. 57b : Diaf / T. Leconte. 58 : Diaf / J.-Ch. Gérard. 59 : S.R.D. / J.-P. Germain. 61 : Scope / J. Guillard. 62, 63, 65h : S.R.D. / J.-P. Germain. 65b : Diaf / J.-L. Drouin. 67 : S.R.D. / J.-P. Germain. 69h : Explorer / D. Mar. 69b : Scope / J.-P. Bonhommet. 70, 71h : S.R.D. / J.-P. Germain. 71b : Diaf / M. Mastrojanni. 72 : Scope / M. Guillard. 73, 74 : S.R.D. / J.-P. Germain. 75 : Bios / F. Gilson. 77 : S.R.D. / J.-P. Germain. 78 : Diaf / Pratt-Pries. 79, 80 : S.R.D. / J.-P. Germain. 81 : Explorer / F. Jalain. 83 : Diaf / P. Somelet. 84 : S.R.D. / J.-P. Germain. 86 : Scope / J.-L. Barde. 87, 88 : S.R.D. / J.-P. Germain. 89 : Scope / J.-D. Sudres. 90 : Bios / F. Vidal. 91 : Scope / J. Guillard. 92 : S.R.D. / J.-P. Germain. 93 : Diaf / G. Biollay. 94h : S.R.D. / J.-P. Germain. 94b : J.-P. Mirabel, Albertville. 95, 96 : S.R.D. / J.-P. Germain. 97 : Top / É. Boubat. 98 : S.R.D. / J.-P. Germain. 99 : Explorer / F. Jalain. 100 : Bios / F. Vidal. 101 : S.R.D. / J.-P. Germain. 102 : Diaf / J.-P. Chanut. 103, 104, 105 : S.R.D. / J.-P. Germain. 106 : Syndicat interprofessionnel du reblochon. 107 : Diaf / J.-Ch. Gérard. 108 : S.R.D. / J.-P. Germain. 109h : Campagne, Campagne / Muriot. 109b : Explorer / J. Damase. 110 : Campagne, Campagne / Muriot. 111h : Explorer / J.-M. Nossant. 111b, 113 : S.R.D. / J.-P. Germain. 114 : Diaf / D. Thierry. 115h : S.R.D. / J.-P. Germain. 115b : Scope / J.-D. Sudres. 116 : Diaf / J.-Ch. Gérard. 117, 118h : S.R.D. / J.-P. Germain. 118b : Campagne, Campagne / F. Jalain. 119h : S.R.D. / J.-P. Germain. 119b : Diaf / J.-Ch. Gérard. 121 : Bios / G. Lopez. 122g : Scope / J.-D. Sudres. 122d : S.R.D. / J.-P. Germain. 123h : Explorer / P. Tetrel. 123b : S.R.D. / J.-P. Germain. 124 : Diaf / J.-Ch. Gérard. 125, 126, 127h : S.R.D. / J.-P. Germain. 127b, 128 : Scope / J.-D. Sudres. 129, 130h : S.R.D. / J.-P. Germain. 130b : Explorer / Y. Cavaillé. 131 : Explorer / R. Lanaud. 133h : Scope / Ch. Bowman. 133b : S.R.D. / J.-P. Germain. 134 : By Courtesy of Farmhouse Cheesemakers Limited. 136, 137, 139h : S.R.D. / J.-P. Germain. 139b : Diaphor / Domelounksen. 141 : Diaphor / P. Bruggemans. 142 : Office néerlandais des produits laitiers. 143 : S.R.D. / J.-P. Germain. 144h : Office néerlandais des produits laitiers. 144b : Hoa Qui / C. Vaisse. 145 : S.R.D. / J.-P. Germain. 147 : Explorer / P. Delarbre. 148 : Campagne, Campagne / B. A. La Guillaume. 149 : Top / D. Czap. 150 : S.R.D. / J.-P. Germain. 151 : Hoa Qui / S. Grandadam. 152 : Campagne, Campagne / B. A. La Guillaume. 155 : Diaf / Marka. 156 : Bios / D. Bringard. 157 : Consorzio per la tutela del formaggio gorgonzola. 158 : S.R.D. / J.-P. Germain. 159 : Bios / T. Lafranchis. 160 : S.R.D. / J.-P. Germain. 161 : Cosmos / Grazia Neri / E. Tremolada. 163 : S.R.D. / J.-P. Germain.164 : Consorzio per la tutela del formaggio taleggio. 165 : Explorer / P. Le Floc'h. 167 : Explorer / R. Lanaud. 168 : S.R.D. / J.-P. Germain. 170 : Pix / Dallet. 172 : Explorer / B. Maltaverne. 175 : S.R.D. / J.-P. Germain. 190 : Jerrican / Zintzmeyer. 191h : . 192 : Marco Polo / F. Bouillot. 194-195 : S.R.D. / J.-P. Germain. 198 : Espace Pain Information.

LE GUIDE DES FROMAGES DE FRANCE ET D'EUROPE
publié par Sélection du Reader's Digest

Photogravure : La Station graphique, Ivry-sur-Seine
Impression : Imprimerie Clerc, S.A., Saint-Amand Montrond
Reliure : Brun, Malesherbes

PREMIÈRE ÉDITION
Achevé d'imprimer : août 1995
Dépôt légal en France : septembre 1995
Dépôt légal en Belgique : D.1995.0621.107
Imprimé en France
Printed in France